Aventures d'écrivains régionaux

Du même auteur*

Certaines œuvres sont connues sous différents titres.

Romans

Le Roman de la Révolution Numérique
La Faute à Souchon : (Le roman du show-biz et de la sagesse)
Quand les familles sans toit sont entrées dans les maisons fermées
Liberté j'ignorais tant de Toi (Libertés d'avant l'an 2000)
Viré, viré, viré, même viré du Rmi !
Ils ne sont pas intervenus (Peut-être un roman autobiographique)

Théâtre

Neuf femmes et la star
Les secrets de maître Pierre, notaire de campagne
Ça magouille aux assurances
Chanteur, écrivain : même cirque
Deux sœurs et un contrôle fiscal
Amour, sud et chansons
Pourquoi est-il venu :
Aventures d'écrivains régionaux
Avant les élections présidentielles
Scènes de campagne, scènes du Quercy
Blaise Pascal serait webmaster
Trois femmes et un Amour
J'avais 25 ans
« Révélations » sur « les apparitions d'Astaffort » Brel Cabrel

Théâtre pour troupes d'enfants

La fille aux 200 doudous
Les filles en profitent
Révélations sur la disparition du père Noël
Le lion l'autruche et le renard,
Mertilou prépare l'été
Nous n'irons plus au restaurant

* extrait du catalogue, voir page 280

Stéphane Ternoise

Aventures d'écrivains régionaux

Sortie numérique : 31 mai 2011

Edition revue et actualisée en mars 2014. Disponible en numérique et en papier.

Jean-Luc PETIT Editeur - collection Théâtre

Stéphane Ternoise versant dramaturge :

http://www.dramaturge.fr

Tout simplement et logiquement !

Tous droits de traduction, de reproduction, d'utilisation, d'interprétation et d'adaptation réservés pour tous pays, pour toutes planètes, pour tous univers.

Site officiel : http://www.ecrivain.pro

© Jean-Luc PETIT - BP 17 - 46800 Montcuq – France

Stéphane Ternoise

Aventures d'écrivains régionaux

Théâtre

La distribution originelle : Six hommes et une femme
Une pièce désormais disponible en de multiples distributions.
Comme en quatre hommes et trois femmes, avec les inamovibles Paul, Martine, Christophe et Stéphane. Mais passera au repas Natacha, 70 ans, écrivain « romans du terroir », qui s'avèrent être la fille d'un certain Nestor (peu importe la temporalité ! Elle éclaire la vie de ce Nestor).
Au petit-déjeuner, c'est toujours Francis l'ami de Paul mais Patricia remplace Pierre.
La non venue de Francis permet aussi de jouer sur le nombre de comédiens nécessaires.
Figurent dans ce livre l'ensemble de ces distributions.

Distribution originelle :

Aventures d'écrivains régionaux

Comédie contemporaine en trois actes

Distribution : Six hommes et une femme

Personnages :

Paul : écrivain (six livres publiés... le point commun de ses éditeurs : en faillite avant de lui avoir versé le moindre droit d'auteur) rmiste, animateur d'ateliers d'écriture, 50 ans, accueille chez lui, pour la soirée et la nuit, des « collègues auteurs » invités au salon du livre de sa ville mais « ni hébergés ni nourris » par les organisateurs.

Martine : 51 ans, a auto-édité cinq livres, professeur de français.

Christophe : 57 ans, publie des « livres jeunesse » chez divers éditeurs... qui lui versent des droits d'auteur dérisoires. Son épouse ayant un bon salaire, ne peut prétendre au Rmi.

Stéphane Ternoise : 35 ans, a auto-édité sept livres, créateur de sites internet. Mi rmiste mi travailleur indépendant.

Passera au repas :
Nestor : 75 ans, écrivain « romans du terroir » en auto-édition, notable régional, hébergé par la municipalité.

Passeront au petit-déjeuner :
Francis : 40 ans, ami de Paul.
Pierre : 52 ans, publie des livres en dilettante, à quelques exemplaires, auto-édite et auto-imprime, « ni hébergé ni nourri » par les organisateurs mais retourné chez lui la veille (vit à vingt kilomètres).

L'utilisation de Stéphane Ternoise comme personnage est naturellement un jeu de l'auteur. Vous pouvez remplacer ce nom par celui qui vous plaira.
De même Figeac peut être remplacée par une ville de même importance dans la région de votre choix.

Acte 1

Paul, Martine, Christophe. Puis : Stéphane et Nestor.
Chez Paul : la pièce principale : salon / salle à manger.
Un canapé. Une table. Des chaises. Quelques livres dispersés.
*Au mur, encadrée, une feuille rose 21*29,7 où il est griffonné au marqueur rouge : « A Paul, en signe d'amitié » et une signature illisible.*
Trois portes : la première conduit à la cuisine et aux toilettes, la deuxième donne sur l'escalier vers les chambres, la troisième est la porte d'entrée.
Paul, Martine et Christophe à table, durant l'apéritif (on sent plusieurs verres déjà vidés).

Paul : - Vous savez pourquoi il a pris un pseudonyme ?

Martine : - Parce qu'un pseudo, ça donne un genre.

Christophe : - C'est simple : lui qui se croit si grand, ne pouvait plus supporter de vendre des livres sous le nom de Petit.

Martine : - Olivier Petit, c'est vrai, on ne peut pas plus banal... Donc ça collait parfaitement à ses textes !

Paul : - Oh Martine ! Même moi je n'aurais pas osé.

Martine : - Allez, toi qui as toute une journée été le voisin de sa sainteté le plus jeune d'entre nous, dis-nous pourquoi il édite désormais ses (*avec emphase*) « œuvres » sous pseudo.

Paul : - Un peu de tout ce que vous avez suggéré, naturellement, on le sait tous, mais il m'a avoué la raison principale.

Martine : - Et tu l'as cru ?

Paul : - Ça ne signifie évidemment pas qu'il s'agit de la vérité, mais on peut affirmer qu'en ce samedi il voulait que je retienne cette version.

Martine : - Donc, comme tout chez lui, c'est du préfabriqué, c'est de la mise en scène.

Paul : - Là, je ne lui donne pas tout à fait tort, n'oublie pas la manière dont Jean Cocteau définissait le roman, (*en appuyant fortement* :) un mensonge qui dit la vérité.

Christophe : - Mais s'il était romancier, ça se saurait.

Martine : - Je suis quand même allée jusqu'à la page 52 de son premier roman... Vous pourriez m'applaudir !

Christophe : - T'as quand même pas acheté son bouquin !... Alors que tu n'achètes jamais les miens !

Martine : - Bin si !... Mais sans illusion littéraire... Je suis naïve peut-être, je pensais qu'en contrepartie il parlerait de moi sur internet.

Christophe : - Et il a encaissé ton blé, en liquide forcément, je connais l'oiseau. Et sur ses sites il ne parle que de lui, veut se faire passer pour un vrai écrivain.

Martine : - Ecrivain multi-facettes !

Christophe : - Fossettes on dit, multi-fossettes (*personne ne prêtant attention à sa remarque, il laisse échapper une moue de déception*).

Paul : - En fait, il s'essaye un peu à tout, après la poésie, les nouvelles, la chanson, je n'ose dire, vu le niveau, le roman, et monsieur nous annonce ses ambitions théâtrales ! Il est plus à plaindre qu'à moquer ! Ça doit être terrible, d'être nul en tout !

Martine : - Tu devrais être critique littéraire !

Paul : - Je l'ai été... Dans ma jeunesse... Après avoir arrêté l'enseignement. Mais j'en ai eu vite marre d'écrire de bons articles sur de mauvais livres.

Christophe : - Comme Martine avec l'autre, tu espérais le renvoi d'ascenseur !

Martine : - C'est notre maladie ça, on rêve !

Christophe : - Moi j'ai compris depuis longtemps : j'ai aussi aidé les copains mais à chaque fois je passais pour

un con. C'est triste mais c'est chacun pour soi dans ce milieu ! On est des loups !

Martine : - On le sait Christophe, que tu as pompé trois sites internet pour écrire ton dernier livre et maintenant tu passes pour un spécialiste du loup ! Encore un effort et tu seras invité à la télé ! Prépare ton déguisement !

Christophe : - Je ne dirai plus rien. À chaque fois que je lâche une confidence, ça me retombe sur le coin de la gueule ! Mais merde, au prix où je suis payé, je ne vais quand même pas partir quinze jours en Autriche observer des loups ! Et puis merde ! Tout le monde fait comme ça dans le livre documentaire ! Surtout pour enfants ! Y'a pas que l'autre cinglé qui sache utiliser internet !

Martine : - Reverse-lui un verre, sinon il risque de se métamorphoser en loup (*Paul ressert un apéritif, ils trinquent*).

Paul : - Ça ne vous intéresse pas, alors, pourquoi il est passé de Petit à Ternoise, notre futur partenaire de belote.

Martine, *en souriant* : - Si si, naturellement, c'est passionnant d'avance, dépêche-toi avant qu'il n'arrive, c'est une information essentielle.

Paul : - Ah ! Martine ! Est-ce que moi je lui en veux de son acrostiche disons déplacé ?

Martine : - Il s'est même essayé aux acrostiches ! Mais toi… dès qu'un mec est plus jeune que toi, tu t'enflammes.

Paul : - Je m'enflamme, je m'enflamme… Nettement moins qu'avant… Même pour ça je vieillis…

Christophe : - Tout plutôt que la vieillesse ! Allez, parle-nous du pseudo… Le pseudo, le pseudo (*se met à chantonner*), le pseudo, le pseudo… (*accompagné par Martine au troisième*)

Paul : - Puisqu'à l'unanimité… Mais promettez-moi de ne pas lui rapporter que je vous ai raconté sans exposer ses

arguments alors déclamés comme les émanations d'un maître incontesté.

Martine : - Tu nous connais.

Christophe : - Allez, de toute manière, il ne doit pas avoir d'illusion sur notre estime, même littéraire.

Paul : - Détrompe-toi ! Je suis certain qu'il est persuadé d'être le meilleur d'entre nous et qu'on le considère même ainsi.

Martine : - Ça me rappelle quelqu'un, « le meilleur d'entre nous. »

Paul : - Mais qu'est-ce qu'il devient ce... Ah !... Il a été notre Premier ministre et je ne me souviens même plus de son nom... Comme quoi il m'a nettement moins marqué que ce cher et si romantique Charlus...

Martine : - Alain. Alain Juppé.

Christophe, *chantonne* : - Le million. Le pseudo, le pseudo...

Paul : - Donc ? Selon notre brave collègue, la lettre P étant déjà occupée par PROUST, il lui fallait une lettre où il pourrait trôner pour des siècles et des siècles.

Martine : - C'était une boutade, quand même ! Faut être réaliste parfois !

Paul : - Tu sais, il a nettement plus d'orgueil que d'humour, ce petit.

Christophe : - À la lettre T, il doit bien y en avoir tout un wagon qui passe devant lui.

Martine : - Tu veux dire que même le train, et son Tchou Tchou, s'inscrit plus dans la littérature que lui.

Paul, *en riant* : - Oh Martine ! Tchou Tchou ! Tu devrais écrire du théâtre !

Martine : - Mais j'en ai écrit. Trois pièces même.

Paul : - Ah ! (*il joue l'intéressé*) Et elles ont été représentées ?

Martine : - Pas encore. J'espère bien quand même, qu'un jour. J'avais un contact au Québec…
Christophe : - Mais il a pris froid !
Paul : - Moi j'en écris plus, j'ai peut-être tort, puisque ma pièce diffusée sur *France-Culture* avait eu d'excellentes critiques. Mais on ne me demande plus rien… Sinon j'ai bien quelques idées…
Martine : - J'aurais bien aimé avoir ton avis de professionnel sur mon théâtre.
Paul : - Il faut le publier ton théâtre… Ou la prochaine fois, apporte-moi une copie de tes manuscrits, dédicacée « à Paul avec mon admiration. »
Martine : - *La tentation de Ouaga*… Le modeste et néanmoins peut-être génial livre que je t'ai échangé l'année dernière contre ton roman, c'était ma troisième pièce…
Paul, *gêné* : - Martine… (*on sent qu'il réfléchit*) Il faut que je t'avoue. J'avais un copain, un petit jeune, un apprenti maçon avec des muscles, mignon mais mignon, je te dis pas… Je ne t'en ai jamais parlé, je n'ai pas vraiment eu le temps il faut dire, il passait pourtant souvent. Le soir même du salon du livre de notre échange, je m'en souviens comme si c'était hier, le ciel était d'un bleu à réveiller les tulipes ; il a ouvert ton livre, il devait sentir le génie.
Martine, *en souriant* : - Le génie se sentait dans la pièce… Tu veux dire.
Paul : - Je me souviens très bien, il m'a murmuré, enfin pas vraiment murmuré, il était plutôt viril, en tout, ah !, je revois encore sa petite frimousse, son petit sourire coquin quand il m'a aboyé, presque déclamé « *Mais ça a l'air super, vraiment super. Ah ouais ! Je peux te l'emprunter ?* » Naturellement, tu me connais, je ne pouvais pas réfréner sa soif de connaissances. Il m'avait

promis de me le ramener la semaine suivante, parce que moi aussi j'étais impatient de te lire, et le petit scélérat, il ne me l'a jamais rendu.
Martine : - Selon toi, j'ai donc de l'avenir dans le théâtre ouvrier.
Paul : - Au fait, tu as apprécié mes… Nouvelles ?
Martine, *sourit, un peu gênée à son tour* : - Si je te jure qu'une copine me les a empruntées à long terme, connaissant ma vie sexuelle, tu ne me croiras sûrement pas…
Christophe : - Jure sur la tête de l'autre !
Martine : - Mais c'est terrible, je n'ai plus le temps de lire, j'écris durant les congés, et le reste du temps, quand je rentre le soir, je suis crevée, alors je me dis, vivement vendredi, et le vendredi, ah ! Enfin le week-end, mais il me faut maintenant tout un week-end pour récupérer… Je crois que je vieillis aussi…
Christophe : - Tu ne vas pas t'y mettre aussi.
Paul : - Je te l'ai toujours conseillé, tu aurais dû faire comme moi. Enseigner, ça te bouffe la vie. Je ne regrette nullement mes sept années d'enseignement mais c'était amplement suffisant.
Martine : - Déjà que je n'arrive pas à vivre avec un salaire, alors, le Rmi...
Paul : - Je suis certain, même financièrement, je m'en sortirais pas mieux avec un salaire. Tu vois, le Rmi, ça laisse vachement de temps. Et puis de temps en temps, j'anime un atelier d'écriture.
Christophe : - Avec tes acrostiches en plus, tu dois être le plus riche d'entre nous.
Martine : - Mais je n'ai aucun talent pour les acrostiches.
Paul : - Oh, ne te moque pas de moi, ça me prend dix minutes et ça me rapporte un deuxième Rmi par mois.

Christophe : - T'es donc payé 24 mois ! Plus les ateliers d'écriture, 36 !
Martine : - Et comme tu as toujours, je suppose, ton copain de la direction des impôts, tu es tranquille.
Paul : - Parfois il faut payer de sa personne... Mais ce n'est pas désagréable. Ah ! Ce brave Claudio... Il n'est plus tout jeune, et il perd parfois son temps avec des midinettes... Mais il a un p'tit quelque chose.
Martine : - Je crois deviner où.
Christophe : - Tu vas te mettre à l'autofiction ?
Martine : - L'autofiction pour moi, depuis quelques années, ce serait plutôt du genre *les pensées* de Pascal, rester dans une chambre et méditer sur le sexe des anges.
Christophe : - Et regarder la télé !
Martine : - Non, Christophe ! Pour ma légende, il faut marteler, marteler « méditer. » On ne sait jamais, Paul écrira peut-être bientôt ma biographie... Oh oh, Paul, tu es encore avec nous ? *(depuis qu'il ne participe plus à la conversation, il semble dans... des pensées)*
Paul : - Je vais vous laisser causer télé *(il se lève)*. Sur ce sujet, je ne suis plus à la page.
Martine : - Fais comme chez toi, Paul...

Paul sort (porte cuisine / toilettes).

Christophe : - Tu savais qu'une de ses pièces avait été diffusée sur *France-Culture* ?
Martine, *en souriant* : - Entre 3 heures 30 et 5 heures... du matin ! Il devait être le seul à écouter ! Avec ses droits d'auteur, il ne doit même pas avoir pu acheter une ramette de papier pour imprimer ses acrostiches.
Christophe : - Je n'ai jamais osé lui balancer, je ne sais pas comment il réagirait, mais il devrait quand même se rendre compte, ça ne fait pas sérieux ses acrostiches, il ne retrouvera jamais d'éditeur avec une telle réputation.

Martine : - C'est ce qu'on appelle un euphémisme… Surtout vu le niveau. *(en souriant :)* « *Sa main évoque le velours…* »

Christophe : - Tu connais par cœur.

Martine : - Encore un salon où il y avait un monde fou, alors plutôt qu'être bassinée par Nestor, j'ai feuilleté… Je n'ai pas pu tenir plus d'un quart d'heure.

Christophe : - Au moins Nestor, ses histoires sont drôles.

Martine : - Mais quand tu les entends pour la quinzième fois, et qu'à chaque fois il a un rôle de plus en plus avantageux… Un jour il va en arriver à prétendre qu'il a écrit toutes les chansons de Georges Brassens.

Christophe : - Tu crois qu'il a vraiment connu Brassens ?

Martine : - Il baratine tellement, on ne peut plus être certain de rien… En tout cas son inspecteur des impôts, à Paul, ça… Ça lui prend du temps.

Christophe : - Tu crois que… Non ? Quand même pas… Il n'est pas à ce point-là !?

Martine : - Fais le test : parle d'une plage où tu as croisé trois jeunes mecs en bronzage intégral, et commence à les décrire.

Christophe : - Mais les mecs, ça ne m'intéresse pas, moi j'aime les femmes de vingt-cinq-trente ans qui viennent d'avoir un enfant. Tu vois, le matin, je me promène toujours à l'heure de l'école maternelle, tu les vois ressortir avec une petite inquiétude sur le visage mais un tel sentiment d'épanouissement.

Martine : - Soit tu es un poète qui s'ignore, soit un déprimé qui rêve encore.

Christophe : - Comme j'ai déjà essayé la poésie et

Sonnerie.

Christophe : - Ça doit être l'autre cinglé… Moi je ne vais pas ouvrir…

Deuxième sonnerie.

Martine, *en souriant :* - Pourquoi aller ouvrir alors que personne n'a sonné !

Ils rient.

Martine : - J'espère qu'il pleut !
Christophe : - Qu'il tombe des grêles !

Troisième sonnerie. Ils rient de plus belle.

Christophe : - Si j'étais méchant, je souhaiterais un orage et que la foudre nous en débarrasse... Mais il ne faut jamais souhaiter la mort des gens...
Martine : - Il se réincarnerait peut-être en écrivain.
Christophe : - En simple stylo bic. Au moins il serait utile.

Quatrième sonnerie.

Paul, *arrive en courant, lance :* - Vous exagérez, que va penser Stéphane ?

Paul ouvre.

Paul : - Entrez, entrez, chers collègues.

Entrent Stéphane (avec un sac de sport) et Nestor.

Stéphane : - J'ai croisé Nestor, alors je l'ai emmené... Je crois qu'il cherchait la rue des filles faciles.
Nestor : - Y'a bien longtemps que je m'y perds plus... J'ai mon portable... (*il sort son portable*)
Paul : - Excusez-moi, j'étais à la cuisine, je préparais les plats pour l'omelette et je crois que Martine et Christophe devaient se bécoter en douce ou qu'ils n'ont pas osé aller ouvrir.
Martine : - On ne sait pas qui peut sonner chez toi à une heure pareille.
Nestor : - Tiens ! D'ailleurs j'ai un sms...

Paul : - Rassure-toi, j'ai prévenu tout le monde que ce soir je recevais un autre milieu…

Stéphane : - Ça nous aurait fait une bonne étude sociologique.

Nestor : - Oh, elle avait qu'à être là quand je suis passé… (*personne ne l'écoutant, plus fort* :) Les femmes il faut les laisser envoyer des sms et leur offrir des fleurs quand on en a besoin.

Paul : - Nestor, alors, ton prochain livre, ce sera le dictionnaire de tes conquêtes ?

Nestor : - Mon prochain livre… J'ai plus votre âge, les amis… Oui, j'aimerais bien encore en écrire quelques-uns mais bon…

Christophe : - Ne nous casse pas le moral Nestor.

Paul : - Je crois que Christophe nous fait une petite déprime, il vaut mieux éviter de parler d'âge aujourd'hui.

Stéphane : - Pourquoi tu déprimes alors que tu as signé pour trois livres.

Christophe : - J'ai signé. Oui, j'ai signé. Mais c'est déprimant. 1% des ventes, tu te rends compte ! Toucher un pour cent du prix de vente hors taxe, c'est scandaleux. Des rapaces !

Paul : - Mais tu vas être distribué en grandes surfaces !

Christophe : - J'ai l'impression qu'ils se foutent de ma gueule.

Martine : - Tu aurais dû répondre, « de ma face ! » (*personne ne semble comprendre sa réponse*) Alors ce soir, on va refaire le monde de l'édition, on va tout changer, on va s'attribuer les prix Goncourt, Renaudot, Femina, vous permettez, le Femina, je le garde, on va se partager les passages télé, et même les bourses du Conseil Régional…

Paul : - Tu vas bien Stéphane ?

Stéphane : - Ne pose pas des questions dont tu connais la réponse.
Paul : - Je ne sais pas si tu vas bien.
Stéphane : - Mais tu sais bien que je vais te répondre une banalité. Tu n'as quand même pas oublié qu'il y a deux heures nous étions des voisins qui, faute d'un possible lectorat, échangeaient leur point de vue sur les avantages et inconvénients de leurs choix d'édition.
Paul : - Mais depuis je t'ai vu partir en galante compagnie...
Stéphane : - Elle voudrait être chanteuse.
Paul : - Il paraît que les chanteuses sont très... Coquines...
Stéphane : - Et les chanteurs crétins, les écrivains fauchés, les bureaucrates... On ne va quand même pas perdre la soirée à débiter des lieux communs.
Paul : - Bon, donc ça ne s'est pas très bien passé.
Stéphane : - Elle voulait que je voie ses parents.
Paul : - Et ?
Stéphane : - Et c'était vrai, quand on est arrivé chez elle, ses parents étaient là !
Martine : - Et toi tu espérais !
Stéphane : - Sinon il suffisait d'échanger notre adresse e-mail.
Paul : - Donc tu es de mauvaise humeur.
Stéphane : - J'ai vieilli depuis le temps qu'on se connaît. Ce genre d'aléas ne peut plus grand-chose contre moi.
Paul : - Mais tu es quand même déçu.
Stéphane : - Maudites pulsions des glandes endocrines ! Parfois elles font oublier le choix de l'intégrité, d'attendre la vraie rencontre dans la douce solitude.
Paul : - Sois de ton temps ! Profite ! Il faut vivre !
Stéphane : - Tu ne vivras jamais ainsi en sérénitanie !
Martine : - C'est quoi de ton truc ?
Stéphane : - Le pays de la sérénité.

Martine : - Le Ternoise nouveau est arrivé, arôme mystique.
Paul : - On papote on papote, assieds-toi Nestor (*il lui tend une chaise*), tiens Stéphane (*il lui en tend une autre*), prends une chaise chaude...
Stéphane : - Une chaise chaude ?
Paul : - Oui, la mienne. Celle où j'étais avant de vaquer à la cuisine, d'ailleurs il faut que j'y retourne. *(Martine sourit en regardant Christophe)* Pose tes fesses là où étaient les miennes voici quelques minutes... Tu ne trouves pas que tu vas vivre un moment exquis ?
Martine : - On ne le changera pas ce Paul, dès qu'il voit un mec plus jeune que lui, il frétille.
Christophe : - Pourtant ça rime avec fille...
Stéphane : - Et vous croyez ainsi obtenir trois lignes dans ma biographie.
Martine : - Tu vas écrire ta biographie !
Stéphane : - Quand j'aurai l'âge de Nestor.
Nestor : - Bien, commence un peu plus tôt mon ami, parce que je suis en route, et j'espère bien la terminer avant qu'il m'abandonne (*il place sa main droite sur son cœur*).
Stéphane : - Si tu ne forces pas trop sur le Viagra, y'a pas de raison qu'il déraille, défaille, se défile dirait Christophe.
Martine : - Oh ! La plus belle phrase de ton œuvre !
Nestor : - Et comment je pourrais vivre, moi, sans Viagra ? Tu verras quand tu auras 90 ans.
Stéphane : - Arrête de te vieillir.
Nestor : - Quand j'avais 50 ans, j'annonçais 40, à 60 personne ne mettait en doute mes 50 affirmés droit dans les yeux mais depuis 70 je me vieillis de 5 ans chaque année.
Stéphane : - Un jour tu vas prétendre avoir connu Napoléon.

Christophe : - Napoléon enfant.
Nestor : - Je suis plutôt du genre à avoir dépucelé Marie-Antoinette.
Martine : - Nestor !
Paul : - Bon, je verse l'apéro et j'y vais, sinon on ne la mangera jamais cette omelette.

Paul va dans la cuisine.
Durant l'absence de Paul :

Christophe : - C'est vrai qu'il fait soif... On n'avait pas osé commencer...
Paul, *en rentrant*: - Si Stéphane te croit, c'est que sa chanteuse le perturbe vraiment.

Paul pose deux verres. Et verse l'apéro à Stéphane et Nestor. Il remplit les autres.
A l'initiative de Paul, qui s'est assis, ils trinquent.

Paul : - À nos ventes !
Martine : - Tu n'aurais pas un sujet plus réjouissant ?
Stéphane : - Aux arbres épargnés par nos tirages.
Nestor : - À votre jeunesse !
Christophe : - À tes souvenirs !
Nestor : - Oh ! Là, je vous souhaite tous d'en avoir d'aussi beaux à mon âge ! On pourrait trinquer toute la nuit !
Martine : - On a dit qu'on se couchait tôt. Parce que demain il faut piquer le fric aux bourgeois de Figeac.
Paul : - Je ne te savais pas aussi intéressée.
Martine : - Je n'ai pas les moyens de perdre de l'argent avec mes livres, moi. Je ne demande pas d'en gagner, tu sais, mais au moins de rentrer dans mes frais.
Nestor : - Moi je peux publier dix livres sans en vendre un seul ! La vente du restaurant a fait de moi un capitaliste ! Mais je préfère les vendre, mes bouquins ! C'est toujours un plaisir de recevoir un chèque ou un billet. Et avec l'argent, je me paye toutes les femmes que je veux.

Christophe : - T'es tellement connu que les femmes doivent être à tes pieds.
Nestor : - On voit que tu es bien informé ! Ça arrive, je n'ai pas à me plaindre mais offrir quelques billets, ça entretient l'amitié.
Martine : - On n'est plus en 1800 !
Nestor : - Heureusement, je vais te dire ! En 1800 un communiste capitaliste, ç'aurait été impossible ! Guillotine !
Martine : - Si on part sur la politique, y'a des œufs qui risquent de voler !
Nestor : - J'ai toujours été communiste ! Et je le resterai ! Vous verrez le jour où la Chine fera comme moi, le jour où ils comprendront qu'on peut être communiste et capitaliste !
Paul, *se lève :* - Omelette !
Martine : - Je crois que je suis la seule qui osera t'accompagner dans la cuisine... (*en souriant :*) C'est bien dans la cuisine qu'on la prépare...
Paul : - Qu'est-ce que tu imagines encore Martine ?...
Martine : - Allons casser des œufs...
Stéphane : - J'allais oublier !... (*Stéphane se lève et va près de la porte où il avait posé son sac, il l'ouvre, en sort une boîte en carton, il la tend à Paul*)
Paul : - Comme tu n'en parlais plus, je pensais que tu les avais offerts aux parents de ta chanteuse.
Christophe : - C'est vrai que tu as des poules.
Stéphane : - Comme l'a écrit Stendhal : « *L'homme d'esprit doit s'appliquer à acquérir ce qui lui est strictement nécessaire pour ne dépendre de personne.* » Le nécessaire passant par le manger il vaut mieux élever ses bêtes.
Christophe : - Moi j'ai une femme... y'a pas besoin de changer sa paille.

Martine, *à Paul* : - Pourquoi n'as-tu pas de poules ?
Paul : - J'ai essayé les poulets mais je n'ai jamais eu un seul œuf.

Paul et Martine vont dans la cuisine.

Christophe : - Alors Nestor, tu as encore été celui qui a vendu le plus aujourd'hui !
Nestor : - Je crois que les gens se disent « le vieux va bientôt casser sa pipe, alors faut qu'on ait au moins un de ses livres dédicacé »... Et puis je vais te dire... je vendrais n'importe quoi aux gens... j'ai un de ces baratins quand je m'y mets.
Christophe, *plus bas* : - Tu vendrais quand même pas un livre de Martine !
Nestor, *idem* : - Sois pas vache avec elle... elle est encore jeune, peut-être qu'un jour elle écrira des livres intéressants... Il faut du temps... Si elle arrête de confondre roman et rédaction pour les sixièmes B. Mon premier livre ne se vendait pas aussi bien que les suivants...
Christophe : - Ne joue pas les modestes. Depuis que je te connais, je te vois dédicacer dédicacer...
Nestor : - Je sais m'y prendre quoi ! À chaque livre tous les copains me font un bon article dans leur journal... ça compte aussi ça... Et les politiques, ceux qui sont au pouvoir, je les ai connus gamins, ils venaient manger au restaurant. Tout ça, ça crée des liens. C'était la belle époque le restaurant ! Ah ! Le droit de cuissage !
Christophe : - Dis pas ça devant Martine !
Nestor : - Elle aurait fait comme les autres, à cette époque-là ! Tout se tient dans la vie. Parfois il faut concilier l'agréable et le rentable : encore aujourd'hui, vaut mieux coucher avec la femme qui va te faire vendre deux cents bouquins plutôt qu'avec celle qui n'a pas de relations.

Martine revient avec cinq assiettes.
Nestor : - Non, ma Martine adorée, pas pour moi, tu sais bien que monsieur le maire m'offre le repas... (*il regarde sa montre*) D'ailleurs je ne vais plus tarder...
Stéphane : - Et nous on squatte !
Martine pose les assiettes, boit une gorgée et retourne dans la cuisine.
Christophe : - À part des poules, t'as quoi comme bêtes ?
Stéphane : - Deux dindes, un dindon, deux oies, trois canards, des pigeons, des cailles.
Christophe : - Tes bouquins, internet et tes bêtes, tu t'en sors alors ?
Stéphane : - Tant qu'ils ne m'auront pas viré du Rmi, j'essayerai de le garder.
Christophe : - Oh, ils ne virent pas du Rmi.
Stéphane : - Là ça devient limite, ils m'ont encore baissé... Il faut dire que je ne vais plus à leurs convocations, je leur réponds en recommandé : « Messieurs les censeurs, vous n'avez aucune légitimité artistique pour juger de ma démarche littéraire. »
Christophe : - Et tu feras quoi, si tu n'as plus le Rmi ? Tu n'auras plus de couverture sociale non plus...
Stéphane : - Internet prendra le relais. Et ne perdons pas notre temps avec des problèmes possibles. Chaque jour est une équation à résoudre où ni le passé ni le futur n'ont leur place.
Christophe : - Comme Paul n'est pas là, on peut parler d'auto-édition... Tu crois que l'auto-édition, dans le livre jeunesse, ça pourrait fonctionner ?
Stéphane : - Tes livres sont bien distribués... Mais le plus souvent ton nom ne figure même pas sur la couverture... Donc tu ne peux pas compter sur ta notoriété.
Christophe : - Je suis à moral zéro... Là tu m'enfonces encore un peu plus la tête sous l'eau...

Stéphane : - Pour répondre correctement à une question, mieux vaut ne pas se bercer d'illusions, (*plus bas, en souriant* :) si tu veux des louanges, déshabille-toi devant Paul !

Nestor : - S'il présentait le 20 heures, je ne dis pas non ! Mais là, le jeu n'en vaut pas la chandelle (*personne ne l'écoute*).

Christophe : - C'est vrai qu'au niveau notoriété c'est néant, partout je dois préciser « j'ai publié vingt livres. » Quand j'ajoute le nom des éditeurs, là les gens me regardent autrement... (*plus bas*) Mes éditeurs n'ont pas fait faillite, moi. Et pourtant le CRL ne m'a toujours pas accordé de bourse. Vous trouvez ça juste, vous ?

Stéphane : - Dans le livre jeunesse, c'est encore pire que le roman, les réseaux de distribution sont complètement verrouillés.

Christophe : - Mes meilleures ventes se font en grandes surfaces... Je suis même certain que les ventes sont plus importantes que celles notées sur mes relevés.

Stéphane : - Mais si tu envoies un huissier pour vérifier leur comptabilité, là tu es certain d'être grillé chez tous les éditeurs.

Christophe : - C'est une vraie mafia. Tu vois, malgré vingt livres publiés, j'ai l'impression d'être un petit enfant qui doit remercier quand on lui signe un contrat. Pour le 1%, j'ai répondu « mais chez *Milan* j'étais à 3. » Elle s'est pas gênée, la blondasse platine, de me balancer : « *vous savez bien que si vous ne signez pas, un autre auteur sera enchanté de signer.* »

Nestor : - Une mafia, tu l'as dit. Un pour cent à l'auteur, un pour cent à l'illustrateur, ils doivent considérer que donner deux pour cent c'est encore trop. J'ai compris à mon premier livre, vous savez que j'avais un éditeur. Ils m'ont fait une pub dingue c'est vrai mais au moment de payer, y'a fallu que je fasse intervenir un bon copain pour que l'éditeur mette l'argent sur la table.

Stéphane : - C'était mafia contre mafia !

Nestor : - Si je raconte tout dans ma biographie, vous en découvrirez de belles mes amis.

On entend Paul de la cuisine, ce qui interrompt la conversation :

Paul : - Aïe... Oh Charlus ! Oh ça fait mal... de la glace, vite de la glace... dans le haut du frigo... Aïe... Que ça fait mal...

Christophe : - Un drame de l'écriture...

Stéphane : - Il va demander un arrêt de travail.

Christophe : - On ne peut pas le soupçonner de s'être brûlé pour attendrir Martine, qu'elle lui applique tendrement des compresses.

Stéphane : - Ça change, parfois, un homme !

Christophe : - Y'a des cas désespérés...

Nestor : - Y'a des techniques plus rapides et moins douloureuses. Si vous voulez, je vous en raconterai quelques-unes.

Stéphane : - Ou alors il ne s'est pas brûlé... Il a réalisé une expérience avec un œuf !

Christophe : - Et l'œuf a explosé au mauvais moment ! Tu prépares un livre X qui se déroulera dans ta petite ferme ?

Nestor : - C'est vrai que le coq avec les poules, il ne perd pas son temps à répondre à des sms, à écouter leurs petits malheurs ! La civilisation n'a pas apporté que des bonnes choses... C'était quand même le bon temps, le restaurant !

Paul arrive en secouant la main gauche dont le dessus est recouvert d'un sparadrap. Martine suit avec la poêle dans la main droite, la casserole de pâtes dans la gauche.

Paul : - C'est affreux, quelle douleur.
Stéphane : - La douleur est une invention du corps pour se protéger des agressions extérieures. Remercie plutôt ton organisme !

Martine pose l'ensemble sur la table.

Paul : - Parfois, tu dis vraiment n'importe quoi, quand même !
Stéphane : - Ta main vient de te signaler qu'il ne faut pas la détruire. Si tu as retenu la leçon, remercie ta douleur et fredonne-lui « bonne nuit la douleur »… Il te suffit de te convaincre en répétant « ça ne fait pas mal. »

Martine reprend la poêle.

Martine, *à Stéphane* : - Tu veux que je te la colle pour tester ta théorie ?
Paul : - Tu veux la voir ma cloque ?
Martine : - Là, fais attention à ta réponse, il ne parle peut-être pas de sa main gauche.
Christophe : - On a évité un drame, si ç'avait été la droite, demain tu ne pouvais plus dédicacer…
Paul : - Je suis gaucher.
Christophe : - Donc c'est un drame.
Stéphane : - Il faut prévenir *la Dépêche du Midi*…
Paul, *en s'asseyant* : - Allez, servez-vous… J'ai connu pire !… Mais en ce temps-là c'était volontaire !
Martine : - L'autofiction masochiste selon Saint Paul.
Christophe : - J'hésite... J'ai jamais vu une omelette aussi jaune.
Nestor : - Au restaurant, on avait un chef extra. Il utilisait de ces colorants, certains étaient même interdits ! Les plus beaux plats de la région qu'on avait !
Christophe : - Vous avez ajouté du maïs ?… Vous savez bien que je suis allergique au maïs…

Stéphane : - Tu les trouves où tes œufs ?
Christophe : - Comme tout le monde, au supermarché.
Stéphane : - Et elles mangent quoi les poules qui pondent dans tes barquettes ?
Christophe : - Elevées en plein air.
Stéphane : - En plus d'être élevées en plein air, elles choisissent leur herbe, retournent le sol pour y trouver de bons petits vers de terre, attrapent des criquets, des escargots.
Christophe : - Ah ! Des criquets, des escargots ! C'est pas naturel ! Tu crois que c'est bon pour les poules ?
Stéphane : - Goûte ! Je te croyais spécialiste de la nature ! La nature vue des villes ! Les poules n'ont pas attendu les nutritionnistes des multinationales pour exister. Tu vas voir la différence.
Paul : - Tu es sûr, Nestor, que tu ne veux pas au moins la goûter, l'omelette aux œufs de Stéphane.
Nestor : - Ce serait avec plaisir. Mais je ne peux quand même pas arriver le ventre plein à la réception de monsieur le maire (*il regarde sa montre*). D'ailleurs je vais vous laisser.
Martine : - Tu vas quand même prendre un verre de vin avec nous ! Et le vin ?... *(tous sourient)* Quoi, j'ai l'air de réclamer ?... Mais non Paul !... Comme tu nous invitais j'ai amené une bouteille.

> *Elle se penche, ouvre son sac, et en sort une bouteille.*

Martine : - Bon, c'est du Cahors... mais on n'a pas encore vendu 200 000 exemplaires...
Christophe : - Avec les traductions, je dois y être... Mais je crois que j'aurais touché plus d'argent si j'avais vendu mille exemplaires d'un livre auto-édité.
Martine : - Ah ! Vendre mille bouquins en auto-édition...

on en rêve tous !... Alors malgré tes 200 000 exemplaires tu n'as pas les moyens de nous offrir une bouteille ?...
Christophe : - J'attendais que la tienne soit vide pour proclamer « j'ai gardé la meilleure pour la fin » mais bon... *(il se baisse et sort de son sac une bouteille)* C'est du Buzet ! C'est quand même meilleur que du Cahors...
Martine : - On verra, on verra, ne vendons pas la peau du Cahors avant de l'avoir bu.

Elle se penche et sort de son sac une autre bouteille.

Martine : - Cahors 2 Buzet 1. Et c'est Cahors qui nous saoule le plus !
Christophe : - Là, Stéphane, avec tes trois œufs tu passes pour un radin !
Stéphane : - Bon, alors je dois la sortir avant l'heure prévue...

Stéphane se lève, va ouvrir son sac, en sort une bouteille.

Paul : - Oh ! En plus des œufs, du champagne, je suis touché.
Stéphane : - Ce n'est pas tout à fait du champagne, mais quand on aura vidé les bouteilles de vin, du bon mousseux ça nous paraîtra sûrement meilleur que du mauvais champagne.
Paul : - Je ne sais pas si tout ça, ça s'accorde avec une omelette et des pâtes... J'avais prévu du rosé... Mais les mélanges, pour des écrivains, c'est toujours souhaitable... Mélangeons, mélangeons-nous !
Christophe : - Bon, je fais le commentaire avant vous : c'est moi qui passe pour un radin avec une misérable bouteille.
Martine : - Mais non, Christophe, on sait bien que ta femme te surveille. Déjà pour sortir une bouteille, tu as dû inventer des stratagèmes pas possibles !

Christophe : - C'est vrai que je suis le seul marié ici !
Nestor : - Mais je suis marié mon ami ! Quarante ans de mariage ! Peut-être même plus !
Christophe : - Faut pas demander si tu n'étais pas marié !
Nestor : - Tu ne crois quand même pas qu'en plus de la voir entre mes quatre murs, je vais la laisser me suivre ! J'ai passé l'âge !

> *Paul se lève et sort. Christophe et Martine se sourient.*

Christophe : - Pourtant je n'ai pas parlé d'éphèbes sur une plage...

> *Paul revient avec un tire-bouchon. Il ouvre une bouteille de Cahors puis remplit les verres. Ils trinquent.*

Paul : - Aux livres et à ceux qui les achèteront.
Christophe : - Pour du Cahors, c'est buvable !
Paul : - Très raffiné, je dirais.
Nestor, *vide son verre d'un trait ; en se levant* : - Allez, je vous laisse les amis, ça m'a fait bien plaisir de passer quelques instants avec vous mais je dois maintenant rejoindre monsieur le président du Conseil Régional... Allez, j'essayerai de lui glisser un petit mot en votre faveur pour que l'année prochaine ils vous invitent aussi aux frais de la princesse... Je crois que je vais d'abord faire un saut à l'hôtel... Y'a une petite à l'accueil, je ne vous dis pas !
Christophe : - Nestor ! À ton âge !
Nestor : - Je crois que je vais lui raconter que j'ai racheté l'hôtel, ça marche souvent avec les filles de la réception.
Stéphane : - Nestor, sans vouloir t'offenser, ça se voit que tu n'as plus l'âge de racheter des hôtels. Sauf peut-être au Monopoly !

Nestor : - À mon âge ! J'ai un truc auquel aucune femme ne résiste.
Christophe : - On ne demande pas à voir.
Nestor : - Je vais vous le montrer, vous pourrez dire, « j'ai vu le secret de Nestor » *(il met sa main droite dans la poche droite de son pantalon et ressort une liasse de billets)*.
Martine : - Ça va sûrement te surprendre, mais y'a des femmes que ça laisse indifférent.
Paul : - Indifférentes, au féminin pluriel, j'aurais dit à ta place.
Nestor : - Tu dis ça parce que t'es entourée d'amis… Allez on en reparlera en tête à tête un de ces jours… *(en avançant vers la porte)* Allez, n'hésitez pas à faire des bêtises, c'est de votre âge. Je vous raconterai combien elle m'a coûté.

Presque en même temps :
Christophe : - Embrasse la dame en blanc de notre part.
Martine : - Bonne nuit Nestor.
Paul : - Merci Nestor, d'avoir honoré cette maison de ton passage.
Nestor : - Et n'oubliez pas qu'il ne faut jamais laisser un fond dans une bouteille, quand on est invité.
Stéphane : - N'oublie pas de prendre des notes pour ta biographie.

Nestor sort.

Martine : - Vieil obsédé va !
Stéphane : - Comme beaucoup il doit en dire plus qu'il en fait… Il arrive un âge où le sexe devient la médaille de ceux qui n'ont pas la légion d'honneur…
Christophe : - Le plus honteux, c'est que ses livres se vendent.
Martine : - Les gens achètent n'importe quoi. Il suffit

d'un sourire de Nestor et sa petite phrase sirupeuse « *ça vous replongera dans un monde qui n'existe plus* », et les vieilles cruches achètent.

Christophe : - Les jeunes aussi avec son « *vous l'offrirez à vos parents* » ou « *vous verrez comment ont vécu vos grands-parents.* »

Stéphane : - Ça ne veut pas dire que ses livres sont lus.

Martine : - Mais au moins le fric rentre ! Moi il me faut deux ans pour rentrer dans mon argent. J'ai au moins dix livres en attente.

Paul : - Moi ça me donne un moral d'enfer, de le voir en si bonne forme ! Je ne parle pas de son écriture mais de son entrain. Je me dis que j'ai encore devant moi quelques bonnes décennies.

Martine : - C'est un formidable métier, écrivain : à soixante ans on regarde l'académie française et on se persuade qu'on a tout l'avenir devant soi !

Christophe : - Encore faudrait-il en vivre avant cent ans !

Martine : - T'inquiète pas, dans quelques années tu auras la retraite en plus de tes droits d'auteur... (*il reste sceptique*)

Paul : - Mais ils sont délicieux, tes œufs, Stéphane.

Stéphane : - Ils sont si bien mis en valeur par tes pâtes cher Don Paulo.

Paul : - C'est l'un des souvenirs les plus délicieux de ma vie, quand je suis allé animer un atelier d'écriture à Vérone.

Martine : - Et comment tu avais été invité là-bas ?! Tes livres ne sont pas traduits en italien ! Ils ne te connaissent quand même pas ?

Paul : - Mais tu sembles ignorer qu'en certains milieux, je suis très apprécié. Mon ami Carlo d'Egyptair, comme on le surnomme, a su m'introduire.

Martine : - Sans jeu de mot ! L'internationale gays a pris le pouvoir dans la culture !

Christophe : - Un livre acheté, un œuf offert, tu ferais un malheur. Tu en vends des œufs ?

Stéphane : - Quand j'en ai trop, le chien adore ça, et ça lui fait des poils d'un luisant... Mais par chez moi les gens sont civilisés, ils ont leurs bêtes.

Les verres se vident et se remplissent rapidement.

Paul : - Dis, Stéphane, puisqu'on est entre nous... Ton nouveau look, c'est étudié ou c'est juste pour t'amuser, pour embêter les bourgeois de Figeac ?

Stéphane, *après quelques secondes où il cherche les termes exacts et à capter l'attention* : - Nous sommes condamnés à la notoriété !

Tous le regardent, incrédules.

Paul : - Vas-y, fais-nous partager tes découvertes.

Stéphane : - Au-delà des raisons pour lesquelles on écrit, ce qu'on écrit n'a d'intérêt qu'historique. De notre vivant, enfin, au moins durant nos premières décennies d'écriture, ce qui primera ce sera le médiatique.

Paul : - Tu veux dire qu'on est obligé d'être connu pour être lu ?

Stéphane : - Pas forcément connu, être inconnu est parfait... *(en souriant)* à condition que tout le monde le sache.

Martine : - Là tu joues sur les mots, être inconnu à condition que tout le monde le sache, ça veut dire être connu.

Stéphane : - Mais non, Martine ! Tout le monde peut penser : lui, c'est un écrivain quasi inconnu, et ce n'est pas parce que tout le monde pensera « lui, c'est un écrivain quasi inconnu » que je serai un écrivain connu !

Paul : - Mais si tout le monde dit quelque chose…
Stéphane : - Mais tout le monde pense alors que son voisin ne me connaît pas ! Il se dit, « tiens, cet écrivain, ça a l'air d'être un type intéressant. »
Martine : - Et il achète ton bouquin ?
Stéphane : - Rarement. Achète un bouquin celui qui pense « je vais sûrement découvrir quelqu'un d'original »… Mais les badauds régleront l'affaire avec un « ça sert à rien que je le lise, je pourrai en parler à personne. »
Martine : - Ils pourraient en parler pour faire découvrir.
Stéphane : - Déformation professionnelle, tu rêves ! S'ils en parlent c'est pour frimer. Je commente toujours la majorité… Heureusement, il y'a des exceptions…
Paul : - Et tu en croises beaucoup des exceptions ?
Stéphane : - Ne pose pas des questions dont tu connais la réponse ! On ne vit pas sur le dos des exceptions… Tu crois que je serais à Figeac pour vendre trois bouquins si je pouvais en vendre cinquante dans un vrai salon du livre ?
Paul : - Là tu vas nous casser le moral !
Stéphane : - Quoi ? Ne m'attribue pas plus de pouvoir que j'en ai ! Lundi, qu'est-ce qu'on va répondre au premier pecnot qui osera demander « alors, ça c'est bien passé ton week-end ? »
Paul : - Tu me poses la question ?
Stéphane, *en souriant :* - Les gens achètent de moins en moins de livres, mais je n'ai pas à me plaindre quand même… Et tu ajouteras « mes acrostiches sont partis comme des petits pains, c'est mieux que rien, ça me permet d'être tranquille quelques semaines. »
Paul : - Là tu te moques.
Stéphane : - Je me moque de toi, de moi, de nous… Mais au moins je ne serai pas dupe de leurs manigances, je n'irai pas manger avec monsieur le président du Conseil

Régional, avec les magouilleurs du livre qui se donnent une image de ville culturelle en nous invitant sur un strapontin de leur salon, parce qu'on est des « écrivains régionaux », que notre nom, notre photo paraissent dans quelques torchons.
Paul : - Finalement, tu devrais écrire un essai.
Stéphane : - Mais là, il faudrait être vraiment connu !
Paul : - Et sur internet ?
Stéphane : - Si un visiteur des sites sur mille achetait un livre, je deviendrais imposable !... Mais il faut être logique, vendre des livres n'est pas le but.
Christophe : - Alors je ne vois pas l'intérêt d'avoir des sites.
Stéphane : - Le livre papier va disparaître.
Martine : - Là tu veux vraiment nous casser le moral.
Stéphane : - Mais non, c'est une suite logique. D'abord la pensée s'est transmise de bouches à oreilles, n'a compté que sur la mémoire. Puis elle fut gravée, dans la pierre, sur des os humains, peinte sur les parois de grottes. L'invention de la représentation et de l'écriture a été une révolution plus importante que le passage au numérique. J'imagine les Paul d'alors : si on écrit la pensée, plus personne n'écoutera, plus personne n'apprendra.
Paul : - Pourquoi m'attribues-tu le rôle du conservateur opposé à tout progrès ? La disparition du livre, ce n'est pas un progrès.
Stéphane : - Mais c'est bien toi qui veux garder sur un piédestal les éditeurs, qui regardes de haut l'auto-édition comme si le travailleur indépendant qu'est l'auteur-éditeur n'avait pas sa place dans la littérature, parce qu'il n'a pas été légitimé par un vénérable éditeur.
Paul : - Tu sais bien que dans l'auto-édition, la majorité des livres ne valent rien, regarde Nestor, Pierre ou Véronique…

Stéphane : - Mais en plus tu assimiles l'auto-édition au compte d'auteur.
Paul : - Là tu ne m'as jamais convaincu.
Stéphane : - Donc pour toi c'est la même chose ! (*léger énervement*) Qu'un auteur refusé par l'ensemble des éditeurs classiques signe, en désespoir de cause, avec un pseudo éditeur qui va lui demander une fortune pour un bouquin en mauvais papier, tu confonds cette arnaque avec le choix de l'auteur qui décide d'être son propre éditeur, d'être travailleur indépendant.
Paul : - Mais tu sais bien que la majorité de ceux qui s'auto-éditent c'est parce qu'ils n'ont pas trouvé d'éditeur comme tu dis classique.
Stéphane : - Ce n'est pas parce qu'une activité est utilisée faute de mieux par des écrivaillons, qu'il faut en conclure que l'activité est méprisable. L'auto-édition est l'avenir de l'édition.
Christophe : - Mais si on en arrive à la disparition du livre, tu parles d'un avenir !
Stéphane : - J'en reviens donc à mon histoire de la conservation de la pensée. Après la pierre et les os humains ? On a utilisé des matières plus pratiques : le bois puis le papier. Et un jour on a relié le papier sous forme de livre. Le livre a eu quelques siècles de triomphe. C'est inévitablement sa, ou peut-être ses dernières décennies.
Martine : - Finalement, tu devrais devenir enseignant ! Tu devrais me remplacer ! Il faut faire travailler les jeunes.
Stéphane : - Et devant mon tableau noir, je conclurai : dès que le numérique sera plus pratique que le papier, il le supplantera. Des millions d'arbres seront en plus épargnés.
Paul : - Alors il n'y aura plus d'écrivains. Déjà qu'il est difficile de récupérer des droits d'auteur quand les livres sont imprimés ; alors quand les versions numériques seront téléchargées gratuitement, piratées ?...

Stéphane : - C'est bien pour cela que je ne veux surtout pas d'éditeur, que je tiens à mon indépendance. En conservant l'ensemble des droits, je récupère l'ensemble des droits dérivés.
Paul : - Et tu crois en vivre un jour ?
Stéphane : - Le problème majeur de l'indépendance étant l'accès aux points de ventes à des conditions décentes, il est impératif, soit de trouver une solution pour vendre, soit de vivre indépendamment des ventes.
Christophe : - Plutôt jouer au loto !
Stéphane : - Vendre sur internet, c'est vendre sans intermédiaire et l'audience permet d'obtenir des droits dérivés. Je n'en suis encore qu'à la phase une, le développement du concept.
Martine : - Je n'ai rien compris !
Paul : - Je ne comprends pas ta logique d'écriture, de ne pas te fixer dans un genre, de faire ainsi feu de tout bois. Tes internautes, tu vois je connais le terme exact, tes internautes doivent être comme les organisateurs des salons du livre ! Ils ne doivent pas savoir où te classer.
Stéphane : - Mais je ne suis pas un bibelot dont on recherche l'étagère qui le mettra le plus en évidence.
Paul : - Tu sais bien ce que je veux dire.
Stéphane : - Ecrire, l'essentiel est d'écrire, tu en conviens ?
Paul : - Naturellement, mais si personne ne s'y intéresse…
Stéphane : - Le succès est toujours un malentendu ! Il est donc inutile de courir après ! Quelqu'un tombe sur un texte et la mayonnaise prend, tout s'emballe, c'est rarement le meilleur texte. Quand ça arrive, le plus souvent l'écrivain est déboussolé, paumé. On lui demande de tout ! Eh bien moi, ce jour-là je placerai mes textes, chanson, théâtre, scénarios…

Paul : - Tu ne m'as pas convaincu ! Si je t'ai bien suivi, il suffit d'attendre.
Stéphane : - La patience est notre grande vertu !
Paul : - À ce petit jeu de l'attente, je ne me vois pas attendre encore cinquante ans ! Et en attendant, il faut bien vivre !
Stéphane : - Les droits dérivés, on y revient !
Christophe : - C'est quoi, tes droits dérivés ?
Stéphane : - Les internautes téléchargent gratuitement... et après reçoivent de la pub.
Paul : - Tu deviens comme un coureur automobile, avec des pubs partout.
Stéphane : - Mais pas du tout ! Encore une réduction caricaturale orchestrée par l'industrie du livre pour effrayer leurs petits auteurs. Le versant littéraire et le versant publicitaire sont dissociés. Aucune publicité dans les versions numériques mais les internautes fournissent leur adresse e-mail et reçoivent d'autres messages, des messages cette fois publicitaires.
Christophe : - Et vous êtes nombreux à faire ça sur internet ?
Stéphane : - Je crois qu'en France je suis le premier.
Paul : - Internet, internet, je suis trop vieux pour m'y mettre comme toi. C'est bien bon pour les sites de drague mais pour la littérature, je suis et je resterai de l'ancienne école.
Christophe : - Faudrait qu'un jour on en parle vraiment d'internet, Stéphane.
Stéphane : - Mais qu'est-ce qu'on vient de faire ?
Christophe : - Oui... Mais devant un écran, que tu me montres comment ça marche. Comment tu peux envoyer un texte, tu es toujours derrière ton écran ?
Stéphane : - Avant d'être un mec bizarre qui promène ses livres, j'ai été un jeune informaticien. Cadre même !

Martine : - Tu dis tout en deux fois. Pour moi l'informatique se résume à une question : tu connais la différence entre Windows et un virus ?

Personne ne répond.

Martine : - Windows c'est payant alors qu'un virus c'est gratuit.

Stéphane : - C'est avec de telles plaisanteries qui se veulent des bons mots, qu'on fait peur aux écrivains ! Tant mieux ! Ayez peur, ça me permettra de prendre un train d'avance.

Christophe, *en souriant :* - Tchou Tchou.

Paul et Martine éclatent de rire.

Stéphane a une moue signifiant « ils n'y comprennent vraiment rien. »

Rideau

Acte 2

Stéphane. Puis : Paul.

Nuit. Stéphane allongé dans le canapé (qui ne fait pas lit). Scène légèrement éclairée pour la commodité des spectateurs. Entre Paul, en peignoir, titubant.

Paul : - Je viens prendre un Coca dans le frigo... J'ai la gorge sèche... Il me faut quelque chose de doux... Tu veux que je te serve quelque chose, mon cher Stéph ?... J'ai aussi du Perrier... Ou tu veux quelque chose de plus doux ? *(élocution de type bourré essayant de parler correctement)*

Stéphane fait semblant de dormir.

Stéphane : - I m'a assez barbé au salon, i va pas r'commencer... *(pour le public ; de même très éméché)*
Paul, *très efféminé :* - Tu dors déjà, mon ché... cher Stéph ?

Silence.

Paul : - Si j'osais... Comme écrivain rien... *(Stéphane apprécie)* mais le sentir là à deux mètres... Ah !... Je suis prêt à lui promettre le prix Goncourt... Calme Paul... Tu n'as jamais violé personne... *(en souriant :)* Ou bien j'ai oublié... Ou il sentait pas bon *(référence à Jacques Brel, chez ces gens-là)*.

Paul : - Bon je vais déjà aller chercher un Coca... Ça le réveillera peut-être. Il a bien bafouillé « *que ta nuit soit la plus agréable possible* »... Il sait ce qu'agréable signifie...

Paul va dans la cuisine, laisse la porte ouverte, fait un maximum de bruit (bouge des chaises, tousse, claque la porte du frigo, pose de la vaisselle...). Il revient.

Paul : - Excuse-moi, Stéphane, je viens de m'apercevoir que j'ai fait du bruit, j'avais complètement oublié que tu dormais dans le canapé.

Aucune réponse.

Paul : - Stéphane, tu m'excuses de t'avoir réveillé... *(Reprenant son monologue)* Ou alors il attend que je le prenne à l'improviste... Ses derniers mots, c'était bien ça... *(Stéphane effrayé, serre les poings)*... Non, je ne peux pas quand même... S'il se mettait à hurler, il est parfois tellement bizarre... Ça les réveillerait en haut, j'aurais l'air de quoi ?... *(Paul réfléchit)*

Paul fait tomber sa boîte de Coca, qui explose.

Paul : - Oh ! Je suis vraiment maladroit. Un mâle, adroit !

Après son ricanement de type ivre, Paul va à l'interrupteur, allume. Stéphane doit se montrer éveillé...

Paul : - Je suis vraiment maladroit. Et je t'ai réveillé... Oh excuse-moi, Stéphane. Tu dormais déjà comme un ange...
Stéphane, *légèrement dégrisé par la lumière :* - Si tu avais une fille, elle aurait sûrement l'âge de me réveiller. J'ai toujours rêvé d'être réveillé par une princesse.
Paul : - Tu sais, je peux te faire des choses aussi agréables qu'une princesse, j'ai une bouche de velours.
Stéphane : - Quelle horreur !
Paul : - Oh ! Tu n'es quand même pas vieux jeu !
Stéphane : - Je t'ai déjà dit, ça doit être hormonal.
Paul : - Je n'y crois pas... Même moi, j'ai essayé avec une femme... Ce ne fut pas grandiose. Tu ne peux quand même pas toujours parler de choses que tu ne connais pas.
Stéphane : - Mais je n'en parle pas. Le sujet ne m'intéresse pas ! On n'est pas de la même planète.

Paul : - Tout homme est, a été, ou sera. Comme tu n'es pas, comme tu n'as jamais été, il faut que tu sois un jour... Donc attendons deux minutes...
Stéphane : - C'est c'qu'on appelle un sophisme...
Paul, *rire d'ivresse :* - Pourtant parfois ça fonctionne... Et j'ai assisté à des conversions étonnantes... Pour quelqu'un qui se croit totalement hétéro, la première fois est une vraie révélation... Si tu avais entendu Carlo d'Egyptair hurler de plaisir... J'aimerais bien que tu vives cet instant fort avec moi... Ne passe pas à côté de l'essentiel, Stéph.
Stéphane : - Ça c'est de la tentative d'embobinement.
Paul : - Ça me ferait tellement plaisir.
Stéphane : - Tu devrais porter un Coca à Christophe.
Paul : - Oh non, puisque j'ai le choix, au moins que ce soit avec un véritable écrivain et en plus beau mec.
Stéphane : - Mais tu n'as pas le choix !
Paul : - Oh !
Stéphane : - Tu voudrais quand même pas que je te vomisse dessus.
Paul : - Si tu prends ton pied comme ça, fais comme tu veux.
Stéphane : - Ton seul choix, c'est aller rechercher un Coca ou remonter sans avoir bu de Coca.
Paul : - Oh !
Stéphane : - Enfin, tu peux aussi aller chercher une serpillière, tu peux même sortir, tu dois connaître Figeac by night sur le bout... des doigts.
Paul, *très doux :* - Pourquoi te moques-tu de moi, Stéphane ?
Stéphane : - Je constate simplement.

> *Paul s'assied au bord du canapé, se passe la main droite dans les cheveux, sans regarder Stéphane.*

Paul : - Y'a des jours comme ça... Où rien ne va. Ces

jours-là, je les reconnais au premier café. Le premier café qui me brûle la langue. Après j'ai renversé de la confiture d'abricot sur ma chemise. Je vais t'épargner la suite. Quand tu as eu ces paroles exquises, quand tu m'as souhaité une nuit la plus agréable possible, j'ai cru que la loi des séries était vaincue (*Stéphane qui soufflait de temps en temps, sourit en balançant négativement la tête*). Je ne me suis quand même pas trompé ? (*il regarde Stéphane*)

> Stéphane sourit, balance la tête en signe d'affirmation.

Paul : - Tu crois que j'aurais dû essayer de dormir ? (*ne laisse pas le temps à Stéphane de répondre*) Mais j'aurais jamais réussi à dormir. J'aurais pensé à toi en t'imaginant m'attendre. Et l'attente, c'est ce qu'il y a de plus beau en amour. (*Pause*) T'es d'accord avec moi, sur ça, Stéph ?

Stéphane : - T'es d'accord avec moi, Paul, si je te dis, cerveau fatigué n'a plus d'oreille.

Paul : - Oh, ce n'est pas les oreilles le plus important en amour. On fait juste un p'tit câlin, si tu veux…

Stéphane : - Ça commence à devenir gênant, Paul.

Paul : - Prendre ses rêves pour la réalité, c'est pourtant une idée qui t'est chère.

Stéphane : - Prends tes rêves pour ta réalité, va te masturber en pensant à qui tu veux… Et laisse-moi avec mes rêves.

Paul : - Tu penses à ta chanteuse ?

Stéphane : - Je pense à qui je veux. Mon cœur est déjà pris !

Paul : - Mais je ne vise pas aussi haut.

Stéphane : - Tes citations, tu les gardes pour ceux qui les ignorent. La femme à qui je pense, j'espère qu'elle trouverait de tels propos vulgaires. C'est clair, non ?

Paul : - Bon, ne t'énerve pas, tu me signifies poliment

d'aller me faire voir, d'aller noyer mes idées noires à côté d'un placard, en vidant une bouteille de Ricard.

Stéphane : - Tu ne pouvais quand même pas imaginer que parce que j'avais picolé, j'irais contre ma nature.

Paul : - Mais ça n'existe pas, un hétéro (*moue de Stéphane, signifiant* : *c'est reparti*). Tout homme rêve d'avoir quelque chose au moins dans la bouche. Je ne t'ai jamais raconté comment j'ai compris, qu'en fait, ma vie, mon plaisir, ce serait avec le sexe fort.

Stéphane : - Le mieux serait que tu écrives un livre sur le sujet, au moins une nouvelle. C'est peut-être le moment de commencer.

Paul : - Bon, là tu me signifies poliment, va écrire.

Stéphane : - C'est encore la meilleure occupation, les nuits d'insomnies. Au moins ça n'embête personne.

Paul : - Je te croyais pas comme ça !

Stéphane : - Je ne t'ai jamais caché mon orientation.

Paul : - Oui, mais là, c'est presque de l'homophobie.

Stéphane : - Détrompe-toi !… Plus il y aura d'homos, plus le choix des femmes sera restreint !

Paul : - Les femmes devraient toutes être lesbiennes… Je crois que si tu ne me prends pas dans tes bras, je vais aller me jeter dans la rivière.

Stéphane : - Là c'est du pathos ridicule.

Paul : - Oh merde ! Tu prends rien au sérieux. Tu sais pourtant que je suis un mec sensible.

Stéphane : - C'est bien, va l'écrire. La vraie vie, c'est la littérature.

Paul : - Mais Proust a vécu avant d'écrire cela. Il n'aurait jamais refusé un câlin à un écrivain ami.

Stéphane : - Bon (*Stéphane se lève, surprenant Paul toujours à ses pieds ; pieds nus, il porte un tee-shirt et le pantalon du soir*), je trouverai bien un hôtel. Ou je retourne chez moi. De toute façon pour vendre trois bouquins demain (*il ramasse ses affaires et les fourre dans son sac*).

Paul, *se lève :* - Excuse-moi Stéph, excuse-moi, j'avais cru...

Paul sort et on l'entend monter les escaliers.
Stéphane s'assied sur le canapé, souffle de dépit.

Stéphane : - Non seulement j'aurai une tronche d'enfer à cause de l'alcool... Mais en plus je n'ai entendu que des banalités... Même pas une phrase digne de faire un refrain !... Pendant ce temps-là, les écrivains mondains sont dans un lit confortable, dans une belle chambre d'hôtel qui va pas puer le Coca... Mais ils se demandent si le président du Conseil Régional a retenu leur nom... Ça sert à rien de côtoyer des écrivains, ils ne valent pas mieux que les voisins. Le seul intérêt d'un écrivain, on le trouve dans ses livres. Qui parmi ces pantins n'a pas pour grand rêve d'obtenir une bourse du Centre National des Lettres, ou à défaut du Centre Régional des Lettres, ou d'animer un atelier d'écriture, ou d'intervenir dans une école ? Qui se soumet à demander ne sera jamais écrivain. Des écrivaillons ! Dès qu'un p'tit bureaucrate d'une vague commission se ramène, ils sont à genoux. Est-ce que Rimbaud aurait quémandé une bourse à des notables ? Plutôt magouiller que s'agenouiller. Plutôt vivre pauvrement que de brouter à leur râtelier...

On entend du bruit dans la chambre au dessus.

Stéphane, *soulève la tête et sourit :* - Sacré obsédé ! Il est allé voir Christophe ! Sans Coca en plus.

Rideau

Acte 3

Stéphane. Puis : Francis, Paul, Pierre, Martine et Christophe.

Matin. Même décor. Stéphane dort. Sonnerie.

Stéphane se redresse, passe la main droite dans les cheveux.

Stéphane : - Damned !... J'ai rêvé qu'on sonnait... Damned... Il fait déjà jour...

Deuxième sonnerie.

Stéphane : - Damned !... J'ai pas rêvé, on sonne... Bon, j'ai pas le choix... Quelle heure il peut bien être ?

Il se lève. Troisième sonnerie.

Stéphane *crie, voix pâteuse :* - J'arrive.

Il cherche le bouton, allume la lumière, regarde sa montre...

Stéphane : - Les salauds !... Onze heures... Les salauds, ils sont partis sans moi... Bande de blaireaux !

Il ouvre la porte. Entre Francis.

Francis : - Salut, je suppose que t'es l'un des écrivains qui devait dormir chez Paulo...
Stéphane : - Je crois que tu as deviné... Et toi ?...
Francis : - Bin Francis, le copain de Paulo... Paulo ne t'a pas parlé de moi ?
Stéphane : - Je crois qu'on a un peu trop forcé sur les bouteilles... C'est Paul qui t'a demandé de passer me réveiller ?...

Paul dévale les escaliers, entre en peignoir, en courant.

Paul : - Oh Charlus ! Tu as vu l'heure Stéph... On est à la bourre.
Stéphane : - Tu devais nous réveiller à huit heures. T'es grave !
Paul : - Je ne sais pas ce que j'ai foutu, mon radio-réveil est débranché. C'est la première fois que ça m'arrive. Martine et Christophe ne sont pas là ?... Je remonte les réveiller...

Il repart. On entend frapper aux portes des chambres...

Stéphane, *pour lui-même :* - Je crois que j'ai pas le temps de prendre une douche... Mais si je n'en prends pas une j'arriverai jamais à dédicacer un bouquin... Oh ma tête ! (*il se prend la tête entre les mains*)
Paul *rentre, en souriant :* - Bon, Stéphane... Je te confie un secret... Mais c'est un secret... Comme Christophe ne répondait pas, je suis entré dans sa chambre, et il n'y avait personne... Alors je suis entré dans celle de Martine, et là...
Stéphane : - Ah ! Je croyais que les bruits que j'avais entendu cette nuit, c'était toi et Christophe... Donc mon cerveau en déduit que c'était Christophe et Martine.
Paul : - Oh Stéphane !... On voit que tu ne connais pas les liens qui m'unissent à Francis.
Francis : - Ah, je croyais que tu ne m'avais pas encore aperçu.
Stéphane : - J'ai le droit de prendre une douche ?
Paul : - Oh Stéphane, fais comme chez toi...

Stéphane prend son sac et se dirige vers la salle de bains.

Paul : - Mais fais vite quand même...

Stéphane s'arrête.

Stéphane : - Oh ! Pis non ! Inutile. Même un peu d'eau ne pourra sauver les apparences. Alors assumons (*il pose son sac, en sort la chemise chiffonnée de la veille ; Paul et Francis l'observent en souriant*). Même me changer, ce serait stupide ! La gueule fripée, les fringues fripées (*il passe sa chemise puis son pull*).
Martine et Christophe entrent, habillés comme la veille, le visage aussi marqué par le manque de sommeil et l'alcool.

Christophe : - Salut les hommes…

> *Martine fait un signe bonjour de la main droite et montre ses cordes vocales. Silence. Sonnerie…*

Paul : - Là je vois pas qui ça peut bien être…

> *Il va ouvrir. Entre Pierre.*

Paul : - Pierre !
Pierre : - Qu'est-ce qui se passe ?… La folle voulait déjà retirer vos tables… Et ton téléphone ne répond pas !
Paul : - Attends !… On a quand même le droit d'être un peu en retard… Je vais l'appeler, tu vas voir, je suis quand même l'écrivain du pays… Où j'ai mis mon portable ?…
Francis : - Tiens, v'la le mien (*il lui tend son portable*).
Paul, *à Francis* : - Tu veux bien nous faire du café… Je vais l'appeler en m'habillant… Son numéro est dans mon agenda…

> *Paul sort par la porte des chambres, Francis par celle de la cuisine. Martine s'assied. Pierre la regarde en souriant.*

Pierre : - Je vois que ça a été la fête !
Stéphane : - Radio-réveil plus téléphone, Paul aussi a dû faire des expériences cette nuit !
Pierre : - Qu'est-ce que tu racontes ?

Stéphane : - Tu aurais dû dormir ici, je t'aurais laissé bien volontiers le canapé, j'aurais amené mon matelas de couchage, un duvet et j'aurais fait du camping.
Pierre : - Tu sais bien que je ne suis qu'à vingt bornes. Et j'ai mon chien, mon chat, ça s'ennuie ces petites bêtes.
Stéphane : - Mais au moins si tu avais été là, ça m'aurait évité de voir débouler Paul en rut dix minutes après le dernier verre de notre beuverie.
Pierre : - Tu lui as lancé un sceau d'eau pour le calmer... Ou de Coca plutôt ! (*il regarde la boîte par terre et la flaque*)
Stéphane : - Je l'ai envoyé voir Christophe !

Pierre regarde Christophe.

Christophe : - Je confirme, il n'a pas osé venir... Il aurait vu que mon poing c'est du 46... Mais je vois que ça n'hésite pas à balancer sur les copains... (*Christophe hésite à en dire plus*)
Stéphane : - C'est bien ce que je disais : il s'est contenté de son radio-réveil et son téléphone.
Martine *sourit :* - Sa femme vient au salon cette après-midi...
Stéphane *sourit :* - Nous attendons tous les présentations !
Christophe, *regarde Pierre :* - Bon, Pierre, de toute manière, ça m'étonnerait que quelqu'un ne s'empresse pas, dès que j'aurai le dos tourné... Puisque Paul s'est précipité pour raconter à Stéphane...
Stéphane, *à Martine :* - Qu'est-ce qu'il raconte, notre cher et ténébreux collègue ?
Martine : - On entend tout de ma chambre... D'ailleurs cette nuit je n'ai pas raté un mot de ton duel avec Paul... Tu as été super résistant ! Et correct en plus ! Je me demandais comment ça allait finir.
Christophe : - Bon, c'est pas trop vous demander qu'il y ait un secret entre nous.

Pierre : - Ha ! J'ai compris ! Alors Martine, toi qui réponds toujours « néant. »

Martine et Stéphane se sourient.

Christophe : - Bon, le premier qui prétend que le néant et moi c'est la même chose, je lui fous mon poing sur la gueule.

Pierre, *à Martine* : - Il est gonflé ton copain ! Il se vante de sa conquête alors que personne ne m'en aurait parlé, et après si on en fait une pièce de théâtre, il va nous casser la gueule.

Stéphane : - Tu vas te mettre au théâtre aussi ?

Pierre : - C'était juste pour rire, je ne voudrais pas me fâcher avec vous !

Stéphane : - Aucun événement exceptionnel à signaler à Figeac depuis la disparition de Champollion, mais un samedi soir, un exploit qu'il convient de rapprocher de la célèbre prise de la Bastille, c'est une forteresse imprenable…

Martine : - De toute façon je ne me souviens plus de rien.

Christophe : - C'est charmant !

Martine : - Fallait pas terminer par un concours de verres de Cognac.

Pierre : - Whaou, vous y êtes allés encore plus fort qu'à Firmi !

Martine : - C'est vrai, quelle surprise quand je t'ai vu à côté de moi et Paul qui souriait ! Si j'étais peintre ce serait le moment que j'immortaliserais.

Christophe : - C'est la faute à Stéphane et Paul, je voulais entendre leur conversation intime et on entendait mieux de la chambre de Martine.

Martine : - Alors ce n'était pas une excuse !

Christophe : - Bon, je crois que je peux arrêter les salons du livre dans la région, je vais devenir votre tête de turc.

Stéphane : - Faudra que je fasse ton acrostiche.

Paul, habillé différemment de la veille, très parfumé, entre.

Stéphane : - Quand on parle d'acrostiche, on voit sa... mèche.
Paul : - Vous en profitiez encore pour vous foutre de moi ? C'est un monde, on ne peut pas avoir le dos tourné cinq minutes...
Martine : - Crois-moi, on n'a pas eu le temps... Christophe a accaparé l'attention générale.
Paul : - Alors, bon souvenir, ce salon ?...
Christophe : - Bon, tout le monde m'a promis d'être discret, il ne manque plus que ta promesse... Ma baronne vient cette après-midi au salon.
Pierre, *en souriant :* - On n'a rien promis.
Paul : - Tu sais bien que je ne suis pas du genre à mettre un ami dans l'embarras. Tout le monde a ses petites faiblesses (*coup d'œil discret à Stéphane qui sourit*).
Martine : - Alors la cheftaine ?
Paul : - Il paraît que tu nous as dit n'importe quoi, Pierre.
Pierre : - Et qui tu crois ?
Paul : - Je t'offre le petit-déjeuner.
Pierre : - Je me suis levé comme chaque jour à six heures, donc tu devines où il est déjà mon petit-déjeuner... Mais bon, je ne suis pas pressé, ça m'étonnerait que je vende mon premier livre ce matin. À moins que Christophe, en signe de reconnaissance, se décide à m'en acheter un.
Stéphane : - Pour l'offrir à Martine !

Pierre, Martine et Stéphane sourient. Martine se lève, va vers la table et pousse tout vers un bord, Christophe vient l'aider.

Pierre : - C'est vrai qu'ils pourraient faire un beau couple.

Stéphane : - Un couple d'écrivains régionaux, ils publieraient des livres à quatre mains, ajouteraient leur notoriété.

Francis entre avec le café et des tasses.
Paul va à la cuisine et revient avec un plateau, deux baguettes, des biscottes, deux pots de confiture, du beurre.

Paul : - Je suppose que personne ne va prendre un bol de lait.
Martine : - Y'a des mots, faut pas les prononcer certains matins.

Tous s'assoient.
Francis sert le café. Paul coupe du pain. Silence.

Pierre : - Je suis certain que c'était plus animé hier soir... Je n'ai pas dit cette nuit.
Stéphane : - Avec musique d'ambiance en direct du plafond !
Pierre : - Au fait, tu écris encore des chansons ?
Stéphane : - Forte baisse de ma production. Seulement trente-sept textes l'année dernière et cinq depuis le premier janvier.
Paul : - Et tu réussis à en placer ? Parce que moi, à part la meuf de Limoges qui m'a fait vachement plaisir en m'écrivant souhaiter absolument chanter mon texte « *un homme presque comme toi* », je n'arrive pas à avoir les bons contacts. Tu n'aurais pas un bon plan ?
Stéphane : - Les chanteurs préfèrent conserver l'intégralité des droits en chantant leurs petites merdes, on est tous face au même dilemme... Sur trente-sept textes l'année dernière, une dizaine sont mis en musique mais un seul est en exploitation, celui retenu par le concours du cabaret studio à Nantes.

Paul : - J'ai été dégoûté. C'est quoi leurs critères ? Je comprends pas pourquoi mes textes n'ont pas été retenus, au moins un... Ils sont pourtant très beaux, très poétiques. L'un reprenait même la belle définition que donne Cocteau de la poésie : mettre la nuit en lumière... (*il attend un commentaire... silence*) j'avais même retravaillé un texte de ma jeunesse, un texte très humoristique (*il sourit*) : l'idée, comme Platon parle du monde des Idées, l'idée est totalement originale, elle devrait te plaire Stéphane : qui vend des œufs pourra s'acheter un bœuf (*silence ; aucune réaction*) Comment tu as fait, toi ?

Stéphane : - Comme toi, j'ai envoyé trois textes et j'ai attendu.

Paul : - Tu crois que le fait que tu aies des sites sur internet, ça t'a aidé.

Stéphane : - Je suppose qu'on t'a déjà demandé si le fait de vivre à Figeac, ça t'a aidé pour obtenir une bourse du Centre Régional des Lettres.

Paul : - Oh ! Je t'ai déjà juré que je ne connaissais personne... Je ne me suis jamais compromis ! Ne me confonds surtout pas avec Nestor ! (*Stéphane sourit*)

Martine : - Pourquoi t'es pas chanteur ?

Stéphane : - J'arrive déjà pas à faire la promo de mes livres trois fois par an, à rester assis une heure de suite lors d'un salon, alors tu me vois répéter x fois dix ou quinze petits textes... Il y a tant de livres à lire, tant d'émotions à écrire... C'est vraiment pas conciliable, écrivain et chanteur.

Pierre : - Pourtant la plupart des chanteurs écrivent leurs textes.

Stéphane : - Mais ils ne sont pas écrivains ! Plutôt qu'écrire leurs textes, vaudrait mieux résumer par « pisser des lignes. » Ce sont des paroliers. Ils ont trouvé leur style, le bon procédé, et ils referont la même chose jusqu'au

dernier album. Finalement, ce qu'ils cherchent c'est à se montrer, à plaire, écrire douze petits textes chaque année ou tous les cinq ans, c'est alors une petite formalité. C'est pitoyable, tu ne trouves pas ?
Pierre : - C'est une manière de voir... Je croyais que tu aimais bien la chanson.
Stéphane : - La chanson m'intéresse pour son potentiel créatif. Mais l'état de la chanson française, c'est électrocardiogramme plat. Certains ont même un nègre pour ça !
Martine : - Nègre de chanteur, tu pourrais refaire le toit de ta maison avec ce petit job !
Stéphane, *sourit* : - Je crois avoir assez parlé pour la matinée. Ternoise is game over... Ça ne sert à rien ce genre de salon. Je crois que je vais annoncer mon boycott des salons du livre.
Martine : - Dépêche-toi avant que plus personne ne t'invite !
Stéphane : - Je ne peux quand même pas faire semblant de croire qu'ils veulent promouvoir le livre. Notre rupture définitive est inévitable.
Martine : - Mais ça doit être tes commentaires qui énervent quelques personnes... Surtout une habillée en blanc hier... Je dis ça au cas où tu ne t'en serais pas aperçu.
Stéphane : - Hé bien oui, je n'ai pas applaudi le discours du vénérable Président du Centre Régional des Lettres. J'ai même commenté un peu fort. Et pourquoi je me gênerais de rappeler avoir payé ma place ?
Martine : - On en est tous là.
Stéphane : - Et pourquoi je n'ajouterais pas refuser d'engraisser un libraire avec une inacceptable remise ? Les gens qui vont au salon du livre pensent que leur argent revient aux écrivains. Il faut les informer, comment on se

fait racketter. Si nous c'est droit d'inscription plus déplacement et hébergement à notre charge, merci Paul.
Paul : - Ton remerciement me va droit au cœur.
Stéphane : - Les écrivains édités chez un grand éditeur sont certes en tous frais payés mais ils verront quoi sur l'argent des livres vendus ?
Martine : - Tu pêches des convaincus. Oh le lapsus ! J'en suis fière ! Tu prêches des convaincus.
Christophe : - D'ailleurs tu as vu, je préfère payer ma place, acheter aux éditeurs pour avoir un peu d'argent en les revendant.
Stéphane : - Mais pourquoi je suis le seul à le gueuler bien fort, à chercher une autre solution ?
Martine : - Hé bien y'en a qui tiennent à leur strapontin. Je fais quoi, moi, de mes livres, si je ne vais plus dans les salons ?
Stéphane : - On en revient à internet !
Pierre : - Il finirait par nous convaincre !… Moi je crois que je vais arrêter les salons du livre aussi, mais sans annoncer que je les boycotte. Je vais continuer d'écrire mais pour moi. Finalement, l'époque ne mérite sûrement pas que l'on se casse le cul pour lui montrer nos textes.
Martine : - Donc, finalement, c'est sûrement toi le sage.
Paul *répète :* - Sage, sage, sage.
Martine : - Ça rime avec courage !
Paul : - Je suis plutôt découragé. Ça fait trois ans que je n'ai pas trouvé d'éditeur.
Stéphane : - Ils sont méfiants, ça se comprend !
Paul : - Détrompe-toi, l'homosexualité est très bien vue dans ce milieu.
Stéphane : - L'homosexualité peut-être… Mais le fait que tes six éditeurs soient depuis en faillite ! Le mouton noir ! Le Quercy est un pays d'élevage où le mouton est apprécié du Conseil Régional ! Un mouton noir à cinq pattes !

Pierre, *éclate de rire* : - Je crois avoir compris !
Paul : - Oh ! Là tu es de mauvaise foi. Tu sais que mes livres sont bons, je ne vais pas te rappeler la liste des prix, des mentions que j'ai obtenus *(Stéphane sourit)*. Tu as tort de ne pas participer aux prix littéraires, une nouvelle ou un poème récompensé, ça fait des articles.
Stéphane : - Dans *la Dépêche du midi* !
Paul : - Pas seulement. Dans les revues spécialisées on parle souvent des lauréats.
Stéphane : - L'ennuyeux avec les prix littéraires, c'est certes de ne pas gagner mais quand tu gagnes il te faut rencontrer le jury… et tu dois voir la cohorte de frustrés, imbus de leur petit pouvoir, ils veulent être remerciés, un beau discours, sourires…
Paul : - Ne caricature pas, certains sont charmants, passionnés.
Stéphane : - Mais ils te font perdre ton temps.
Martine : - T'es vraiment un solitaire ! Un type à peine fréquentable.
Stéphane : - Je préfère me consacrer à la littérature qu'au cirque qui l'entoure.
Paul : - Alors, tu fais quoi à Figeac ?
Stéphane : - Tu m'as amicalement invité. Et j'avais pensé que mon week-end serait très instructif, me permettrait sûrement d'écrire un livre au titre provisoire « *grandeur et misère des écrivains au salon du livre de Figeac.* »
Paul, *regarde sa montre :* - Allez, tout le monde a fini, on y va. Il faut quand même que je vende quelques acrostiches !

Martine et Christophe sortent par la porte chambre.

Pierre : - Je ne sais pas si on les reverra ! Tu montes avec moi Stéphane ?… Tu sais qu'avec moi il n'y a pas de sous-entendu.

Paul : - Tu peux prendre cinq minutes pour te coiffer, si tu veux, Stéphane.
Stéphane : - Les apparences… Les apparences seront forcément contre moi. Si je vends un livre, ce sera vraiment pour le contenu ! Et comme tu le sais, un mauvais livre a besoin d'apparences, un bon livre exige seulement un peu de patience.
Paul : - Bon courage.

Stéphane prend son sac et sort avec Pierre.

Francis : - Il est bien cassé ton copain.
Paul : - C'est un cas un peu spécial. Il croit qu'il suffit de publier un livre pour se prétendre écrivain. Il n'a pas encore compris que l'écrivain doit s'inscrire dans une tradition. Si ça t'intéresse vraiment je t'expliquerai.
Francis : - Tu sais bien que je préfère le cinéma. Et si je débarrasse, ce soir tu m'offres le resto ?
Paul : - J'aime bien le début de ta phrase mais pas qu'elle se termine ainsi, par une demande très insistante.
Francis : - Tant pis, on se fera livrer une pizza… Mais tu pourrais quand même te faire pardonner d'avoir voulu te taper le cas spécial ! Je ne suis pas sourd !
Paul : - Si tu te mets à croire ses divagations ! Allez, on verra… Si je vends bien.

Martine et Christophe reviennent avec leurs sacs.

Paul : - On y va !

Les auteurs sortent.

Francis : - Finalement, ils n'ont rien d'extraordinaire ses écrivains. À part qu'ils écrivent des bouquins.

Rideau - Fin

Trois visages...

Aventures d'écrivains régionaux

Cinq hommes et une femme

Nestor et Pierre sont joués par le même acteur.

Aventures d'écrivains régionaux

Comédie en trois actes

Cinq hommes et deux femmes

Personnages :

Paul : écrivain (six livres publiés... le point commun de ses éditeurs : en faillite avant de lui avoir versé le moindre droit d'auteur) rmiste, animateur d'ateliers d'écriture, 50 ans, accueille chez lui, pour la soirée et la nuit, des « collègues auteurs » invités au salon du livre de sa ville mais « ni hébergés ni nourris » par les organisateurs.

Martine : 51 ans, a auto-édité cinq livres, professeur de français.

Christophe : 57 ans, publie des « livres jeunesse » chez divers éditeurs... qui lui versent des droits d'auteur dérisoires. Son épouse ayant un bon salaire, ne peut prétendre au Rmi.

Stéphane Ternoise : 35 ans, a auto-édité sept livres, créateur de sites internet. Mi rmiste mi travailleur indépendant.

Passera au repas :
Natacha : 70 ans, écrivain « romans du terroir » en auto-édition, notable, hébergée par la municipalité.

Passeront au petit-déjeuner :
Francis : 40 ans, ami de Paul.
Pierre : 52 ans, publie des livres en dilettante, à quelques exemplaires, auto-édite et auto-imprime, « ni hébergé ni nourri » par les organisateurs mais retourné chez lui la veille (vit à vingt kilomètres).

Acte 1

Paul, Martine, Christophe. Puis : Stéphane et Natacha.

Chez Paul : la pièce principale : salon / salle à manger.
Un canapé. Une table. Des chaises. Quelques livres dispersés.
Au mur, encadrée, une feuille rose 21*29,7 où il est griffonné au marqueur rouge : « A Paul, en signe d'amitié » et une signature illisible.
Trois portes : la première conduit à la cuisine et aux toilettes, la deuxième donne sur l'escalier vers les chambres, la troisième est la porte d'entrée.
Paul, Martine et Christophe à table, durant l'apéritif (on sent plusieurs verres déjà vidés).

Paul : - Vous savez pourquoi il a pris un pseudonyme ?
Martine : - Parce qu'un pseudo, ça donne un genre.
Christophe : - C'est simple : lui qui se croit si grand, ne pouvait plus supporter de vendre des livres sous le nom de Petit.
Martine : - Olivier Petit, c'est vrai, on ne peut pas plus banal... Donc ça collait parfaitement à ses textes !
Paul : - Oh Martine ! Même moi je n'aurais pas osé.
Martine : - Allez, toi qui as toute une journée été le voisin de sa sainteté le plus jeune d'entre nous, dis-nous pourquoi il édite désormais ses (*avec emphase*) « œuvres » sous pseudo.
Paul : - Un peu de tout ce que vous avez suggéré, naturellement, on le sait tous, mais il m'a avoué la raison principale.
Martine : - Et tu l'as cru ?
Paul : - Ça ne signifie évidemment pas qu'il s'agit de la

vérité, mais on peut affirmer qu'en ce samedi il voulait que je retienne cette version.
Martine : - Donc, comme tout chez lui, c'est du préfabriqué, c'est de la mise en scène.
Paul : - Là, je ne lui donne pas tout à fait tort, n'oublie pas la manière dont Jean Cocteau définissait le roman, (*en appuyant fortement* :) un mensonge qui dit la vérité.
Christophe : - Mais s'il était romancier, ça se saurait.
Martine : - Je suis quand même allée jusqu'à la page 52 de son premier roman... Vous pourriez m'applaudir !
Christophe : - T'as quand même pas acheté son bouquin !... Alors que tu n'achètes jamais les miens !
Martine : - Bin si !... Mais sans illusion littéraire... Je suis naïve peut-être, je pensais qu'en contrepartie il parlerait de moi sur internet.
Christophe : - Et il a encaissé ton blé, en liquide forcément, je connais l'oiseau. Et sur ses sites il ne parle que de lui, veut se faire passer pour un vrai écrivain.
Martine : - Ecrivain multi-facettes !
Christophe : - Fossettes on dit, multi-fossettes (*personne ne prêtant attention à sa remarque, il laisse échapper une moue de déception*).
Paul : - En fait, il s'essaye un peu à tout, après la poésie, les nouvelles, la chanson, je n'ose dire, vu le niveau, le roman, et monsieur nous annonce ses ambitions théâtrales ! Il est plus à plaindre qu'à moquer ! Ça doit être terrible, d'être nul en tout !
Martine : - Tu devrais être critique littéraire !
Paul : - Je l'ai été... Dans ma jeunesse... Après avoir arrêté l'enseignement. Mais j'en ai eu vite marre d'écrire de bons articles sur de mauvais livres.
Christophe : - Comme Martine avec l'autre, tu espérais le renvoi d'ascenseur !
Martine : - C'est notre maladie ça, on rêve !

Christophe : - Moi j'ai compris depuis longtemps : j'ai aussi aidé les copains mais à chaque fois je passais pour un con. C'est triste mais c'est chacun pour soi dans ce milieu ! On est des loups !
Martine : - On le sait Christophe, que tu as pompé trois sites internet pour écrire ton dernier livre et maintenant tu passes pour un spécialiste du loup ! Encore un effort et tu seras invité à la télé ! Prépare ton déguisement !
Christophe : - Je ne dirai plus rien. À chaque fois que je lâche une confidence, ça me retombe sur le coin de la gueule ! Mais merde, au prix où je suis payé, je ne vais quand même pas partir quinze jours en Autriche observer des loups ! Et puis merde ! Tout le monde fait comme ça dans le livre documentaire ! Surtout pour enfants ! Y'a pas que l'autre cinglé qui sache utiliser internet !
Martine : - Reverse-lui un verre, sinon il risque de se métamorphoser en loup (*Paul ressert un apéritif, ils trinquent*).
Paul : - Ça ne vous intéresse pas, alors, pourquoi il est passé de Petit à Ternoise, notre futur partenaire de belote.
Martine, *en souriant* : - Si si, naturellement, c'est passionnant d'avance, dépêche-toi avant qu'il n'arrive, c'est une information essentielle.
Paul : - Ah ! Martine ! Est-ce que moi je lui en veux de son acrostiche disons déplacé ?
Martine : - Il s'est même essayé aux acrostiches ! Mais toi... dès qu'un mec est plus jeune que toi, tu t'enflammes.
Paul : - Je m'enflamme, je m'enflamme... Nettement moins qu'avant... Même pour ça je vieillis...
Christophe : - Tout plutôt que la vieillesse ! Allez, parlenous du pseudo... Le pseudo, le pseudo (*se met à chantonner*), le pseudo, le pseudo... (*accompagné par Martine au troisième*)

Paul : - Puisqu'à l'unanimité… Mais promettez-moi de ne pas lui rapporter que je vous ai raconté sans exposer ses arguments alors déclamés comme les émanations d'un maître incontesté.
Martine : - Tu nous connais.
Christophe : - Allez, de toute manière, il ne doit pas avoir d'illusion sur notre estime, même littéraire.
Paul : - Détrompe-toi ! Je suis certain qu'il est persuadé d'être le meilleur d'entre nous et qu'on le considère même ainsi.
Martine : - Ça me rappelle quelqu'un, « le meilleur d'entre nous. »
Paul : - Mais qu'est-ce qu'il devient ce… Ah !… Il a été notre Premier ministre et je ne me souviens même plus de son nom… Comme quoi il m'a nettement moins marqué que ce cher et si romantique Charlus…
Martine : - Alain. Alain Juppé.
Christophe, *chantonne* : - Le million. Le pseudo, le pseudo…
Paul : - Donc ? Selon notre brave collègue, la lettre P étant déjà occupée par PROUST, il lui fallait une lettre où il pourrait trôner pour des siècles et des siècles.
Martine : - C'était une boutade, quand même ! Faut être réaliste parfois !
Paul : - Tu sais, il a nettement plus d'orgueil que d'humour, ce petit.
Christophe : - À la lettre T, il doit bien y en avoir tout un wagon qui passe devant lui.
Martine : - Tu veux dire que même le train, et son Tchou Tchou, s'inscrit plus dans la littérature que lui.
Paul, *en riant* : - Oh Martine ! Tchou Tchou ! Tu devrais écrire du théâtre !
Martine : - Mais j'en ai écrit. Trois pièces même.

Paul : - Ah ! (*il joue l'intéressé*) Et elles ont été représentées ?
Martine : - Pas encore. J'espère bien quand même, qu'un jour. J'avais un contact au Québec...
Christophe : - Mais il a pris froid !
Paul : - Moi je n'en écris plus, j'ai peut-être tort, puisque ma pièce diffusée sur *France-Culture* avait eu d'excellentes critiques. Mais on ne me demande plus rien... Sinon j'ai bien quelques idées...
Martine : - J'aurais bien aimé avoir ton avis de professionnel sur mon théâtre.
Paul : - Il faut le publier ton théâtre... Ou la prochaine fois, apporte-moi une copie de tes manuscrits, dédicacée « à Paul avec mon admiration. »
Martine : - *La tentation de Ouaga*... Le modeste et néanmoins peut-être génial livre que je t'ai échangé l'année dernière contre ton roman, c'était ma troisième pièce...
Paul, *gêné* : - Martine... (*on sent qu'il réfléchit*) Il faut que je t'avoue. J'avais un copain, un petit jeune, un apprenti maçon avec des muscles, mignon mais mignon, je te dis pas... Je ne t'en ai jamais parlé, je n'ai pas vraiment eu le temps il faut dire, il passait pourtant souvent. Le soir même du salon du livre de notre échange, je m'en souviens comme si c'était hier, le ciel était d'un bleu à réveiller les tulipes ; il a ouvert ton livre, il devait sentir le génie.
Martine, *en souriant* : - Le génie se sentait dans la pièce... Tu veux dire.
Paul : - Je me souviens très bien, il m'a murmuré, enfin pas vraiment murmuré, il était plutôt viril, en tout, ah !, je revois encore sa petite frimousse, son petit sourire coquin quand il m'a aboyé, presque déclamé « Mais ça a l'air super, vraiment super. Ah ouais ! Je peux te

l'emprunter ? » Naturellement, tu me connais, je ne pouvais pas réfréner sa soif de connaissances. Il m'avait promis de me le ramener la semaine suivante, parce que moi aussi j'étais impatient de te lire, et le petit scélérat, il ne me l'a jamais rendu.

Martine : - Selon toi, j'ai donc de l'avenir dans le théâtre ouvrier.

Paul : - Au fait, tu as apprécié mes... Nouvelles ?

Martine, *sourit, un peu gênée à son tour* : - Si je te jure qu'une copine me les a empruntées à long terme, connaissant ma vie sexuelle, tu ne me croiras sûrement pas...

Christophe : - Jure sur la tête de l'autre !

Martine : - Mais c'est terrible, je n'ai plus le temps de lire, j'écris durant les congés, et le reste du temps, quand je rentre le soir, je suis crevée, alors je me dis, vivement vendredi, et le vendredi, ah ! Enfin le week-end, mais il me faut maintenant tout un week-end pour récupérer... Je crois que je vieillis aussi...

Christophe : - Tu ne vas pas t'y mettre aussi.

Paul : - Je te l'ai toujours conseillé, tu aurais dû faire comme moi. Enseigner, ça te bouffe la vie. Je ne regrette nullement mes sept années d'enseignement mais c'était amplement suffisant.

Martine : - Déjà que je n'arrive pas à vivre avec un salaire, alors, le Rmi...

Paul : - Je suis certain, même financièrement, je m'en sortirais pas mieux avec un salaire. Tu vois, le Rmi, ça laisse vachement de temps. Et puis de temps en temps, j'anime un atelier d'écriture.

Christophe : - Avec tes acrostiches en plus, tu dois être le plus riche d'entre nous.

Martine : - Mais je n'ai aucun talent pour les acrostiches.

Paul : - Oh, ne te moque pas de moi, ça me prend dix minutes et ça me rapporte un deuxième Rmi par mois.
Christophe : - T'es donc payé 24 mois ! Plus les ateliers d'écriture, 36 !
Martine : - Et comme tu as toujours, je suppose, ton copain de la direction des impôts, tu es tranquille.
Paul : - Parfois il faut payer de sa personne... Mais ce n'est pas désagréable. Ah ! Ce brave Claudio... Il n'est plus tout jeune, et il perd parfois son temps avec des midinettes... Mais il a un p'tit quelque chose.
Martine : - Je crois deviner où.
Christophe : - Tu vas te mettre à l'autofiction ?
Martine : - L'autofiction pour moi, depuis quelques années, ce serait plutôt du genre *les pensées* de Pascal, rester dans une chambre et méditer sur le sexe des anges.
Christophe : - Et regarder la télé !
Martine : - Non, Christophe ! Pour ma légende, il faut marteler, marteler « méditer. » On ne sait jamais, Paul écrira peut-être bientôt ma biographie... Oh oh, Paul, tu es encore avec nous ? *(depuis qu'il ne participe plus à la conversation, il semble dans... des pensées)*
Paul : - Je vais vous laisser causer télé *(il se lève)*. Sur ce sujet, je ne suis plus à la page.
Martine : - Fais comme chez toi, Paul...

Paul sort (porte cuisine / toilettes).

Christophe : - Tu savais qu'une de ses pièces avait été diffusée sur *France-Culture* ?
Martine, *en souriant* : - Entre 3 heures 30 et 5 heures... du matin ! Il devait être le seul à écouter ! Avec ses droits d'auteur, il ne doit même pas avoir pu acheter une ramette de papier pour imprimer ses acrostiches.
Christophe : - Je n'ai jamais osé lui balancer, je ne sais pas comment il réagirait, mais il devrait quand même se

rendre compte, ça ne fait pas sérieux ses acrostiches, il ne retrouvera jamais d'éditeur avec une telle réputation.
Martine : - C'est c'qu'on appelle un euphémisme... Surtout vu le niveau. *(en souriant :)* « *Sa main évoque le velours...* »
Christophe : - Tu connais par cœur.
Martine : - Encore un salon où il y avait un monde fou, alors plutôt qu'être bassinée par Natacha, j'ai feuilleté... Je n'ai pas pu tenir plus d'un quart d'heure.
Christophe : - Au moins Natacha, ses histoires sont drôles.
Martine : - Mais quand tu les entends pour la quinzième fois, et qu'à chaque fois elle a un rôle de plus en plus avantageux... Un jour elle va en arriver à prétendre, qu'avec son père, ils ont écrit toutes les chansons de Georges Brassens.
Christophe : - Tu crois qu'elle a vraiment connu Brassens ?
Martine : - Elle baratine tellement, on ne peut plus être certain de rien... Tu te souviens de son père !
Christophe : - Elle devient pire que ce sacré Nestor.
Martine : - Lui aussi, ses livres se vendaient ! Pourtant il écrivait encore plus mal qu'elle !
Christophe : - Tu crois que c'est possible, écrire plus mal que Natacha ?
Martine : - En tout cas, son inspecteur des impôts, ou son maçon, à Paul, ça... Ça lui prend du temps.
Christophe : - Tu crois que... Non ? Quand même pas... Il n'est pas à ce point-là !?
Martine : - Fais le test : parle d'une plage où tu as croisé trois jeunes mecs en bronzage intégral, et commence à les décrire.
Christophe : - Mais les mecs, ça ne m'intéresse pas, moi j'aime les femmes de vingt-cinq-trente ans qui viennent

d'avoir un enfant. Tu vois, le matin, je me promène toujours à l'heure de l'école maternelle, tu les vois ressortir avec une petite inquiétude sur le visage mais un tel sentiment d'épanouissement.
Martine : - Soit tu es un poète qui s'ignore, soit un déprimé qui rêve encore.
Christophe : - Comme j'ai déjà essayé la poésie et

Sonnerie.

Christophe : - Ça doit être l'autre cinglé… Moi je ne vais pas ouvrir…

Deuxième sonnerie.

Martine, *en souriant :* - Pourquoi aller ouvrir alors que personne n'a sonné !

Ils rient.

Martine : - J'espère qu'il pleut !
Christophe : - Qu'il tombe des grêles !

Troisième sonnerie. Ils rient de plus belle.

Christophe : - Si j'étais méchant, je souhaiterais un orage et que la foudre nous en débarrasse… Mais il ne faut jamais souhaiter la mort des gens…
Martine : - Il se réincarnerait peut-être en écrivain.
Christophe : - En simple stylo bic. Au moins il serait utile.

Quatrième sonnerie.

Paul, *arrive en courant, lance :* - Vous exagérez, que va penser Stéphane ?

Paul ouvre.

Paul : - Entrez, entrez, chers collègues.

Entrent Stéphane (avec un sac de sport) et Natacha.

Stéphane : - J'ai croisé Natacha, alors je l'ai emmenée... Je crois qu'elle cherchait la rue des gamins perdus.
Natacha : - Y'a bien longtemps que je m'y perds plus... J'ai mon portable... (*elle sort son portable*)
Paul : - Excusez-moi, j'étais à la cuisine, je préparais les plats pour l'omelette et je crois que Martine et Christophe devaient se bécoter en douce ou qu'ils n'ont pas osé aller ouvrir.
Martine : - On ne sait pas qui peut sonner chez toi à une heure pareille.
Natacha : - Tiens ! D'ailleurs j'ai un sms...
Paul : - Rassure-toi, j'ai prévenu tout le monde que ce soir je recevais un autre milieu...
Stéphane : - Ça nous aurait fourni une bonne étude sociologique.
Natacha : - Oh, il avait qu'à être là quand je suis passée... (*personne ne l'écoutant, plus fort* :) Les hommes il faut les laisser envoyer des sms.
Paul : - Natacha, alors, ton prochain livre, ce sera le dictionnaire de tes conquêtes ?
Natacha : - Mon prochain livre... Laisse-moi déjà terminer mon dictionnaire des mots cochons !... J'ai plus votre âge, les amis... Oui, j'aimerais bien encore en écrire quelques-uns, mais bon...
Christophe : - Nous casse pas le moral, Natacha.
Paul : - Je crois que Christophe nous fait une petite déprime, il vaut mieux éviter de parler d'âge aujourd'hui.
Stéphane : - Pourquoi tu déprimes alors que tu as signé pour trois livres.
Christophe : - J'ai signé. Oui, j'ai signé. Mais c'est déprimant. 1% des ventes, tu te rends compte ! Toucher un pour cent du prix de vente hors taxe, c'est scandaleux. Des rapaces !
Paul : - Mais tu vas être distribué en grandes surfaces !

Christophe : - J'ai l'impression qu'ils se foutent de ma gueule.

Martine : - Tu aurais dû répondre, « de ma face ! » (*personne ne semble comprendre sa réponse*) Alors ce soir, on va refaire le monde de l'édition, on va tout changer, on va s'attribuer les prix Goncourt, Renaudot, Femina, vous permettez, le Femina, je le garde, on va se partager les passages télé, et même les bourses du Conseil Régional...

Paul : - Tu vas bien Stéphane ?

Stéphane : - Ne pose pas des questions dont tu connais la réponse.

Paul : - Je ne sais pas si tu vas bien.

Stéphane : - Mais tu sais bien que je vais te répondre une banalité. Tu n'as quand même pas oublié qu'il y a deux heures nous étions des voisins qui, faute d'un possible lectorat, échangeaient leur point de vue sur les avantages et inconvénients de leurs choix d'édition.

Paul : - Mais depuis je t'ai vu partir en galante compagnie...

Stéphane : - Elle voudrait être chanteuse.

Paul : - Il paraît que les chanteuses sont très... Coquines...

Stéphane : - Et les chanteurs crétins, les écrivains fauchés, les bureaucrates... On ne va quand même pas perdre la soirée à débiter des lieux communs.

Paul : - Bon, donc ça ne s'est pas très bien passé.

Stéphane : - Elle voulait que je voie ses parents.

Paul : - Et ?

Stéphane : - Et c'était vrai, quand on est arrivé chez elle, ses parents étaient là !

Martine : - Et toi tu espérais !

Stéphane : - Sinon il suffisait d'échanger notre adresse e-mail.

Paul : - Donc tu es de mauvaise humeur.
Stéphane : - J'ai vieilli depuis le temps qu'on se connaît. Ce genre d'aléas ne peut plus grand-chose contre moi.
Paul : - Mais tu es quand même déçu.
Stéphane : - Maudites pulsions des glandes endocrines ! Parfois elles font oublier le choix de l'intégrité, d'attendre la vraie rencontre dans la douce solitude.
Paul : - Sois de ton temps ! Profite ! Il faut vivre !
Natacha : - Oui, profites-en, car tu verras, il arrive un âge où les hormones il faut bien les activer pour les faire redémarrer. Et lubrifier de temps en temps !
Stéphane : - Vous ne vivrez jamais en sérénitanie !
Martine : - C'est quoi de ton truc ?
Stéphane : - Le pays de la sérénité.
Martine : - Le Ternoise nouveau est arrivé, arôme mystique.
Paul : - On papote on papote, assieds-toi Natacha (*il lui tend une chaise*), tiens Stéphane (*il lui en tend une autre*), prends une chaise chaude...
Stéphane : - Une chaise chaude ?
Paul : - Oui, la mienne. Celle où j'étais avant de vaquer à la cuisine, d'ailleurs il faut que j'y retourne. *(Martine sourit en regardant Christophe)* Pose tes fesses là où étaient les miennes voici quelques minutes... Tu ne trouves pas que tu vas vivre un moment exquis ?
Martine : - On ne le changera pas ce Paul, dès qu'il voit un mec plus jeune que lui, il frétille.
Christophe : - Pourtant ça rime avec fille...
Stéphane : - Et vous croyez ainsi obtenir trois lignes dans ma biographie.
Martine : - Tu vas écrire ta biographie !
Stéphane : - Quand j'aurai l'âge de Natacha.
Natacha : - Bien, commence un peu plus tôt mon ami,

parce que je suis en route, et j'espère bien la terminer avant qu'il m'abandonne (*elle place sa main droite sur son cœur*).

Stéphane : - Si tu ne forces pas trop sur les nuits torrides, y'a pas de raison qu'il déraille, défaille, se défile dirait Christophe.

Martine : - Oh ! La plus belle phrase de ton œuvre !

Natacha : - Et comment je pourrais vivre, moi, sans nuits torrides ? Tu verras quand tu auras 90 ans.

Stéphane : - Arrête de te vieillir.

Natacha : - Quand j'avais 50 ans, j'annonçais 40, à 60 personne ne mettait en doute mes 50 affirmés droit dans les yeux mais depuis 70 je me vieillis de 5 ans chaque année.

Stéphane : - Un jour tu vas prétendre avoir connu Napoléon.

Christophe : - Napoléon enfant.

Natacha : - Exact ! Ce n'était qu'un enfant déjà caractériel, et je l'ai dépucelé dans la bergerie, tandis qu'il neigeait de gros flocons ; juste à côté, un bouc se tapait une brebis alors je lui ai pincé l'oreille droite en le provoquant : « le jour où tu seras un homme, tu m'en feras autant. »

Martine : - Natacha !

Paul : - Bon, je verse l'apéro et j'y vais, sinon on ne la mangera jamais cette omelette.

Paul va dans la cuisine.

Durant l'absence de Paul :

Christophe : - C'est vrai qu'il fait soif... On n'avait pas osé commencer...

Paul, *en rentrant*: - Si Stéphane te croit, c'est que sa chanteuse le perturbe vraiment.

Paul pose deux verres et verse l'apéro à Stéphane.

Paul, *à Natacha :* - Un p'tit apéritif, ma princesse ? Pour honorer cette auguste demeure ?
Natacha : - Le sexe, oui, l'alcool non ! Le docteur me l'a encore rappelé la semaine dernière.
Paul : - Tu avais remarqué le jus de banane. (*il lui montre bien la bouteille*)
Natacha : - Ça ne me surprend pas qu'il y en ait chez toi !
Paul : - Tu aimes ?
Natacha : - J'adore le jus de banane... mélangé au sperme... mais je me contenterai du nature... Je me rattraperai cette nuit... (*Paul lui en verse*)

> *Paul ressert l'apéritif à Martine, Christophe et Stéphane.*
> *A l'initiative de Paul, qui s'est assis, ils trinquent.*

Paul : - À nos ventes !
Martine : - Tu n'aurais pas un sujet plus réjouissant ?
Stéphane : - Aux arbres épargnés par nos tirages.
Natacha : - À votre jeunesse !
Christophe : - À tes souvenirs !
Natacha : - Oh ! Là, je vous souhaite tous d'en avoir d'aussi beaux à mon âge ! On pourrait trinquer toute la nuit !
Martine : - On a dit qu'on se couchait tôt. Parce que demain il faut piquer le fric aux bourgeois de Figeac.
Paul : - Je ne te savais pas aussi intéressée.
Martine : - Je n'ai pas les moyens de perdre de l'argent avec mes livres, moi. Je ne demande pas d'en gagner, tu sais, mais au moins de rentrer dans mes frais.
Natacha : - Moi, je peux publier dix livres sans en vendre un seul ! La vente du restaurant a fait de moi une capitaliste ! Mais je préfère les vendre, mes bouquins ! C'est toujours un plaisir de recevoir un chèque ou un

billet. Et avec l'argent, je me paye tous les gamins que je veux.
Christophe : - Tu es tellement connue ! Tu n'as plus besoin de ça !
Natacha : - On voit que tu es bien informé ! Ça arrive, je n'ai pas à me plaindre mais offrir quelques billets, ça entretient l'amitié.
Martine : - On n'est plus en 1800 !
Natacha : - Heureusement, je vais te dire ! En 1800 une communiste capitaliste, ç'aurait été impossible ! Guillotine !
Martine : - Si on part sur la politique, y'a des œufs qui risquent de voler !
Natacha : - J'ai toujours été communiste ! Et je le resterai ! Jusqu'à mon dernier souffle, comme le paternel ! Paix à son âme qui n'existe pas ! Vous verrez le jour où la Chine fera comme moi, le jour où ils comprendront qu'on peut être communiste et capitaliste ! Nestor le répétait souvent : quand la Chine s'éveillera, les gaullistes retourneront à Londres !
Paul, *se lève :* - Omelette !
Martine : - Je crois que je suis la seule qui osera t'accompagner dans la cuisine... (*en souriant :*) C'est bien dans la cuisine qu'on la prépare...
Paul : - Qu'est-ce que tu imagines encore Martine ?...
Natacha : - Je veux bien être passive, tu sais. Où tu veux, quand tu veux, c'est ma devise.
Martine : - Allons casser des œufs...
Stéphane : - J'allais oublier !... (*Stéphane se lève et va près de la porte où il avait posé son sac, il l'ouvre, en sort une boîte en carton, il la tend à Paul*)
Paul : - Comme tu n'en parlais plus, je pensais que tu les avais offerts aux parents de ta chanteuse.
Christophe : - C'est vrai que tu as des poules.

Stéphane : - Comme l'a écrit Stendhal : « *L'homme d'esprit doit s'appliquer à acquérir ce qui lui est strictement nécessaire pour ne dépendre de personne.* » Le nécessaire passant par le manger, il vaut mieux élever ses bêtes.

Christophe : - Moi j'ai une femme... y'a pas besoin de changer sa paille.

Martine, *à Paul :* - Pourquoi n'as-tu pas de poules ?

Paul : - J'ai essayé les poulets mais je n'ai jamais eu un seul œuf.

Paul et Martine vont dans la cuisine.

Christophe : - Alors Natacha, tu as encore été celle qui a vendu le plus aujourd'hui !

Natacha : - Je crois que les gens se disent « la vielle, elle va bientôt crever, alors faut qu'on ait au moins un de ses livres dédicacé »... Et puis je vais te dire... je vendrais n'importe quoi aux gens... j'ai un de ces baratins quand je m'y mets.

Christophe, *plus bas* : - Tu vendrais quand même pas un livre de Martine !

Natacha, *idem* : - Sois pas vache avec elle... elle est encore jeune, peut-être qu'un jour elle écrira des livres intéressants... Il faut du temps... Si elle arrête de confondre roman et rédaction pour les sixièmes B. Mon premier livre ne se vendait pas aussi bien que les suivants...

Christophe : - Ne joue pas les modestes. Depuis que je te connais, je te vois dédicacer dédicacer...

Natacha : - Je sais m'y prendre quoi ! À chaque livre tous les copains me font un bon article dans leur journal... ça compte aussi ça... Et les politiques, ceux qui sont au pouvoir, je les ai connus gamins, ils venaient manger au restaurant. Tout ça, ça crée des liens. C'était la belle

époque le restaurant ! On ne parlait pas d'inceste ni de détournement de mineurs, tout le monde savait s'amuser. On éteignait les lumières, on plaçait une bougie sur la table centrale... Je vous ai déjà sûrement raconté !
Christophe : - Tu racontes tellement bien !
Natacha : - Dommage que tu refuses de t'amuser avec une vieille dépravée qui a toute l'expérience du monde.
Christophe : - Je suis marié.
Natacha : - Je te cause d'inflation discrètement, si tu veux. Pas d'engagement avec moi. Je ne suis pas une petite jeunette qui va vouloir te mettre la bague au doigt après trois nuits. Et toi, Stéphane, ça te dit, un entretien sur l'inflation, l'inflation comme chez Rachida...
Stéphane : - Tu sais bien que j'attends l'Amour !
Natacha : - Tu l'oublieras, ta Momina ! Je ne voudrais pas crever avant de vous avoir fait un câlin !
Stéphane : - Alors on en reparle dans 50 ans !
Natacha : - C'était la belle époque le restaurant ! Ah ! Le droit de cuissage !
Christophe : - Dis pas ça devant Martine !
Natacha : - Elle aurait fait comme les autres, à cette époque-là ! Tout se tient dans la vie. Nestor embauchait les serveuses et moi les cuisiniers. Parfois il faut concilier l'agréable et le rentable : encore aujourd'hui, vaut mieux coucher avec la femme ou l'homme qui va te faire vendre deux cents bouquins plutôt qu'avec la beauté qui n'a pas de relations.

Martine revient avec cinq assiettes.

Natacha : - Non, ma Martine adorée, pas pour moi, tu sais bien que monsieur le maire m'offre le repas... (*elle regarde sa montre*) D'ailleurs je ne vais plus tarder...
Stéphane : - Et nous on squatte !

Martine pose les assiettes, boit une gorgée et retourne dans la cuisine.

Christophe : - À part des poules, t'as quoi comme bêtes ?
Stéphane : - Deux dindes, un dindon, deux oies, trois canards, des pigeons, des cailles.
Christophe : - Tes bouquins, internet et tes bêtes, tu t'en sors alors ?
Stéphane : - Tant qu'ils ne m'auront pas viré du Rmi, j'essayerai de le garder.
Christophe : - Oh, ils ne virent pas du Rmi.
Stéphane : - Là ça devient limite, ils m'ont encore baissé... Il faut dire que je ne vais plus à leurs convocations, je leur réponds en recommandé : « Messieurs les censeurs, vous n'avez aucune légitimité artistique pour juger de ma démarche littéraire. »
Christophe : - Et tu feras quoi, si tu n'as plus le Rmi ? Tu n'auras plus de couverture sociale non plus...
Stéphane : - Internet prendra le relais. Et ne perdons pas notre temps avec des problèmes possibles. Chaque jour est une équation à résoudre où ni le passé ni le futur n'ont leur place.
Christophe : - Comme Paul n'est pas là, on peut parler d'auto-édition... Tu crois que l'auto-édition, dans le livre jeunesse, ça pourrait fonctionner ?
Stéphane : - Tes livres sont bien distribués... Mais le plus souvent ton nom ne figure même pas sur la couverture... Donc tu ne peux pas compter sur ta notoriété.
Christophe : - Je suis à moral zéro... Là tu m'enfonces encore un peu plus la tête sous l'eau...
Stéphane : - Pour répondre correctement à une question, mieux vaut ne pas se bercer d'illusions, (*plus bas, en souriant* :) si tu veux des louanges, déshabille-toi devant Paul !

Natacha : - S'il présentait le 20 heures, je ne dis pas non ! D'ailleurs je ne dis jamais non ! Même quand y'a de l'irritation y'a du plaisir. *(personne ne l'écoute)*
Christophe : - C'est vrai qu'au niveau notoriété c'est néant, partout je dois préciser « j'ai publié vingt livres. » Quand j'ajoute le nom des éditeurs, là les gens me regardent autrement... *(plus bas)* Mes éditeurs n'ont pas fait faillite, moi. Et pourtant le CRL ne m'a toujours pas accordé de bourse. Vous trouvez ça juste, vous ?
Stéphane : - Dans le livre jeunesse, c'est encore pire que le roman, les réseaux de distribution sont complètement verrouillés.
Christophe : - Mes meilleures ventes se font en grandes surfaces... Je suis même certain que les ventes sont plus importantes que celles notées sur mes relevés.
Stéphane : - Mais si tu envoies un huissier pour vérifier leur comptabilité, là tu es certain d'être grillé chez tous les éditeurs.
Christophe : - C'est une vraie mafia. Tu vois, malgré vingt livres publiés, j'ai l'impression d'être un petit enfant qui doit remercier quand on lui signe un contrat. Pour le 1%, j'ai répondu « mais chez Milan j'étais à 3. » Elle s'est pas gênée, la blondasse platine, de me balancer : « *vous savez bien que si vous ne signez pas, un autre auteur sera enchanté de signer.* »
Natacha : - Une mafia, tu l'as dit. Un pour cent à l'auteur, un pour cent à l'illustrateur, ils doivent considérer que donner deux pour cent c'est encore trop. J'ai compris à mon premier livre, vous savez que j'avais un éditeur. Ils m'ont fait une pub dingue c'est vrai mais au moment de payer, y'a fallu que je fasse intervenir ce brave Nestor pour que l'éditeur mette l'argent sur la table.
Stéphane : - C'était mafia contre mafia !
Natacha : - Si je raconte tout dans ma biographie, vous en

découvrirez de belles mes amis. Surtout que sur son lit de mort, Nestor m'a murmuré : « tu peux tout dire. »

> *On entend Paul de la cuisine, ce qui interrompt la conversation :*

Paul : - Aïe... Oh Charlus ! Oh ça fait mal... de la glace, vite de la glace... dans le haut du frigo... Aïe... Que ça fait mal...

Christophe : - Un drame de l'écriture...
Stéphane : - Il va demander un arrêt de travail.
Christophe : - On ne peut pas le soupçonner de s'être brûlé pour attendrir Martine, qu'elle lui applique tendrement des compresses.
Stéphane : - Ça change, parfois, un homme !
Christophe : - Y'a des cas désespérés...
Natacha : - Y'a des techniques plus rapides et moins douloureuses. Si vous voulez, je vous en raconterai quelques-unes.
Stéphane : - Ou alors il ne s'est pas brûlé... Il a réalisé une expérience avec un œuf !
Christophe : - Et l'œuf a explosé au mauvais moment ! Tu prépares un livre X qui se déroulera dans ta petite ferme ?
Natacha : - C'est vrai que le coq avec les poules, il ne perd pas son temps à répondre à des sms, à écouter leurs petits malheurs ! La civilisation n'a pas apporté que des bonnes choses... C'était quand même le bon temps, le restaurant !

> *Paul arrive en secouant la main gauche dont le dessus est recouvert d'un sparadrap. Martine suit avec la poêle dans la main droite, la casserole de pâtes dans la gauche.*

Paul : - C'est affreux, quelle douleur.
Stéphane : - La douleur est une invention du corps pour se protéger des agressions extérieures. Remercie plutôt ton organisme !

Martine pose l'ensemble sur la table.

Paul : - Parfois, tu dis vraiment n'importe quoi, quand même !
Stéphane : - Ta main vient de te signaler qu'il ne faut pas la détruire. Si tu as retenu la leçon, remercie ta douleur et fredonne-lui « bonne nuit la douleur »… Il te suffit de te convaincre en répétant « ça ne fait pas mal. »

Martine reprend la poêle.

Martine, *à Stéphane :* - Tu veux que je te la colle pour tester ta théorie ?
Paul : - Tu veux la voir ma cloque ?
Martine : - Là, fais attention à ta réponse, il ne parle peut-être pas de sa main gauche.
Christophe : - On a évité un drame, si c'avait été la droite, demain tu ne pouvais plus dédicacer…
Paul : - Je suis gaucher.
Christophe : - Donc c'est un drame.
Stéphane : - Il faut prévenir *la Dépêche du Midi*…
Paul, *en s'asseyant :* - Allez, servez-vous… J'ai connu pire !… Mais en ce temps-là c'était volontaire !
Martine : - L'autofiction masochiste selon Saint Paul.
Christophe : - J'hésite... J'ai jamais vu une omelette aussi jaune.
Natacha : - Au restaurant, on avait un chef extra. Il utilisait de ces colorants, certains étaient même interdits ! Les plus beaux plats de la région qu'on avait !
Christophe : - Vous avez ajouté du maïs ?… Vous savez bien que je suis allergique au maïs…

Stéphane : - Tu les trouves où tes œufs ?
Christophe : - Comme tout le monde, au supermarché.
Stéphane : - Et elles mangent quoi les poules qui pondent dans tes barquettes ?
Christophe : - Elevées en plein air.
Stéphane : - En plus d'être élevées en plein air, elles choisissent leur herbe, retournent le sol pour y trouver de bons petits vers de terre, attrapent des criquets, des escargots.
Christophe : - Ah ! Des criquets, des escargots ! C'est pas naturel ! Tu crois que c'est bon pour les poules ?
Stéphane : - Goûte ! Je te croyais spécialiste de la nature ! La nature vue des villes ! Les poules n'ont pas attendu les nutritionnistes des multinationales pour exister. Tu vas voir la différence.
Paul : - Tu es sûre, Natacha, que tu ne veux pas au moins la goûter, l'omelette aux œufs de Stéphane.
Natacha : - Ce serait avec plaisir. Mais je ne peux quand même pas arriver le ventre plein à la réception de monsieur le maire (*elle regarde sa montre*). D'ailleurs je vais vous laisser.
Martine : - Tu vas quand même prendre un verre de vin avec nous ! Et le vin ?... *(tous sourient)* Quoi, j'ai l'air de réclamer ?... Mais non Paul !... Comme tu nous invitais j'ai amené une bouteille.

> *Elle se penche, ouvre son sac, et en sort une bouteille.*

Martine : - Bon, c'est du Cahors... mais on n'a pas encore vendu 200 000 exemplaires...
Christophe : - Avec les traductions, je dois y être... Mais je crois que j'aurais touché plus d'argent si j'avais vendu mille exemplaires d'un livre auto-édité.

Martine : - Ah ! Vendre mille bouquins en auto-édition... on en rêve tous !... Alors malgré tes 200 000 exemplaires tu n'as pas les moyens de nous offrir une bouteille ?...
Christophe : - J'attendais que la tienne soit vide pour proclamer « j'ai gardé la meilleure pour la fin » mais bon... *(il se baisse et sort de son sac une bouteille)* C'est du Buzet ! C'est quand même meilleur que du Cahors...
Martine : - On verra, on verra, ne vendons pas la peau du Cahors avant de l'avoir bu.

Elle se penche et sort de son sac une autre bouteille.

Martine : - Cahors 2 Buzet 1. Et c'est Cahors qui nous saoule le plus !
Christophe : - Là, Stéphane, avec tes trois œufs tu passes pour un radin !
Stéphane : - Bon, alors je dois la sortir avant l'heure prévue...

Stéphane se lève, va ouvrir son sac, en sort une bouteille.

Paul : - Oh ! En plus des œufs, du champagne, je suis touché.
Stéphane : - C'est pas tout à fait du champagne, mais quand on aura vidé les bouteilles de vin, du bon mousseux ça nous paraîtra sûrement meilleur que du mauvais champagne.
Paul : - Je ne sais pas si tout ça, ça s'accorde avec une omelette et des pâtes... J'avais prévu du rosé... Mais les mélanges, pour des écrivains, c'est toujours souhaitable... Mélangeons, mélangeons-nous !
Christophe : - Bon, je fais le commentaire avant vous : c'est moi qui passe pour un radin avec une misérable bouteille.

Martine : - Mais non, Christophe, on sait bien que ta femme te surveille. Déjà pour sortir une bouteille, tu as dû inventer des stratagèmes pas possibles !

Christophe : - C'est vrai que je suis le seul marié ici !

Natacha : - Mais je suis mariée, mon ami ! Trente ans de mariage ! Peut-être même plus !

Christophe : - Faut pas demander si tu n'étais pas mariée !

Natacha : - Tu ne crois quand même pas qu'en plus de le voir entre mes quatre murs, je vais le laisser me suivre ! J'ai passé l'âge !

Paul se lève et sort. Christophe et Martine se sourient.

Christophe : - Pourtant je n'ai pas parlé d'éphèbes sur une plage...

Paul revient avec un tire-bouchon. Il ouvre une bouteille de Cahors puis remplit les verres, remet du jus de banane à Natacha, en précisant « toujours Nature. » Ils trinquent.

Paul : - Aux livres et à ceux qui les achèteront.

Christophe : - Pour du Cahors, c'est buvable !

Paul : - Très raffiné, je dirais.

Natacha, *vide son verre d'un trait* ; *en se levant* : - Allez, je vous laisse les amis, ça m'a fait bien plaisir de passer quelques instants avec vous mais je dois maintenant rejoindre monsieur le président du Conseil Régional... Allez, j'essayerai de lui glisser un petit mot en votre faveur pour que l'année prochaine ils vous invitent aussi aux frais de la princesse... Je crois que je vais d'abord faire un saut à l'hôtel... Y'a un gamin à l'accueil, je ne vous dis pas !

Christophe : - Natacha ! À ton âge !

Natacha : - Je crois que je vais lui raconter que j'ai racheté l'hôtel, ça marche souvent avec les gamins de la réception.
Stéphane : - Natacha, sans vouloir t'offenser, ça se voit que tu n'as plus l'âge de racheter des hôtels. Sauf peut-être au monopoly !
Natacha : - À mon âge ! J'ai un truc auquel aucun homme ne résiste. Aucune femme non plus !
Christophe : - On ne demande pas à voir.
Natacha : - Je vais vous le montrer, vous pourrez dire, « j'ai vu le secret de Natacha » *(elle enfourne sa main droite dans son sac et sort une liasse de billets)*. Et tu sais, chez les gamins, beaucoup veulent apprendre. Ne m'en voulez pas d'avoir été une cougar avant l'heure ! Regardez les actrices et présentatrices de mon âge, elles s'affichent avec des jeunots. Ah !
Paul : - Tu sais bien que rien ne me choque !
Natacha : - Mais tu préfères les hommes, c'est ton choix, je le respecte. Mais vous qui me repoussez à cause de mes rides, lisez le récit du dernier amant de Marguerite Duras !
Stéphane : - Natacha, on a quand même le droit de refuser le sexe pour le sexe, quand on cherche l'Amour !
Natacha : - L'amour ! Y'a que le fric et le plaisir dans la vie !
Martine : - Ça va sûrement te surprendre, mais y'a des femmes que ça laisse indifférent. Pas Duras ni l'amour, mais les billets !
Paul : - Indifférentes, au féminin pluriel, j'aurais dit à ta place.
Natacha : - Tu dis ça parce que t'es entourée d'amis… Allez, on en reparlera en tête à tête un de ces jours… (*en avançant vers la porte*) Allez, n'hésitez pas à faire des bêtises, c'est de votre âge. Je vous raconterai combien il m'a coûté.

Presque en même temps :
Christophe : - Embrasse la dame en blanc de notre part.
Martine : - Bonne nuit Natacha.
Paul : - Merci Natacha, d'avoir honoré cette maison de ton passage.
Natacha : - Et n'oubliez pas qu'il ne faut jamais laisser un fond dans une bouteille, quand on est invité.
Stéphane : - N'oublie pas de prendre des notes pour ta biographie.

Natacha sort.

Martine : - Vieille obsédée va !
Stéphane : - Comme beaucoup elle doit en dire plus qu'elle en fait... Il arrive un âge où le sexe devient la médaille de ceux qui n'ont pas la légion d'honneur...
Christophe : - Le plus honteux, c'est que ses livres se vendent.
Martine : - Les gens achètent n'importent quoi. Il suffit d'un sourire de Natacha et sa petite phrase sirupeuse « *ça vous replongera dans un monde qui n'existe plus* », et les vieilles cruches achètent.
Christophe : - Les jeunes aussi avec son « *vous l'offrirez à vos parents* » ou « *vous verrez comment ont vécu vos grands-parents.* »
Stéphane : - Ça ne veut pas dire que ses livres sont lus.
Martine : - Mais au moins le fric rentre ! Moi il me faut deux ans pour rentrer dans mon argent. J'ai au moins dix livres en attente.
Paul : - Moi ça me donne un moral d'enfer, de la voir en si bonne forme ! Je ne parle pas de son écriture mais de son entrain. Je me dis que j'ai encore devant moi quelques bonnes décennies.
Martine : - C'est un formidable métier, écrivain : à

soixante ans on regarde l'académie française et on se persuade qu'on a tout l'avenir devant soi !
Christophe : - Encore faudrait-il en vivre avant cent ans !
Martine : - T'inquiète pas, dans quelques années tu auras la retraite en plus de tes droits d'auteur... (*il reste sceptique*)
Paul : - Mais ils sont délicieux, tes œufs, Stéphane.
Stéphane : - Ils sont si bien mis en valeur par tes pâtes cher Don Paulo.
Paul : - C'est l'un des souvenirs les plus délicieux de ma vie, quand je suis allé animer un atelier d'écriture à Vérone.
Martine : - Et comment tu avais été invité là-bas ?! Tes livres ne sont pas traduits en italien ! Ils ne te connaissent quand même pas ?
Paul : - Mais tu sembles ignorer qu'en certains milieux, je suis très apprécié. Mon ami Carlo d'Egyptair, comme on le surnomme, a su m'introduire.
Martine : - Sans jeu de mot ! L'internationale gays a pris le pouvoir dans la culture !
Christophe : - Un livre acheté, un œuf offert, tu ferais un malheur. Tu en vends des œufs ?
Stéphane : - Quand j'en ai trop, le chien adore ça, et ça lui fait des poils d'un luisant... Mais par chez moi les gens sont civilisés, ils ont leurs bêtes.

Les verres se vident et se remplissent rapidement.

Paul : - Dis, Stéphane, puisqu'on est entre nous... Ton nouveau look, c'est étudié ou c'est juste pour t'amuser, pour embêter les bourgeois de Figeac ?
Stéphane, *après quelques secondes où il cherche les termes exacts et à capter l'attention* : - Nous sommes condamnés à la notoriété !

Tous le regardent, incrédules.

Paul : - Vas-y, fais-nous partager tes découvertes.
Stéphane : - Au-delà des raisons pour lesquelles on écrit, ce qu'on écrit n'a d'intérêt qu'historique. De notre vivant, enfin, au moins durant nos premières décennies d'écriture, ce qui primera ce sera le médiatique.
Paul : - Tu veux dire qu'on est obligé d'être connu pour être lu ?
Stéphane : - Pas forcément connu, être inconnu est parfait... *(en souriant)* à condition que tout le monde le sache.
Martine : - Là tu joues sur les mots, être inconnu à condition que tout le monde le sache, ça veut dire être connu.
Stéphane : - Mais non, Martine ! Tout le monde peut penser : lui, c'est un écrivain quasi inconnu, et ce n'est pas parce que tout le monde pensera « lui, c'est un écrivain quasi inconnu » que je serai un écrivain connu !
Paul : - Mais si tout le monde dit quelque chose...
Stéphane : - Mais tout le monde pense alors que son voisin ne me connaît pas ! Il se dit, « tiens, cet écrivain, ça a l'air d'être un type intéressant. »
Martine : - Et il achète ton bouquin ?
Stéphane : - Rarement. Achète un bouquin celui qui pense « je vais sûrement découvrir quelqu'un d'original »... Mais les badauds régleront l'affaire avec un « ça sert à rien que je le lise, je pourrai en parler à personne. »
Martine : - Ils pourraient en parler pour faire découvrir.
Stéphane : - Déformation professionnelle, tu rêves ! S'ils en parlent c'est pour frimer. Je commente toujours la majorité... Heureusement, il y'a des exceptions...
Paul : - Et tu en croises beaucoup des exceptions ?
Stéphane : - Ne pose pas des questions dont tu connais la réponse ! On ne vit pas sur le dos des exceptions... Tu

crois que je serais à Figeac pour vendre trois bouquins si je pouvais en vendre cinquante dans un vrai salon du livre ?

Paul : - Là tu vas nous casser le moral !

Stéphane : - Quoi ? Ne m'attribue pas plus de pouvoir que j'en ai ! Lundi, qu'est-ce qu'on va répondre au premier pecnot qui osera demander « alors, ça c'est bien passé ton week-end ? »

Paul : - Tu me poses la question ?

Stéphane, *en souriant :* - Les gens achètent de moins en moins de livres, mais je n'ai pas à me plaindre quand même... Et tu ajouteras « mes acrostiches sont partis comme des petits pains, c'est mieux que rien, ça me permet d'être tranquille quelques semaines. »

Paul : - Là tu te moques.

Stéphane : - Je me moque de toi, de moi, de nous... Mais au moins je ne serai pas dupe de leurs manigances, je n'irai pas manger avec monsieur le président du Conseil Régional, avec les magouilleurs du livre qui se donnent une image de ville culturelle en nous invitant sur un strapontin de leur salon, parce qu'on est des « écrivains régionaux », que notre nom, notre photo paraissent dans quelques torchons.

Paul : - Finalement, tu devrais écrire un essai.

Stéphane : - Mais là, il faudrait être vraiment connu !

Paul : - Et sur internet ?

Stéphane : - Si un visiteur des sites sur mille achetait un livre, je deviendrais imposable !... Mais il faut être logique, vendre des livres n'est pas le but.

Christophe : - Alors je ne vois pas l'intérêt d'avoir des sites.

Stéphane : - Le livre papier va disparaître.

Martine : - Là tu veux vraiment nous casser le moral.

Stéphane : - Mais non, c'est une suite logique. D'abord la pensée s'est transmise de bouches à oreilles, n'a compté que sur la mémoire. Puis elle fut gravée, dans la pierre, sur des os humains, peinte sur les parois de grottes. L'invention de la représentation et de l'écriture a été une révolution plus importante que le passage au numérique. J'imagine les Paul d'alors : si on écrit la pensée, plus personne n'écoutera, plus personne n'apprendra.
Paul : - Pourquoi m'attribues-tu le rôle du conservateur opposé à tout progrès ? La disparition du livre, ce n'est pas un progrès.
Stéphane : - Mais c'est bien toi qui veux garder sur un piédestal les éditeurs, qui regardes de haut l'auto-édition comme si le travailleur indépendant qu'est l'auteur-éditeur n'avait pas sa place dans la littérature, parce qu'il n'a pas été légitimé par un vénérable éditeur.
Paul : - Tu sais bien que dans l'auto-édition, la majorité des livres ne valent rien, regarde Natacha, Pierre ou Véronique...
Stéphane : - Mais en plus tu assimiles l'auto-édition au compte d'auteur.
Paul : - Là tu ne m'as jamais convaincu.
Stéphane : - Donc pour toi c'est la même chose ! (*léger énervement*) Qu'un auteur refusé par l'ensemble des éditeurs classiques signe, en désespoir de cause, avec un pseudo éditeur qui va lui demander une fortune pour un bouquin en mauvais papier, tu confonds cette arnaque avec le choix de l'auteur qui décide d'être son propre éditeur, d'être travailleur indépendant.
Paul : - Mais tu sais bien que la majorité de ceux qui s'auto-éditent c'est parce qu'ils n'ont pas trouvé d'éditeur comme tu dis classique.
Stéphane : - Ce n'est pas parce qu'une activité est utilisée faute de mieux par des écrivaillons, qu'il faut en conclure

que l'activité est méprisable. L'auto-édition est l'avenir de l'édition.

Christophe : - Mais si on en arrive à la disparition du livre, tu parles d'un avenir !

Stéphane : - J'en reviens donc à mon histoire de la conservation de la pensée. Après la pierre et les os humains ? On a utilisé des matières plus pratiques : le bois puis le papier. Et un jour on a relié le papier sous forme de livre. Le livre a eu quelques siècles de triomphe. C'est inévitablement sa, ou peut-être ses dernières décennies.

Martine : - Finalement, tu devrais devenir enseignant ! Tu devrais me remplacer ! Il faut faire travailler les jeunes.

Stéphane : - Et devant mon tableau noir, je conclurai : dès que le numérique sera plus pratique que le papier, il le supplantera. Des millions d'arbres seront en plus épargnés.

Paul : - Alors il n'y aura plus d'écrivains. Déjà qu'il est difficile de récupérer des droits d'auteur quand les livres sont imprimés ; alors quand les versions numériques seront téléchargées gratuitement, piratées ?...

Stéphane : - C'est bien pour cela que je ne veux surtout pas d'éditeur, que je tiens à mon indépendance. En conservant l'ensemble des droits, je récupère l'ensemble des droits dérivés.

Paul : - Et tu crois en vivre un jour ?

Stéphane : - Le problème majeur de l'indépendance étant l'accès aux points de ventes à des conditions décentes, il est impératif, soit de trouver une solution pour vendre, soit de vivre indépendamment des ventes.

Christophe : - Plutôt jouer au loto !

Stéphane : - Vendre sur internet, c'est vendre sans intermédiaire et l'audience permet d'obtenir des droits dérivés. Je n'en suis encore qu'à la phase une, le développement du concept.

Martine : - Je n'ai rien compris !

Paul : - Je ne comprends pas ta logique d'écriture, de ne pas te fixer dans un genre, de faire ainsi feu de tout bois. Tes internautes, tu vois je connais le terme exact, tes internautes doivent être comme les organisateurs des salons du livre ! Ils ne doivent pas savoir où te classer.
Stéphane : - Mais je ne suis pas un bibelot dont on recherche l'étagère qui le mettra le plus en évidence.
Paul : - Tu sais bien ce que je veux dire.
Stéphane : - Ecrire, l'essentiel est d'écrire, tu en conviens ?
Paul : - Naturellement, mais si personne ne s'y intéresse…
Stéphane : - Le succès est toujours un malentendu ! Il est donc inutile de courir après ! Quelqu'un tombe sur un texte et la mayonnaise prend, tout s'emballe, c'est rarement le meilleur texte. Quand ça arrive, le plus souvent l'écrivain est déboussolé, paumé. On lui demande de tout ! Eh bien moi, ce jour-là je placerai mes textes, chanson, théâtre, scénarios…
Paul : - Tu ne m'as pas convaincu ! Si je t'ai bien suivi, il suffit d'attendre.
Stéphane : - La patience est notre grande vertu !
Paul : - À ce petit jeu de l'attente, je ne me vois pas attendre encore cinquante ans ! Et en attendant, il faut bien vivre !
Stéphane : - Les droits dérivés, on y revient !
Christophe : - C'est quoi, tes droits dérivés ?
Stéphane : - Les internautes téléchargent gratuitement… et après reçoivent de la pub.
Paul : - Tu deviens comme un coureur automobile, avec des pubs partout.
Stéphane : - Mais pas du tout ! Encore une réduction caricaturale orchestrée par l'industrie du livre pour effrayer leurs petits auteurs. Le versant littéraire et le

versant publicitaire sont dissociés. Aucune publicité dans les versions numériques mais les internautes fournissent leur adresse e-mail et reçoivent d'autres messages, des messages cette fois publicitaires.
Christophe : - Et vous êtes nombreux à faire ça sur internet ?
Stéphane : - Je crois qu'en France je suis le premier.
Paul : - Internet, internet, je suis trop vieux pour m'y mettre comme toi. C'est bien bon pour les sites de drague mais pour la littérature, je suis et je resterai de l'ancienne école.
Christophe : - Faudrait qu'un jour on en parle vraiment d'internet, Stéphane.
Stéphane : - Mais qu'est-ce qu'on vient de faire ?
Christophe : - Oui… Mais devant un écran, que tu me montres comment ça marche. Comment tu peux envoyer un texte, tu es toujours derrière ton écran ?
Stéphane : - Avant d'être un mec bizarre qui promène ses livres, j'ai été un jeune informaticien. Cadre même !
Martine : - Tu dis tout en deux fois. Pour moi l'informatique se résume à une question : tu connais la différence entre Windows et un virus ?

Personne ne répond.

Martine : - Windows c'est payant alors qu'un virus c'est gratuit.
Stéphane : - C'est avec de telles plaisanteries qui se veulent des bons mots, qu'on fait peur aux écrivains ! Tant mieux ! Ayez peur, ça me permettra de prendre un train d'avance.
Christophe, *en souriant :* - Tchou Tchou.

Paul et Martine éclatent de rire. Stéphane a une moue signifiant « ils n'y comprennent vraiment rien. »
Rideau

Acte 2

Stéphane. Puis : Paul.
Nuit. Stéphane allongé dans le canapé (qui ne fait pas lit). Scène légèrement éclairée pour la commodité des spectateurs. Entre Paul, en peignoir, titubant.

Paul : - Je viens prendre un Coca dans le frigo... J'ai la gorge sèche... Il me faut quelque chose de doux... Tu veux que je te serve quelque chose, mon cher Stéph ?... J'ai aussi du Perrier... Ou tu veux quelque chose de plus doux ? (*élocution de type bourré essayant de parler correctement*)

Stéphane fait semblant de dormir.

Stéphane : - I m'a assez barbé au salon, i va pas r'commencer... (*pour le public ; de même très éméché*)
Paul, *très efféminé :* - Tu dors déjà, mon ché... cher Stéph ?

Silence.

Paul : - Si j'osais... Comme écrivain rien... (*Stéphane apprécie*) mais le sentir là à deux mètres... Ah !... Je suis prêt à lui promettre le prix Goncourt... Calme Paul... Tu n'as jamais violé personne... (*en souriant* :) Ou bien j'ai oublié... Ou il sentait pas bon (*référence à Jacques Brel, chez ces gens-là*).

Paul : - Bon je vais déjà aller chercher un Coca... Ça le réveillera peut-être. Il a bien bafouillé « *que ta nuit soit la plus agréable possible* »... Il sait ce qu'agréable signifie...

Paul va dans la cuisine, laisse la porte ouverte, fait un maximum de bruit (bouge des chaises, tousse, claque la porte du frigo, pose de la vaisselle...). Il revient.

Paul : - Excuse-moi, Stéphane, je viens de m'apercevoir que j'ai fait du bruit, j'avais complètement oublié que tu dormais dans le canapé.

Aucune réponse.

Paul : - Stéphane, tu m'excuses de t'avoir réveillé... *(Reprenant son monologue)* Ou alors il attend que je le prenne à l'improviste... Ses derniers mots, c'était bien ça... (Stéphane effrayé, serre les poings)... Non, je ne peux pas quand même... S'il se mettait à hurler, il est parfois tellement bizarre... Ça les réveillerait en haut, j'aurais l'air de quoi ?... *(Paul réfléchit)*

Paul fait tomber sa boîte de Coca, qui explose.

Paul : - Oh ! Je suis vraiment maladroit. Un mâle, adroit !

Après son ricanement de type ivre, Paul va à l'interrupteur, allume. Stéphane doit se montrer éveillé...

Paul : - Je suis vraiment maladroit. Et je t'ai réveillé... Oh excuse-moi, Stéphane. Tu dormais déjà comme un ange...

Stéphane, *légèrement dégrisé par la lumière :* - Si tu avais une fille, elle aurait sûrement l'âge de me réveiller. J'ai toujours rêvé d'être réveillé par une princesse.

Paul : - Tu sais, je peux te faire des choses aussi agréables qu'une princesse, j'ai une bouche de velours.

Stéphane : - Quelle horreur !

Paul : - Oh ! Tu n'es quand même pas vieux jeu !

Stéphane : - Je t'ai déjà dit, ça doit être hormonal.

Paul : - Je n'y crois pas... Même moi, j'ai essayé avec une femme... Ce ne fut pas grandiose. Tu ne peux quand même pas toujours parler de choses que tu ne connais pas.

Stéphane : - Mais je n'en parle pas. Le sujet ne m'intéresse pas ! On n'est pas de la même planète.

Paul : - Tout homme est, a été, ou sera. Comme tu n'es pas, comme tu n'as jamais été, il faut que tu sois un jour... Donc attendons deux minutes...
Stéphane : - C'est c'qu'on appelle un sophisme...
Paul, *rire d'ivresse :* - Pourtant parfois ça fonctionne... Et j'ai assisté à des conversions étonnantes... Pour quelqu'un qui se croit totalement hétéro, la première fois est une vraie révélation... Si tu avais entendu Carlo d'Egyptair hurler de plaisir... J'aimerais bien que tu vives cet instant fort avec moi... Ne passe pas à côté de l'essentiel, Stéph.
Stéphane : - Ça c'est de la tentative d'embobinement.
Paul : - Ça me ferait tellement plaisir.
Stéphane : - Tu devrais porter un Coca à Christophe.
Paul : - Oh non, puisque j'ai le choix, au moins que ce soit avec un véritable écrivain et en plus beau mec.
Stéphane : - Mais tu n'as pas le choix !
Paul : - Oh !
Stéphane : - Tu voudrais quand même pas que je te vomisse dessus.
Paul : - Si tu prends ton pied comme ça, fais comme tu veux.
Stéphane : - Ton seul choix, c'est aller rechercher un Coca ou remonter sans avoir bu de Coca.
Paul : - Oh !
Stéphane : - Enfin, tu peux aussi aller chercher une serpillière, tu peux même sortir, tu dois connaître Figeac by night sur le bout... des doigts.
Paul, *très doux :* - Pourquoi te moques-tu de moi, Stéphane ?
Stéphane : - Je constate simplement.

Paul s'assied au bord du canapé, se passe la main droite dans les cheveux, sans regarder Stéphane.

Paul : - Y'a des jours comme ça... Où rien ne va. Ces jours-là, je les reconnais au premier café. Le premier café qui me brûle la langue. Après j'ai renversé de la confiture d'abricot sur ma chemise. Je vais t'épargner la suite. Quand tu as eu ces paroles exquises, quand tu m'as souhaité une nuit la plus agréable possible, j'ai cru que la loi des séries était vaincue (*Stéphane qui soufflait de temps en temps, sourit en balançant négativement la tête*). Je ne me suis quand même pas trompé ? (*il regarde Stéphane*)

Stéphane sourit, balance la tête en signe d'affirmation.

Paul : - Tu crois que j'aurais dû essayer de dormir ? (*ne laisse pas le temps à Stéphane de répondre*) Mais j'aurais jamais réussi à dormir. J'aurais pensé à toi en t'imaginant m'attendre. Et l'attente, c'est ce qu'il y a de plus beau en amour. (*Pause*) T'es d'accord avec moi, sur ça, Stéph ?

Stéphane : - T'es d'accord avec moi, Paul, si je te dis, cerveau fatigué n'a plus d'oreille.

Paul : - Oh, ce n'est pas les oreilles le plus important en amour. On fait juste un p'tit câlin, si tu veux...

Stéphane : - Ça commence à devenir gênant, Paul.

Paul : - Prendre ses rêves pour la réalité, c'est pourtant une idée qui t'est chère.

Stéphane : - Prends tes rêves pour ta réalité, va te masturber en pensant à qui tu veux... Et laisse-moi avec mes rêves.

Paul : - Tu penses à ta chanteuse ?

Stéphane : - Je pense à qui je veux. Mon cœur est déjà pris !

Paul : - Mais je ne vise pas aussi haut.

Stéphane : - Tes citations, tu les gardes pour ceux qui les ignorent. La femme à qui je pense, j'espère qu'elle trouverait de tels propos vulgaires. C'est clair, non ?

Paul : - Bon, ne t'énerve pas, tu me signifies poliment d'aller me faire voir, d'aller noyer mes idées noires à côté d'un placard, en vidant une bouteille de Ricard.
Stéphane : - Tu ne pouvais quand même pas imaginer que parce que j'avais picolé, j'irais contre ma nature.
Paul : - Mais ça n'existe pas, un hétéro (*moue de Stéphane, signifiant : c'est reparti*). Tout homme rêve d'avoir quelque chose au moins dans la bouche. Je ne t'ai jamais raconté comment j'ai compris, qu'en fait, ma vie, mon plaisir, ce serait avec le sexe fort.
Stéphane : - Le mieux serait que tu écrives un livre sur le sujet, au moins une nouvelle. C'est peut-être le moment de commencer.
Paul : - Bon, là tu me signifies poliment, va écrire.
Stéphane : - C'est encore la meilleure occupation, les nuits d'insomnies. Au moins ça n'embête personne.
Paul : - Je te croyais pas comme ça !
Stéphane : - Je ne t'ai jamais caché mon orientation.
Paul : - Oui, mais là, c'est presque de l'homophobie.
Stéphane : - Détrompe-toi !... Plus il y aura d'homos, plus le choix des femmes sera restreint !
Paul : - Les femmes devraient toutes être lesbiennes... Je crois que si tu ne me prends pas dans tes bras, je vais aller me jeter dans la rivière.
Stéphane : - Là c'est du pathos ridicule.
Paul : - Oh merde ! Tu prends rien au sérieux. Tu sais pourtant que je suis un mec sensible.
Stéphane : - C'est bien, va l'écrire. La vraie vie, c'est la littérature.
Paul : - Mais Proust a vécu avant d'écrire cela. Il n'aurait jamais refusé un câlin à un écrivain ami.
Stéphane : - Bon (*Stéphane se lève, surprenant Paul toujours à ses pieds ; pieds nus, il porte un tee-shirt et le pantalon du soir*), je trouverai bien un hôtel. Ou je

retourne chez moi. De toute façon pour vendre trois bouquins demain (*il ramasse ses affaires et les fourre dans son sac*).

Paul, *se lève :* - Excuse-moi Stéph, excuse-moi, j'avais cru...

Paul sort et on l'entend monter les escaliers.

Stéphane s'assied sur le canapé, souffle de dépit.

Stéphane : - Non seulement j'aurai une tronche d'enfer à cause de l'alcool... Mais en plus je n'ai entendu que des banalités... Même pas une phrase digne de faire un refrain !... Pendant ce temps-là, les écrivains mondains sont dans un lit confortable, dans une belle chambre d'hôtel qui va pas puer le Coca... Mais ils se demandent si le président du Conseil Régional a retenu leur nom... Ça sert à rien de côtoyer des écrivains, ils ne valent pas mieux que les voisins. Le seul intérêt d'un écrivain, on le trouve dans ses livres. Qui parmi ces pantins n'a pas pour grand rêve d'obtenir une bourse du Centre National des Lettres, ou à défaut du Centre Régional des Lettres, ou d'animer un atelier d'écriture, ou d'intervenir dans une école ? Qui se soumet à demander ne sera jamais écrivain. Des écrivaillons ! Dès qu'un p'tit bureaucrate d'une vague commission se ramène, ils sont à genoux. Est-ce que Rimbaud aurait quémandé une bourse à des notables ? Plutôt magouiller que s'agenouiller. Plutôt vivre pauvrement que de brouter à leur râtelier...

On entend du bruit dans la chambre au dessus.

Stéphane, *soulève la tête et sourit :* - Sacré obsédé ! Il est allé voir Christophe ! Sans Coca en plus.

Rideau

Acte 3

Stéphane. Puis : Francis, Paul, Pierre, Martine et Christophe.

Matin. Même décor. Stéphane dort. Sonnerie.

Stéphane se redresse, passe la main droite dans les cheveux.

Stéphane : - Damned !... J'ai rêvé qu'on sonnait... Damned... Il fait déjà jour...

Deuxième sonnerie.

Stéphane : - Damned !... J'ai pas rêvé, on sonne... Bon, j'ai pas le choix... Quelle heure il peut bien être ?

Il se lève. Troisième sonnerie.

Stéphane *crie, voix pâteuse :* - J'arrive.

Il cherche le bouton, allume la lumière, regarde sa montre...

Stéphane : - Les salauds !... Onze heures... Les salauds, ils sont partis sans moi... Bande de blaireaux !

Il ouvre la porte. Entre Francis.

Francis : - Salut, je suppose que t'es l'un des écrivains qui devait dormir chez Paulo...
Stéphane : - Je crois que tu as deviné... Et toi ?...
Francis : - Bin Francis, le copain de Paulo... Paulo ne t'a pas parlé de moi ?
Stéphane : - Je crois qu'on a un peu trop forcé sur les bouteilles... C'est Paul qui t'a demandé de passer me réveiller ?...

Paul dévale les escaliers, entre en peignoir, en courant.

Paul : - Oh Charlus ! Tu as vu l'heure Stéph... On est à la bourre.
Stéphane : - Tu devais nous réveiller à huit heures. T'es grave !
Paul : - Je ne sais pas ce que j'ai foutu, mon radio-réveil est débranché. C'est la première fois que ça m'arrive. Martine et Christophe ne sont pas là ?... Je remonte les réveiller...

Il repart. On entend frapper aux portes des chambres...

Stéphane, *pour lui-même :* - Je crois que j'ai pas le temps de prendre une douche... Mais si je n'en prends pas une j'arriverai jamais à dédicacer un bouquin... Oh ma tête ! (*il se prend la tête entre les mains*)
Paul *rentre, en souriant :* - Bon, Stéphane... Je te confie un secret... Mais c'est un secret... Comme Christophe ne répondait pas, je suis entré dans sa chambre, et il n'y avait personne... Alors je suis entré dans celle de Martine, et là...
Stéphane : - Ah ! Je croyais que les bruits que j'avais entendu cette nuit, c'était toi et Christophe... Donc mon cerveau en déduit que c'était Christophe et Martine.
Paul : - Oh Stéphane !... On voit que tu ne connais pas les liens qui m'unissent à Francis.
Francis : - Ah, je croyais que tu ne m'avais pas encore aperçu.
Stéphane : - J'ai le droit de prendre une douche ?
Paul : - Oh Stéphane, fais comme chez toi...

Stéphane prend son sac et se dirige vers la salle de bains.

Paul : - Mais fais vite quand même...

Stéphane s'arrête.

Stéphane : - Oh ! Pis non ! Inutile. Même un peu d'eau ne pourra sauver les apparences. Alors assumons (*il pose son sac, en sort la chemise chiffonnée de la veille ; Paul et Francis l'observent en souriant*). Même me changer, ce serait stupide ! La gueule fripée, les fringues fripées (*il passe sa chemise puis son pull*).

> *Martine et Christophe entrent, habillés comme la veille, le visage aussi marqué par le manque de sommeil et l'alcool.*

Christophe : - Salut les hommes…

> *Martine fait un signe bonjour de la main droite et montre ses cordes vocales. Silence. Sonnerie…*

Paul : - Là je ne vois pas qui ça peut bien être…

> *Il va ouvrir. Entre Pierre.*

Paul : - Pierre !
Pierre : - Qu'est-ce qui se passe ?… La folle voulait déjà retirer vos tables… Et ton téléphone ne répond pas !
Paul : - Attends !… On a quand même le droit d'être un peu en retard… Je vais l'appeler, tu vas voir, je suis quand même l'écrivain du pays… Où j'ai mis mon portable ?…
Francis : - Tiens, v'la le mien (*il lui tend son portable*).
Paul, *à Francis :* - Tu veux bien nous faire du café… Je vais l'appeler en m'habillant… Son numéro est dans mon agenda…

> *Paul sort par la porte des chambres, Francis par celle de la cuisine. Martine s'assied. Pierre la regarde en souriant.*

Pierre : - Je vois que ça a été la fête !

Stéphane : - Radio-réveil plus téléphone, Paul aussi a dû faire des expériences cette nuit !
Pierre : - Qu'est-ce que tu racontes ?
Stéphane : - Tu aurais dû dormir ici, je t'aurais laissé bien volontiers le canapé, j'aurais amené mon matelas de couchage, un duvet et j'aurais fait du camping.
Pierre : - Tu sais bien que je ne suis qu'à vingt bornes. Et j'ai mon chien, mon chat, ça s'ennuie ces petites bêtes.
Stéphane : - Mais au moins si tu avais été là, ça m'aurait évité de voir débouler Paul en rut dix minutes après le dernier verre de notre beuverie.
Pierre : - Tu lui as lancé un sceau d'eau pour le calmer... Ou de Coca plutôt ! (*il regarde la boîte par terre et la flaque*)
Stéphane : - Je l'ai envoyé voir Christophe !

Pierre regarde Christophe.

Christophe : - Je confirme, il n'a pas osé venir... Il aurait vu que mon poing c'est du 46... Mais je vois que ça n'hésite pas à balancer sur les copains... (*Christophe hésite à en dire plus*)
Stéphane : - C'est bien ce que je disais : il s'est contenté de son radio-réveil et son téléphone.
Martine *sourit :* - Sa femme vient au salon cette après-midi...
Stéphane *sourit :* - Nous attendons tous les présentations !
Christophe, *regarde Pierre :* - Bon, Pierre, de toute manière, ça m'étonnerait que quelqu'un ne s'empresse pas, dès que j'aurai le dos tourné... Puisque Paul s'est précipité pour raconter à Stéphane...
Stéphane, *à Martine :* - Qu'est-ce qu'il raconte, notre cher et ténébreux collègue ?

Martine : - On entend tout de ma chambre... D'ailleurs cette nuit je n'ai pas raté un mot de ton duel avec Paul... Tu as été super résistant ! Et correct en plus ! Je me demandais comment ça allait finir.
Christophe : - Bon, ce n'est pas trop vous demander qu'il y ait un secret entre nous.
Pierre : - Ha ! J'ai compris ! Alors Martine, toi qui réponds toujours « néant. »

Martine et Stéphane se sourient.

Christophe : - Bon, le premier qui prétend que le néant et moi c'est la même chose, je lui fous mon poing sur la gueule.
Pierre, *à Martine* : - Il est gonflé ton copain ! Il se vante de sa conquête alors que personne ne m'en aurait parlé, et après si on en fait une pièce de théâtre, il va nous casser la gueule.
Stéphane : - Tu vas te mettre au théâtre aussi ?
Pierre : - C'était juste pour rire, je ne voudrais pas me fâcher avec vous !
Stéphane : - Aucun événement exceptionnel à signaler à Figeac depuis la disparition de Champollion, mais un samedi soir, un exploit qu'il convient de rapprocher de la célèbre prise de la Bastille, c'est une forteresse imprenable...
Martine : - De toute façon je ne me souviens plus de rien.
Christophe : - C'est charmant !
Martine : - Fallait pas terminer par un concours de verres de Cognac.
Pierre : - Whaou, vous y êtes allés encore plus fort qu'à Firmi !
Martine : - C'est vrai, quelle surprise quand je t'ai vu à côté de moi et Paul qui souriait ! Si j'étais peintre ce serait le moment que j'immortaliserais.

Christophe : - C'est la faute à Stéphane et Paul, je voulais entendre leur conversation intime et on entendait mieux de la chambre de Martine.
Martine : - Alors ce n'était pas une excuse !
Christophe : - Bon, je crois que je peux arrêter les salons du livre dans la région, je vais devenir votre tête de turc.
Stéphane : - Faudra que je fasse ton acrostiche.

Paul, habillé différemment de la veille, très parfumé, entre.

Stéphane : - Quand on parle d'acrostiche, on voit sa... mèche.
Paul : - Vous en profitiez encore pour vous foutre de moi ? C'est un monde, on ne peut pas avoir le dos tourné cinq minutes...
Martine : - Crois-moi, on n'a pas eu le temps... Christophe a accaparé l'attention générale.
Paul : - Alors, bon souvenir, ce salon ?...
Christophe : - Bon, tout le monde m'a promis d'être discret, il ne manque plus que ta promesse... Ma baronne vient cette après-midi au salon.
Pierre, *en souriant :* - On n'a rien promis.
Paul : - Tu sais bien que je ne suis pas du genre à mettre un ami dans l'embarras. Tout le monde a ses petites faiblesses (*coup d'œil discret à Stéphane qui sourit*).
Martine : - Alors la cheftaine ?
Paul : - Il paraît que tu nous as dit n'importe quoi, Pierre.
Pierre : - Et qui tu crois ?
Paul : - Je t'offre le petit-déjeuner.
Pierre : - Je me suis levé comme chaque jour à six heures, donc tu devines où il est déjà mon petit-déjeuner... Mais bon, je ne suis pas pressé, ça m'étonnerait que je vende mon premier livre ce matin. À moins que Christophe, en signe de reconnaissance, se décide à m'en acheter un.

Stéphane : - Pour l'offrir à Martine !

Pierre, Martine et Stéphane sourient. Martine se lève, va vers la table et pousse tout vers un bord, Christophe vient l'aider.

Pierre : - C'est vrai qu'ils pourraient faire un beau couple.
Stéphane : - Un couple d'écrivains régionaux, ils publieraient des livres à quatre mains, ajouteraient leur notoriété.

Francis entre avec le café et des tasses.
Paul va à la cuisine et revient avec un plateau, deux baguettes, des biscottes, deux pots de confiture, du beurre.

Paul : - Je suppose que personne ne va prendre un bol de lait.
Martine : - Y'a des mots, faut pas les prononcer certains matins.
Tous s'assoient.
Francis sert le café. Paul coupe du pain. Silence.
Pierre : - Je suis certain que c'était plus animé hier soir… Je n'ai pas dit cette nuit.
Stéphane : - Avec musique d'ambiance en direct du plafond !
Pierre : - Au fait, tu écris encore des chansons ?
Stéphane : - Forte baisse de ma production. Seulement trente-sept textes l'année dernière et cinq depuis le premier janvier.
Paul : - Et tu réussis à en placer ? Parce que moi, à part la meuf de Limoges qui m'a fait vachement plaisir en m'écrivant souhaiter absolument chanter mon texte « *un homme presque comme toi* », je n'arrive pas à avoir les bons contacts. Tu n'aurais pas un bon plan ?

Stéphane : - Les chanteurs préfèrent conserver l'intégralité des droits en chantant leurs petites merdes, on est tous face au même dilemme... Sur trente-sept textes l'année dernière, une dizaine sont mis en musique mais un seul est en exploitation, celui retenu par le concours du cabaret studio à Nantes.
Paul : - J'ai été dégoûté. C'est quoi leurs critères ? Je comprends pas pourquoi mes textes n'ont pas été retenus, au moins un... Ils sont pourtant très beaux, très poétiques. L'un reprenait même la belle définition que donne Cocteau de la poésie : mettre la nuit en lumière... (*il attend un commentaire... silence*) j'avais même retravaillé un texte de ma jeunesse, un texte très humoristique (*il sourit*) : l'idée, comme Platon parle du monde des Idées, l'idée est totalement originale, elle devrait te plaire Stéphane : qui vend des œufs pourra s'acheter un bœuf (*silence ; aucune réaction*) Comment tu as fait, toi ?
Stéphane : - Comme toi, j'ai envoyé trois textes et j'ai attendu.
Paul : - Tu crois que le fait que tu aies des sites sur internet, ça t'a aidé.
Stéphane : - Je suppose qu'on t'a déjà demandé si le fait de vivre à Figeac, ça t'a aidé pour obtenir une bourse du Centre Régional des Lettres.
Paul : - Oh ! Je t'ai déjà juré que je ne connaissais personne... Je ne me suis jamais compromis ! Ne me confonds surtout pas avec Natacha ! (*Stéphane sourit*)
Martine : - Pourquoi t'es pas chanteur ?
Stéphane : - J'arrive déjà pas à faire la promo de mes livres trois fois par an, à rester assis une heure de suite lors d'un salon, alors tu me vois répéter x fois dix ou quinze petits textes... Il y a tant de livres à lire, tant d'émotions à écrire... C'est vraiment pas conciliable, écrivain et chanteur.

Pierre : - Pourtant la plupart des chanteurs écrivent leurs textes.

Stéphane : - Mais ils ne sont pas écrivains ! Plutôt qu'écrire leurs textes, vaudrait mieux résumer par « pisser des lignes. » Ce sont des paroliers. Ils ont trouvé leur style, le bon procédé, et ils referont la même chose jusqu'au dernier album. Finalement, ce qu'ils cherchent c'est à se montrer, à plaire, écrire douze petits textes chaque année ou tous les cinq ans, c'est alors une petite formalité. C'est pitoyable, tu ne trouves pas ?

Pierre : - C'est une manière de voir… Je croyais que tu aimais bien la chanson.

Stéphane : - La chanson m'intéresse pour son potentiel créatif. Mais l'état de la chanson française, c'est électrocardiogramme plat. Certains ont même un nègre pour ça !

Martine : - Nègre de chanteur, tu pourrais refaire le toit de ta maison avec ce petit job !

Stéphane, *sourit* : - Je crois avoir assez parlé pour la matinée. Ternoise is game over… Ça ne sert à rien ce genre de salon. Je crois que je vais annoncer mon boycott des salons du livre.

Martine : - Dépêche-toi avant que plus personne ne t'invite !

Stéphane : - Je ne peux quand même pas faire semblant de croire qu'ils veulent promouvoir le livre. Notre rupture définitive est inévitable.

Martine : - Mais ça doit être tes commentaires qui énervent quelques personnes… Surtout une habillée en blanc hier… Je dis ça au cas où tu ne t'en serais pas aperçu.

Stéphane : - Hé bien oui, je n'ai pas applaudi le discours du vénérable Président du Centre Régional des Lettres.

J'ai même commenté un peu fort. Et pourquoi je me gênerais de rappeler avoir payé ma place ?
Martine : - On en est tous là.
Stéphane : - Et pourquoi je n'ajouterais pas refuser d'engraisser un libraire avec une inacceptable remise ? Les gens qui vont au salon du livre pensent que leur argent revient aux écrivains. Il faut les informer, comment on se fait racketter. Si nous c'est droit d'inscription plus déplacement et hébergement à notre charge, merci Paul.
Paul : - Ton remerciement me va droit au cœur.
Stéphane : - Les écrivains édités chez un grand éditeur sont certes en tous frais payés mais ils verront quoi sur l'argent des livres vendus ?
Martine : - Tu pêches des convaincus. Oh le lapsus ! J'en suis fière ! Tu prêches des convaincus.
Christophe : - D'ailleurs tu as vu, je préfère payer ma place, acheter aux éditeurs pour avoir un peu d'argent en les revendant.
Stéphane : - Mais pourquoi je suis le seul à le gueuler bien fort, à chercher une autre solution ?
Martine : - Hé bien y'en a qui tiennent à leur strapontin. Je fais quoi, moi, de mes livres, si je ne vais plus dans les salons ?
Stéphane : - On en revient à internet !
Pierre : - Il finirait par nous convaincre !... Moi je crois que je vais arrêter les salons du livre aussi, mais sans annoncer que je les boycotte. Je vais continuer d'écrire mais pour moi. Finalement, l'époque ne mérite sûrement pas que l'on se casse le cul pour lui montrer nos textes.
Martine : - Donc, finalement, c'est sûrement toi le sage.
Paul *répète :* - Sage, sage, sage.
Martine : - Ça rime avec courage !
Paul : - Je suis plutôt découragé. Ça fait trois ans que je n'ai pas trouvé d'éditeur.

Stéphane : - Ils sont méfiants, ça se comprend !
Paul : - Détrompe-toi, l'homosexualité est très bien vue dans ce milieu.
Stéphane : - L'homosexualité peut-être… Mais le fait que tes six éditeurs soient depuis en faillite ! Le mouton noir ! Le Quercy est un pays d'élevage où le mouton est apprécié du Conseil Régional ! Un mouton noir à cinq pattes !
Pierre, *éclate de rire* : - Je crois avoir compris !
Paul : - Oh ! Là tu es de mauvaise foi. Tu sais que mes livres sont bons, je ne vais pas te rappeler la liste des prix, des mentions que j'ai obtenus (*Stéphane sourit*). Tu as tort de ne pas participer aux prix littéraires, une nouvelle ou un poème récompensé, ça fait des articles.
Stéphane : - Dans *la Dépêche du midi* !
Paul : - Pas seulement. Dans les revues spécialisées on parle souvent des lauréats.
Stéphane : - L'ennuyeux avec les prix littéraires, c'est certes de ne pas gagner mais quand tu gagnes il te faut rencontrer le jury… et tu dois voir la cohorte de frustrés, imbus de leur petit pouvoir, ils veulent être remerciés, un beau discours, sourires…
Paul : - Ne caricature pas, certains sont charmants, passionnés.
Stéphane : - Mais ils te font perdre ton temps.
Martine : - T'es vraiment un solitaire ! Un type à peine fréquentable.
Stéphane : - Je préfère me consacrer à la littérature qu'au cirque qui l'entoure.
Paul : - Alors, tu fais quoi à Figeac ?
Stéphane : - Tu m'as amicalement invité. Et j'avais pensé que mon week-end serait très instructif, me permettrait sûrement d'écrire un livre au titre provisoire « *grandeur et misère des écrivains au salon du livre de Figeac.* »
Paul, *regarde sa montre :* - Allez, tout le monde a fini, on

y va. Il faut quand même que je vende quelques acrostiches !

Martine et Christophe sortent par la porte chambre.

Pierre : - Je ne sais pas si on les reverra ! Tu montes avec moi Stéphane ?... Tu sais qu'avec moi il n'y a pas de sous-entendu.

Paul : - Tu peux prendre cinq minutes pour te coiffer, si tu veux, Stéphane.

Stéphane : - Les apparences... Les apparences seront forcément contre moi. Si je vends un livre, ce sera vraiment pour le contenu ! Et comme tu le sais, un mauvais livre a besoin d'apparences, un bon livre exige seulement un peu de patience.

Paul : - Bon courage.

Stéphane prend son sac et sort avec Pierre.

Francis : - Il est bien cassé ton copain.

Paul : - C'est un cas un peu spécial. Il croit qu'il suffit de publier un livre pour se prétendre écrivain. Il n'a pas encore compris que l'écrivain doit s'inscrire dans une tradition. Si ça t'intéresse vraiment je t'expliquerai.

Francis : - Tu sais bien que je préfère le cinéma. Et si je débarrasse, ce soir tu m'offres le resto ?

Paul : - J'aime bien le début de ta phrase mais pas qu'elle se termine ainsi, par une demande très insistante.

Francis : - Tant pis, on se fera livrer une pizza... Mais tu pourrais quand même te faire pardonner d'avoir voulu te taper le cas spécial ! Je ne suis pas sourd !

Paul : - Si tu te mets à croire ses divagations ! Allez, on verra... Si je vends bien.

Martine et Christophe reviennent avec leurs sacs.

Paul : - On y va !

Les auteurs sortent.

Francis : - Finalement, ils n'ont rien d'extraordinaire ses écrivains. À part qu'ils écrivent des bouquins.

Rideau Fin

Aventures d'écrivains régionaux

Comédie en trois actes

Cinq hommes et deux femmes

Personnages :

Paul : écrivain (six livres publiés... le point commun de ses éditeurs : en faillite avant de lui avoir versé le moindre droit d'auteur) rmiste, animateur d'ateliers d'écriture, 50 ans, accueille chez lui, pour la soirée et la nuit, des « collègues auteurs » invités au salon du livre de sa ville mais « ni hébergés ni nourris » par les organisateurs.

Martine : 51 ans, a auto-édité cinq livres, professeur de français.

Christophe : 57 ans, publie des « livres jeunesse » chez divers éditeurs... qui lui versent des droits d'auteur dérisoires. Son épouse ayant un bon salaire, ne peut prétendre au Rmi.

Stéphane Ternoise : 35 ans, a auto-édité sept livres, créateur de sites internet. Mi rmiste mi travailleur indépendant.

Passera au repas :
Nestor : 75 ans, écrivain « romans du terroir » en auto-édition, notable régional, hébergé par la municipalité.

Passeront au petit-déjeuner :
Francis : 40 ans, ami de Paul.
Patricia : 52 ans, publie des livres en dilettante, à quelques exemplaires, auto-édite et auto-imprime, « ni hébergée ni nourrie » par les organisateurs mais retournée chez lui la veille (vit à vingt kilomètres).

Acte 1

Paul, Martine, Christophe. Puis : Stéphane et Nestor.
Chez Paul : la pièce principale : salon / salle à manger.
Un canapé. Une table. Des chaises. Quelques livres dispersés.
Au mur, encadrée, une feuille rose 21*29,7 où il est griffonné au marqueur rouge : « A Paul, en signe d'amitié » et une signature illisible.
Trois portes : la première conduit à la cuisine et aux toilettes, la deuxième donne sur l'escalier vers les chambres, la troisième est la porte d'entrée.
Paul, Martine et Christophe à table, durant l'apéritif (on sent plusieurs verres déjà vidés).

Paul : - Vous savez pourquoi il a pris un pseudonyme ?

Martine : - Parce qu'un pseudo, ça donne un genre.

Christophe : - C'est simple : lui qui se croit si grand, ne pouvait plus supporter de vendre des livres sous le nom de Petit.

Martine : - Olivier Petit, c'est vrai, on ne peut pas plus banal... Donc ça collait parfaitement à ses textes !

Paul : - Oh Martine ! Même moi je n'aurais pas osé.

Martine : - Allez, toi qui as toute une journée été le voisin de sa sainteté le plus jeune d'entre nous, dis-nous pourquoi il édite désormais ses *(avec emphase)* « œuvres » sous pseudo.

Paul : - Un peu de tout ce que vous avez suggéré, naturellement, on le sait tous, mais il m'a avoué la raison principale.

Martine : - Et tu l'as cru ?

Paul : - Ça ne signifie évidemment pas qu'il s'agit de la vérité, mais on peut affirmer qu'en ce samedi il voulait que je retienne cette version.

Martine : - Donc, comme tout chez lui, c'est du préfabriqué, c'est de la mise en scène.
Paul : - Là, je ne lui donne pas tout à fait tort, n'oublie pas la manière dont Jean Cocteau définissait le roman, (*en appuyant fortement* :) un mensonge qui dit la vérité.
Christophe : - Mais s'il était romancier, ça se saurait.
Martine : - Je suis quand même allée jusqu'à la page 52 de son premier roman... Vous pourriez m'applaudir !
Christophe : - T'as quand même pas acheté son bouquin !... Alors que tu n'achètes jamais les miens !
Martine : - Bin si !... Mais sans illusion littéraire... Je suis naïve peut-être, je pensais qu'en contrepartie il parlerait de moi sur internet.
Christophe : - Et il a encaissé ton blé, en liquide forcément, je connais l'oiseau. Et sur ses sites il ne parle que de lui, veut se faire passer pour un vrai écrivain.
Martine : - Ecrivain multi-facettes !
Christophe : - Fossettes on dit, multi-fossettes (*personne ne prêtant attention à sa remarque, il laisse échapper une moue de déception*).
Paul : - En fait, il s'essaye un peu à tout, après la poésie, les nouvelles, la chanson, je n'ose dire, vu le niveau, le roman, et monsieur nous annonce ses ambitions théâtrales ! Il est plus à plaindre qu'à moquer ! Ça doit être terrible, d'être nul en tout !
Martine : - Tu devrais être critique littéraire !
Paul : - Je l'ai été... Dans ma jeunesse... Après avoir arrêté l'enseignement. Mais j'en ai eu vite marre d'écrire de bons articles sur de mauvais livres.
Christophe : - Comme Martine avec l'autre, tu espérais le renvoi d'ascenseur !
Martine : - C'est notre maladie ça, on rêve !
Christophe : - Moi j'ai compris depuis longtemps : j'ai aussi aidé les copains mais à chaque fois je passais pour

un con. C'est triste mais c'est chacun pour soi dans ce milieu ! On est des loups !

Martine : - On le sait Christophe, que tu as pompé trois sites internet pour écrire ton dernier livre et maintenant tu passes pour un spécialiste du loup ! Encore un effort et tu seras invité à la télé ! Prépare ton déguisement !

Christophe : - Je ne dirai plus rien. À chaque fois que je lâche une confidence, ça me retombe sur le coin de la gueule ! Mais merde, au prix où je suis payé, je ne vais quand même pas partir quinze jours en Autriche observer des loups ! Et puis merde ! Tout le monde fait comme ça dans le livre documentaire ! Surtout pour enfants ! Y'a pas que l'autre cinglé qui sache utiliser internet !

Martine : - Reverse-lui un verre, sinon il risque de se métamorphoser en loup (*Paul ressert un apéritif, ils trinquent*).

Paul : - Ça ne vous intéresse pas, alors, pourquoi il est passé de Petit à Ternoise, notre futur partenaire de belote.

Martine, *en souriant* : - Si si, naturellement, c'est passionnant d'avance, dépêche-toi avant qu'il n'arrive, c'est une information essentielle.

Paul : - Ah ! Martine ! Est-ce que moi je lui en veux de son acrostiche disons déplacé ?

Martine : - Il s'est même essayé aux acrostiches ! Mais toi... dès qu'un mec est plus jeune que toi, tu t'enflammes.

Paul : - Je m'enflamme, je m'enflamme... Nettement moins qu'avant... Même pour ça je vieillis...

Christophe : - Tout plutôt que la vieillesse ! Allez, parle-nous du pseudo... Le pseudo, le pseudo (*se met à chantonner*), le pseudo, le pseudo... (*accompagné par Martine au troisième*)

Paul : - Puisqu'à l'unanimité... Mais promettez-moi de ne pas lui rapporter que je vous ai raconté sans exposer ses

arguments alors déclamés comme les émanations d'un maître incontesté.

Martine : - Tu nous connais.

Christophe : - Allez, de toute manière, il ne doit pas avoir d'illusion sur notre estime, même littéraire.

Paul : - Détrompe-toi ! Je suis certain qu'il est persuadé d'être le meilleur d'entre nous et qu'on le considère même ainsi.

Martine : - Ça me rappelle quelqu'un, « le meilleur d'entre nous. »

Paul : - Mais qu'est-ce qu'il devient ce... Ah !... Il a été notre Premier ministre et je ne me souviens même plus de son nom... Comme quoi il m'a nettement moins marqué que ce cher et si romantique Charlus...

Martine : - Alain. Alain Juppé.

Christophe, *chantonne* : - Le million. Le pseudo, le pseudo...

Paul : - Donc ? Selon notre brave collègue, la lettre P étant déjà occupée par PROUST, il lui fallait une lettre où il pourrait trôner pour des siècles et des siècles.

Martine : - C'était une boutade, quand même ! Faut être réaliste parfois !

Paul : - Tu sais, il a nettement plus d'orgueil que d'humour, ce petit.

Christophe : - À la lettre T, il doit bien y en avoir tout un wagon qui passe devant lui.

Martine : - Tu veux dire que même le train, et son Tchou Tchou, s'inscrit plus dans la littérature que lui.

Paul, *en riant* : - Oh Martine ! Tchou Tchou ! Tu devrais écrire du théâtre !

Martine : - Mais j'en ai écrit. Trois pièces même.

Paul : - Ah ! (*il joue l'intéressé*) Et elles ont été représentées ?

Martine : - Pas encore. J'espère bien quand même, qu'un jour. J'avais un contact au Québec…
Christophe : - Mais il a pris froid !
Paul : - Moi j'en écris plus, j'ai peut-être tort, puisque ma pièce diffusée sur *France-Culture* avait eu d'excellentes critiques. Mais on ne me demande plus rien… Sinon j'ai bien quelques idées…
Martine : - J'aurais bien aimé avoir ton avis de professionnel sur mon théâtre.
Paul : - Il faut le publier ton théâtre… Ou la prochaine fois, apporte-moi une copie de tes manuscrits, dédicacée « à Paul avec mon admiration. »
Martine : - *La tentation de Ouaga*… Le modeste et néanmoins peut-être génial livre que je t'ai échangé l'année dernière contre ton roman, c'était ma troisième pièce…
Paul, *gêné* : - Martine… (*on sent qu'il réfléchit*) Il faut que je t'avoue. J'avais un copain, un petit jeune, un apprenti maçon avec des muscles, mignon mais mignon, je te dis pas… Je ne t'en ai jamais parlé, je n'ai pas vraiment eu le temps il faut dire, il passait pourtant souvent. Le soir même du salon du livre de notre échange, je m'en souviens comme si c'était hier, le ciel était d'un bleu à réveiller les tulipes ; il a ouvert ton livre, il devait sentir le génie.
Martine, *en souriant* : - Le génie se sentait dans la pièce… Tu veux dire.
Paul : - Je me souviens très bien, il m'a murmuré, enfin pas vraiment murmuré, il était plutôt viril, en tout, ah !, je revois encore sa petite frimousse, son petit sourire coquin quand il m'a aboyé, presque déclamé « *Mais ça a l'air super, vraiment super. Ah ouais ! Je peux te l'emprunter ?* » Naturellement, tu me connais, je ne pouvais pas réfréner sa soif de connaissances. Il m'avait

promis de me le ramener la semaine suivante, parce que moi aussi j'étais impatient de te lire, et le petit scélérat, il ne me l'a jamais rendu.

Martine : - Selon toi, j'ai donc de l'avenir dans le théâtre ouvrier.

Paul : - Au fait, tu as apprécié mes... Nouvelles ?

Martine, *sourit, un peu gênée à son tour* : - Si je te jure qu'une copine me les a empruntées à long terme, connaissant ma vie sexuelle, tu ne me croiras sûrement pas...

Christophe : - Jure sur la tête de l'autre !

Martine : - Mais c'est terrible, je n'ai plus le temps de lire, j'écris durant les congés, et le reste du temps, quand je rentre le soir, je suis crevée, alors je me dis, vivement vendredi, et le vendredi, ah ! Enfin le week-end, mais il me faut maintenant tout un week-end pour récupérer... Je crois que je vieillis aussi...

Christophe : - Tu ne vas pas t'y mettre aussi.

Paul : - Je te l'ai toujours conseillé, tu aurais dû faire comme moi. Enseigner, ça te bouffe la vie. Je ne regrette nullement mes sept années d'enseignement mais c'était amplement suffisant.

Martine : - Déjà que je n'arrive pas à vivre avec un salaire, alors, le Rmi...

Paul : - Je suis certain, même financièrement, je m'en sortirais pas mieux avec un salaire. Tu vois, le Rmi, ça laisse vachement de temps. Et puis de temps en temps, j'anime un atelier d'écriture.

Christophe : - Avec tes acrostiches en plus, tu dois être le plus riche d'entre nous.

Martine : - Mais je n'ai aucun talent pour les acrostiches.

Paul : - Oh, ne te moque pas de moi, ça me prend dix minutes et ça me rapporte un deuxième Rmi par mois.

Christophe : - T'es donc payé 24 mois ! Plus les ateliers d'écriture, 36 !
Martine : - Et comme tu as toujours, je suppose, ton copain de la direction des impôts, tu es tranquille.
Paul : - Parfois il faut payer de sa personne... Mais ce n'est pas désagréable. Ah ! Ce brave Claudio... Il n'est plus tout jeune, et il perd parfois son temps avec des midinettes... Mais il a un p'tit quelque chose.
Martine : - Je crois deviner où.
Christophe : - Tu vas te mettre à l'autofiction ?
Martine : - L'autofiction pour moi, depuis quelques années, ce serait plutôt du genre *les pensées* de Pascal, rester dans une chambre et méditer sur le sexe des anges.
Christophe : - Et regarder la télé !
Martine : - Non, Christophe ! Pour ma légende, il faut marteler, marteler « méditer. » On ne sait jamais, Paul écrira peut-être bientôt ma biographie... Oh oh, Paul, tu es encore avec nous ? *(depuis qu'il ne participe plus à la conversation, il semble dans... des pensées)*
Paul : - Je vais vous laisser causer télé *(il se lève)*. Sur ce sujet, je ne suis plus à la page.
Martine : - Fais comme chez toi, Paul...

Paul sort (porte cuisine / toilettes).

Christophe : - Tu savais qu'une de ses pièces avait été diffusée sur *France-Culture* ?
Martine, *en souriant* : - Entre 3 heures 30 et 5 heures... du matin ! Il devait être le seul à écouter ! Avec ses droits d'auteur, il ne doit même pas avoir pu acheter une ramette de papier pour imprimer ses acrostiches.
Christophe : - Je n'ai jamais osé lui balancer, je ne sais pas comment il réagirait, mais il devrait quand même se rendre compte, ça ne fait pas sérieux ses acrostiches, il ne retrouvera jamais d'éditeur avec une telle réputation.

Martine : - C'est ce qu'on appelle un euphémisme... Surtout vu le niveau. *(en souriant :)* « *Sa main évoque le velours...* »
Christophe : - Tu connais par cœur.
Martine : - Encore un salon où il y avait un monde fou, alors plutôt qu'être bassinée par Nestor, j'ai feuilleté... Je n'ai pas pu tenir plus d'un quart d'heure.
Christophe : - Au moins Nestor, ses histoires sont drôles.
Martine : - Mais quand tu les entends pour la quinzième fois, et qu'à chaque fois il a un rôle de plus en plus avantageux... Un jour il va en arriver à prétendre qu'il a écrit toutes les chansons de Georges Brassens.
Christophe : - Tu crois qu'il a vraiment connu Brassens ?
Martine : - Il baratine tellement, on ne peut plus être certain de rien... En tout cas son inspecteur des impôts, à Paul, ça... Ça lui prend du temps.
Christophe : - Tu crois que... Non ? Quand même pas... Il n'est pas à ce point-là !?
Martine : - Fais le test : parle d'une plage où tu as croisé trois jeunes mecs en bronzage intégral, et commence à les décrire.
Christophe : - Mais les mecs, ça ne m'intéresse pas, moi j'aime les femmes de vingt-cinq-trente ans qui viennent d'avoir un enfant. Tu vois, le matin, je me promène toujours à l'heure de l'école maternelle, tu les vois ressortir avec une petite inquiétude sur le visage mais un tel sentiment d'épanouissement.
Martine : - Soit tu es un poète qui s'ignore, soit un déprimé qui rêve encore.
Christophe : - Comme j'ai déjà essayé la poésie et
    Sonnerie.
Christophe : - Ça doit être l'autre cinglé... Moi je ne vais pas ouvrir...

Deuxième sonnerie.

Martine, *en souriant :* - Pourquoi aller ouvrir alors que personne n'a sonné !

Ils rient.

Martine : - J'espère qu'il pleut !
Christophe : - Qu'il tombe des grêles !

Troisième sonnerie. Ils rient de plus belle.

Christophe : - Si j'étais méchant, je souhaiterais un orage et que la foudre nous en débarrasse... Mais il ne faut jamais souhaiter la mort des gens...
Martine : - Il se réincarnerait peut-être en écrivain.
Christophe : - En simple stylo bic. Au moins il serait utile.

Quatrième sonnerie.

Paul, *arrive en courant, lance :* - Vous exagérez, que va penser Stéphane ?

Paul ouvre.

Paul : - Entrez, entrez, chers collègues.

Entrent Stéphane (avec un sac de sport) et Nestor.

Stéphane : - J'ai croisé Nestor, alors je l'ai emmené... Je crois qu'il cherchait la rue des filles faciles.
Nestor : - Y'a bien longtemps que je m'y perds plus... J'ai mon portable... (*il sort son portable*)
Paul : - Excusez-moi, j'étais à la cuisine, je préparais les plats pour l'omelette et je crois que Martine et Christophe devaient se bécoter en douce ou qu'ils n'ont pas osé aller ouvrir.

Martine : - On ne sait pas qui peut sonner chez toi à une heure pareille.
Nestor : - Tiens ! D'ailleurs j'ai un sms...
Paul : - Rassure-toi, j'ai prévenu tout le monde que ce soir je recevais un autre milieu...
Stéphane : - Ça nous aurait fait une bonne étude sociologique.
Nestor : - Oh, elle avait qu'à être là quand je suis passé... (*personne ne l'écoutant, plus fort* :) Les femmes il faut les laisser envoyer des sms et leur offrir des fleurs quand on en a besoin.
Paul : - Nestor, alors, ton prochain livre, ce sera le dictionnaire de tes conquêtes ?
Nestor : - Mon prochain livre... J'ai plus votre âge, les amis... Oui, j'aimerais bien encore en écrire quelques-uns mais bon...
Christophe : - Ne nous casse pas le moral Nestor.
Paul : - Je crois que Christophe nous fait une petite déprime, il vaut mieux éviter de parler d'âge aujourd'hui.
Stéphane : - Pourquoi tu déprimes alors que tu as signé pour trois livres.
Christophe : - J'ai signé. Oui, j'ai signé. Mais c'est déprimant. 1% des ventes, tu te rends compte ! Toucher un pour cent du prix de vente hors taxe, c'est scandaleux. Des rapaces !
Paul : - Mais tu vas être distribué en grandes surfaces !
Christophe : - J'ai l'impression qu'ils se foutent de ma gueule.
Martine : - Tu aurais dû répondre, « de ta face ! » (*personne ne semble comprendre sa réponse*) Alors ce soir, on va refaire le monde de l'édition, on va tout changer, on va s'attribuer les prix Goncourt, Renaudot, Femina, vous permettez, le Femina, je le garde, on va se

partager les passages télé, et même les bourses du Conseil Régional...
Paul : - Tu vas bien Stéphane ?
Stéphane : - Ne pose pas des questions dont tu connais la réponse.
Paul : - Je ne sais pas si tu vas bien.
Stéphane : - Mais tu sais bien que je vais te répondre une banalité. Tu n'as quand même pas oublié qu'il y a deux heures nous étions des voisins qui, faute d'un possible lectorat, échangeaient leur point de vue sur les avantages et inconvénients de leurs choix d'édition.
Paul : - Mais depuis je t'ai vu partir en galante compagnie...
Stéphane : - Elle voudrait être chanteuse.
Paul : - Il paraît que les chanteuses sont très... Coquines...
Stéphane : - Et les chanteurs crétins, les écrivains fauchés, les bureaucrates... On ne va quand même pas perdre la soirée à débiter des lieux communs.
Paul : - Bon, donc ça ne s'est pas très bien passé.
Stéphane : - Elle voulait que je voie ses parents.
Paul : - Et ?
Stéphane : - Et c'était vrai, quand on est arrivé chez elle, ses parents étaient là !
Martine : - Et toi tu espérais !
Stéphane : - Sinon il suffisait d'échanger notre adresse e-mail.
Paul : - Donc tu es de mauvaise humeur.
Stéphane : - J'ai vieilli depuis le temps qu'on se connaît. Ce genre d'aléas ne peut plus grand-chose contre moi.
Paul : - Mais tu es quand même déçu.
Stéphane : - Maudites pulsions des glandes endocrines !

Parfois elles font oublier le choix de l'intégrité, d'attendre la vraie rencontre dans la douce solitude.
Paul : - Sois de ton temps ! Profite ! Il faut vivre !
Stéphane : - Tu ne vivras jamais ainsi en sérénitanie !
Martine : - C'est quoi de ton truc ?
Stéphane : - Le pays de la sérénité.
Martine : - Le Ternoise nouveau est arrivé, arôme mystique.
Paul : - On papote on papote, assieds-toi Nestor (*il lui tend une chaise*), tiens Stéphane (*il lui en tend une autre*), prends une chaise chaude...
Stéphane : - Une chaise chaude ?
Paul : - Oui, la mienne. Celle où j'étais avant de vaquer à la cuisine, d'ailleurs il faut que j'y retourne. *(Martine sourit en regardant Christophe)* Pose tes fesses là où étaient les miennes voici quelques minutes... Tu ne trouves pas que tu vas vivre un moment exquis ?
Martine : - On ne le changera pas ce Paul, dès qu'il voit un mec plus jeune que lui, il frétille.
Christophe : - Pourtant ça rime avec fille...
Stéphane : - Et vous croyez ainsi obtenir trois lignes dans ma biographie.
Martine : - Tu vas écrire ta biographie !
Stéphane : - Quand j'aurai l'âge de Nestor.
Nestor : - Bien, commence un peu plus tôt mon ami, parce que je suis en route, et j'espère bien la terminer avant qu'il m'abandonne (*il place sa main droite sur son cœur*).
Stéphane : - Si tu ne forces pas trop sur le Viagra, y'a pas de raison qu'il déraille, défaille, se défile dirait Christophe.
Martine : - Oh ! La plus belle phrase de ton œuvre !

Nestor : - Et comment je pourrais vivre, moi, sans Viagra ? Tu verras quand tu auras 90 ans.
Stéphane : - Arrête de te vieillir.
Nestor : - Quand j'avais 50 ans, j'annonçais 40, à 60 personne ne mettait en doute mes 50 affirmés droit dans les yeux mais depuis 70 je me vieillis de 5 ans chaque année.
Stéphane : - Un jour tu vas prétendre avoir connu Napoléon.
Christophe : - Napoléon enfant.
Nestor : - Je suis plutôt du genre à avoir dépucelé Marie-Antoinette.
Martine : - Nestor !
Paul : - Bon, je verse l'apéro et j'y vais, sinon on ne la mangera jamais cette omelette.

Paul va dans la cuisine.
Durant l'absence de Paul :

Christophe : - C'est vrai qu'il fait soif... On n'avait pas osé commencer...
Paul, *en rentrant*: - Si Stéphane te croit, c'est que sa chanteuse le perturbe vraiment.

Paul pose deux verres. et verse l'apéro à Stéphane et Nestor. Il remplit les autres.
A l'initiative de Paul, qui s'est assis, ils trinquent.

Paul : - À nos ventes !
Martine : - Tu n'aurais pas un sujet plus réjouissant ?
Stéphane : - Aux arbres épargnés par nos tirages.
Nestor : - À votre jeunesse !
Christophe : - À tes souvenirs !
Nestor : - Oh ! Là, je vous souhaite tous d'en avoir d'aussi beaux à mon âge ! On pourrait trinquer toute la nuit !

Martine : - On a dit qu'on se couchait tôt. Parce que demain il faut piquer le fric aux bourgeois de Figeac.
Paul : - Je ne te savais pas aussi intéressée.
Martine : - Je n'ai pas les moyens de perdre de l'argent avec mes livres, moi. Je ne demande pas d'en gagner, tu sais, mais au moins de rentrer dans mes frais.
Nestor : - Moi je peux publier dix livres sans en vendre un seul ! La vente du restaurant a fait de moi un capitaliste ! Mais je préfère les vendre, mes bouquins ! C'est toujours un plaisir de recevoir un chèque ou un billet. Et avec l'argent, je me paye toutes les femmes que je veux.
Christophe : - Tu es tellement connu que les femmes doivent être à tes pieds.
Nestor : - On voit que tu es bien informé ! Ça arrive, je n'ai pas à me plaindre mais offrir quelques billets, ça entretient l'amitié.
Martine : - On n'est plus en 1800 !
Nestor : - Heureusement, je vais te dire ! En 1800 un communiste capitaliste, c'aurait été impossible ! Guillotine !
Martine : - Si on part sur la politique, y'a des œufs qui risquent de voler !
Nestor : - J'ai toujours été communiste ! Et je le resterai ! Vous verrez le jour où la Chine fera comme moi, le jour où ils comprendront qu'on peut être communiste et capitaliste !
Paul, *se lève :* - Omelette !
Martine : - Je crois que je suis la seule qui osera t'accompagner dans la cuisine... (*en souriant* :) C'est bien dans la cuisine qu'on la prépare...
Paul : - Qu'est-ce que tu imagines encore Martine ?...
Martine : - Allons casser des œufs...
Stéphane : - J'allais oublier !... (*Stéphane se lève et va*

près de la porte où il avait posé son sac, il l'ouvre, en sort une boîte en carton, il la tend à Paul)
Paul : - Comme tu n'en parlais plus, je pensais que tu les avais offerts aux parents de ta chanteuse.
Christophe : - C'est vrai que tu as des poules.
Stéphane : - Comme l'a écrit Stendhal : « *L'homme d'esprit doit s'appliquer à acquérir ce qui lui est strictement nécessaire pour ne dépendre de personne.* » Le nécessaire passant par le manger il vaut mieux élever ses bêtes.
Christophe : - Moi j'ai une femme… y'a pas besoin de changer sa paille.
Martine, *à Paul :* - Pourquoi n'as-tu pas de poules ?
Paul : - J'ai essayé les poulets mais je n'ai jamais eu un seul œuf.

Paul et Martine vont dans la cuisine.

Christophe : - Alors Nestor, tu as encore été celui qui a vendu le plus aujourd'hui !
Nestor : - Je crois que les gens se disent « le vieux va bientôt casser sa pipe, alors faut qu'on ait au moins un de ses livres dédicacé »… Et puis je vais te dire… je vendrais n'importe quoi aux gens… j'ai un de ces baratins quand je m'y mets.
Christophe, *plus bas* : - Tu vendrais quand même pas un livre de Martine !
Nestor, *idem* : - Sois pas vache avec elle… elle est encore jeune, peut-être qu'un jour elle écrira des livres intéressants… Il faut du temps… Si elle arrête de confondre roman et rédaction pour les sixièmes B. Mon premier livre ne se vendait pas aussi bien que les suivants…
Christophe : - Ne joue pas les modestes. Depuis que je te connais, je te vois dédicacer dédicacer…

Nestor : - Je sais m'y prendre quoi ! À chaque livre tous les copains me font un bon article dans leur journal... ça compte aussi ça... Et les politiques, ceux qui sont au pouvoir, je les ai connus gamins, ils venaient manger au restaurant. Tout ça, ça crée des liens. C'était la belle époque le restaurant ! Ah ! Le droit de cuissage !
Christophe : - Dis pas ça devant Martine !
Nestor : - Elle aurait fait comme les autres, à cette époque-là ! Tout se tient dans la vie. Parfois il faut concilier l'agréable et le rentable : encore aujourd'hui, vaut mieux coucher avec la femme qui va te faire vendre deux cents bouquins plutôt qu'avec celle qui n'a pas de relations.

Martine revient avec cinq assiettes.

Nestor : - Non, ma Martine adorée, pas pour moi, tu sais bien que monsieur le maire m'offre le repas... (*il regarde sa montre*) D'ailleurs je ne vais plus tarder...
Stéphane : - Et nous on squatte !

Martine pose les assiettes, boit une gorgée et retourne dans la cuisine.

Christophe : - À part des poules, t'as quoi comme bêtes ?
Stéphane : - Deux dindes, un dindon, deux oies, trois canards, des pigeons, des cailles.
Christophe : - Tes bouquins, internet et tes bêtes, tu t'en sors alors ?
Stéphane : - Tant qu'ils ne m'auront pas viré du Rmi, j'essayerai de le garder.
Christophe : - Oh, ils ne virent pas du Rmi.
Stéphane : - Là ça devient limite, ils m'ont encore baissé... Il faut dire que je ne vais plus à leurs convocations, je leur réponds en recommandé : « Messieurs les censeurs, vous n'avez aucune légitimité artistique pour juger de ma démarche littéraire. »

Christophe : - Et tu feras quoi, si tu n'as plus le Rmi ? Tu n'auras plus de couverture sociale non plus...

Stéphane : - Internet prendra le relais. Et ne perdons pas notre temps avec des problèmes possibles. Chaque jour est une équation à résoudre où ni le passé ni le futur n'ont leur place.

Christophe : - Comme Paul n'est pas là, on peut parler d'auto-édition... Tu crois que l'auto-édition, dans le livre jeunesse, ça pourrait fonctionner ?

Stéphane : - Tes livres sont bien distribués... Mais le plus souvent ton nom ne figure même pas sur la couverture... Donc tu ne peux pas compter sur ta notoriété.

Christophe : - Je suis à moral zéro... Là tu m'enfonces encore un peu plus la tête sous l'eau...

Stéphane : - Pour répondre correctement à une question, mieux vaut ne pas se bercer d'illusions, (*plus bas, en souriant* :) si tu veux des louanges, déshabille-toi devant Paul !

Nestor : - S'il présentait le 20 heures, je ne dis pas non ! Mais là, le jeu n'en vaut pas la chandelle (*personne ne l'écoute*).

Christophe : - C'est vrai qu'au niveau notoriété c'est néant, partout je dois préciser « j'ai publié vingt livres. » Quand j'ajoute le nom des éditeurs, là les gens me regardent autrement... (*plus bas*) Mes éditeurs n'ont pas fait faillite, moi. Et pourtant le CRL ne m'a toujours pas accordé de bourse. Vous trouvez ça juste, vous ?

Stéphane : - Dans le livre jeunesse, c'est encore pire que le roman, les réseaux de distribution sont complètement verrouillés.

Christophe : - Mes meilleures ventes se font en grandes surfaces... Je suis même certain que les ventes sont plus importantes que celles notées sur mes relevés.

Stéphane : - Mais si tu envoies un huissier pour vérifier

leur comptabilité, là tu es certain d'être grillé chez tous les éditeurs.

Christophe : - C'est une vraie mafia. Tu vois, malgré vingt livres publiés, j'ai l'impression d'être un petit enfant qui doit remercier quand on lui signe un contrat. Pour le 1%, j'ai répondu « mais chez *Milan* j'étais à 3. » Elle s'est pas gênée, la blondasse platine, de me balancer : « *vous savez bien que si vous ne signez pas, un autre auteur sera enchanté de signer.* »

Nestor : - Une mafia, tu l'as dit. Un pour cent à l'auteur, un pour cent à l'illustrateur, ils doivent considérer que donner deux pour cent c'est encore trop. J'ai compris à mon premier livre, vous savez que j'avais un éditeur. Ils m'ont fait une pub dingue c'est vrai mais au moment de payer, y'a fallu que je fasse intervenir un bon copain pour que l'éditeur mette l'argent sur la table.

Stéphane : - C'était mafia contre mafia !

Nestor : - Si je raconte tout dans ma biographie, vous en découvrirez de belles mes amis.

On entend Paul de la cuisine, ce qui interrompt la conversation :

Paul : - Aïe... Oh Charlus ! Oh ça fait mal... de la glace, vite de la glace... dans le haut du frigo... Aïe... Que ça fait mal...

Christophe : - Un drame de l'écriture...

Stéphane : - Il va demander un arrêt de travail.

Christophe : - On ne peut pas le soupçonner de s'être brûlé pour attendrir Martine, qu'elle lui applique tendrement des compresses.

Stéphane : - Ça change, parfois, un homme !

Christophe : - Y'a des cas désespérés...

Nestor : - Y'a des techniques plus rapides et moins

douloureuses. Si vous voulez, je vous en raconterai quelques-unes.

Stéphane : - Ou alors il ne s'est pas brûlé… Il a réalisé une expérience avec un œuf !

Christophe : - Et l'œuf a explosé au mauvais moment ! Tu prépares un livre X qui se déroulera dans ta petite ferme ?

Nestor : - C'est vrai que le coq avec les poules, il ne perd pas son temps à répondre à des sms, à écouter leurs petits malheurs ! La civilisation n'a pas apporté que des bonnes choses… C'était quand même le bon temps, le restaurant !

Paul arrive en secouant la main gauche dont le dessus est recouvert d'un sparadrap. Martine suit avec la poêle dans la main droite, la casserole de pâtes dans la gauche.

Paul : - C'est affreux, quelle douleur.

Stéphane : - La douleur est une invention du corps pour se protéger des agressions extérieures. Remercie plutôt ton organisme !

Martine pose l'ensemble sur la table.

Paul : - Parfois, tu dis vraiment n'importe quoi, quand même !

Stéphane : - Ta main vient de te signaler qu'il ne faut pas la détruire. Si tu as retenu la leçon, remercie ta douleur et fredonne-lui « bonne nuit la douleur »… Il te suffit de te convaincre en répétant « ça ne fait pas mal. »

Martine reprend la poêle.

Martine, *à Stéphane* : - Tu veux que je te la colle pour tester ta théorie ?

Paul : - Tu veux la voir ma cloque ?

Martine : - Là, fais attention à ta réponse, il ne parle peut-être pas de sa main gauche.

Christophe : - On a évité un drame, si c'avait été la droite, demain tu ne pouvais plus dédicacer...
Paul : - Je suis gaucher.
Christophe : - Donc c'est un drame.
Stéphane : - Il faut prévenir *la Dépêche du Midi*...
Paul, *en s'asseyant* : - Allez, servez-vous... J'ai connu pire !... Mais en ce temps-là c'était volontaire !
Martine : - L'autofiction masochiste selon Saint Paul.
Christophe : - J'hésite... J'ai jamais vu une omelette aussi jaune.
Nestor : - Au restaurant, on avait un chef extra. Il utilisait de ces colorants, certains étaient même interdits ! Les plus beaux plats de la région qu'on avait !
Christophe : - Vous avez ajouté du maïs ?... Vous savez bien que je suis allergique au maïs...
Stéphane : - Tu les trouves où tes œufs ?
Christophe : - Comme tout le monde, au supermarché.
Stéphane : - Et elles mangent quoi les poules qui pondent dans tes barquettes ?
Christophe : - Elevées en plein air.
Stéphane : - En plus d'être élevées en plein air, elles choisissent leur herbe, retournent le sol pour y trouver de bons petits vers de terre, attrapent des criquets, des escargots.
Christophe : - Ah ! Des criquets, des escargots ! Ce n'est pas naturel ! Tu crois que c'est bon pour les poules ?
Stéphane : - Goûte ! Je te croyais spécialiste de la nature ! La nature vue des villes ! Les poules n'ont pas attendu les nutritionnistes des multinationales pour exister. Tu vas voir la différence.
Paul : - Tu es sûr, Nestor, que tu ne veux pas au moins la goûter, l'omelette aux œufs de Stéphane.
Nestor : - Ce serait avec plaisir. Mais je ne peux quand

même pas arriver le ventre plein à la réception de monsieur le maire *(il regarde sa montre)*. D'ailleurs je vais vous laisser.
Martine : - Tu vas quand même prendre un verre de vin avec nous ! Et le vin ?... *(tous sourient)* Quoi, j'ai l'air de réclamer ?... Mais non Paul !... Comme tu nous invitais j'ai amené une bouteille.

Elle se penche, ouvre son sac, et en sort une bouteille.

Martine : - Bon, c'est du Cahors... mais on n'a pas encore vendu 200 000 exemplaires...
Christophe : - Avec les traductions, je dois y être... Mais je crois que j'aurais touché plus d'argent si j'avais vendu mille exemplaires d'un livre auto-édité.
Martine : - Ah ! Vendre mille bouquins en auto-édition... on en rêve tous !... Alors malgré tes 200 000 exemplaires tu n'as pas les moyens de nous offrir une bouteille ?...
Christophe : - J'attendais que la tienne soit vide pour proclamer « j'ai gardé la meilleure pour la fin » mais bon... *(il se baisse et sort de son sac une bouteille)* C'est du Buzet ! C'est quand même meilleur que du Cahors...
Martine : - On verra, on verra, ne vendons pas la peau du Cahors avant de l'avoir bu.

Elle se penche et sort de son sac une autre bouteille.

Martine : - Cahors 2 Buzet 1. Et c'est Cahors qui nous saoule le plus !
Christophe : - Là, Stéphane, avec tes trois œufs tu passes pour un radin !
Stéphane : - Bon, alors je dois la sortir avant l'heure prévue...

Stéphane se lève, va ouvrir son sac, en sort une bouteille.

Paul : - Oh ! En plus des œufs, du champagne, je suis touché.

Stéphane : - Ce n'est pas tout à fait du champagne, mais quand on aura vidé les bouteilles de vin, du bon mousseux ça nous paraîtra sûrement meilleur que du mauvais champagne.

Paul : - Je ne sais pas si tout ça, ça s'accorde avec une omelette et des pâtes… J'avais prévu du rosé… Mais les mélanges, pour des écrivains, c'est toujours souhaitable… Mélangeons, mélangeons-nous !

Christophe : - Bon, je fais le commentaire avant vous : c'est moi qui passe pour un radin avec une misérable bouteille.

Martine : - Mais non, Christophe, on sait bien que ta femme te surveille. Déjà pour sortir une bouteille, tu as dû inventer des stratagèmes pas possibles !

Christophe : - C'est vrai que je suis le seul marié ici !

Nestor : - Mais je suis marié mon ami ! Quarante ans de mariage ! Peut-être même plus !

Christophe : - Faut pas demander si tu n'étais pas marié !

Nestor : - Tu ne crois quand même pas qu'en plus de la voir entre mes quatre murs, je vais la laisser me suivre ! J'ai passé l'âge !

Paul se lève et sort. Christophe et Martine se sourient.

Christophe : - Pourtant je n'ai pas parlé d'éphèbes sur une plage…

Paul revient avec un tire-bouchon. Il ouvre une bouteille de Cahors puis remplit les verres. Ils trinquent.

Paul : - Aux livres et à ceux qui les achèteront.

Christophe : - Pour du Cahors, c'est buvable !

Paul : - Très raffiné, je dirais.

Nestor, *vide son verre d'un trait* ; *en se levant* : - Allez, je vous laisse les amis, ça m'a fait bien plaisir de passer quelques instants avec vous mais je dois maintenant rejoindre monsieur le président du Conseil Régional... Allez, j'essayerai de lui glisser un petit mot en votre faveur pour que l'année prochaine ils vous invitent aussi aux frais de la princesse... Je crois que je vais d'abord faire un saut à l'hôtel... Y'a une petite à l'accueil, je ne vous dis pas !

Christophe : - Nestor ! À ton âge !

Nestor : - Je crois que je vais lui raconter que j'ai racheté l'hôtel, ça marche souvent avec les filles de la réception.

Stéphane : - Nestor, sans vouloir t'offenser, ça se voit que tu n'as plus l'âge de racheter des hôtels. Sauf peut-être au monopoly !

Nestor : - À mon âge ! J'ai un truc auquel aucune femme ne résiste.

Christophe : - On ne demande pas à voir.

Nestor : - Je vais vous le montrer, vous pourrez dire, « j'ai vu le secret de Nestor » *(il met sa main droite dans la poche droite de son pantalon et ressort une liasse de billets).*

Martine : - Ça va sûrement te surprendre, mais y'a des femmes que ça laisse indifférent.

Paul : - Indifférentes, au féminin pluriel, j'aurais dit à ta place.

Nestor : - Tu dis ça parce que t'es entourée d'amis... Allez on en reparlera en tête à tête un de ces jours... *(en avançant vers la porte)* Allez, n'hésitez pas à faire des bêtises, c'est de votre âge. Je vous raconterai combien elle m'a coûté.

Presque en même temps :

Christophe : - Embrasse la dame en blanc de notre part.
Martine : - Bonne nuit Nestor.
Paul : - Merci Nestor, d'avoir honoré cette maison de ton passage.
Nestor : - Et n'oubliez pas qu'il ne faut jamais laisser un fond dans une bouteille, quand on est invité.
Stéphane : - N'oublie pas de prendre des notes pour ta biographie.

Nestor sort.

Martine : - Vieil obsédé va !
Stéphane : - Comme beaucoup il doit en dire plus qu'il en fait... Il arrive un âge où le sexe devient la médaille de ceux qui n'ont pas la légion d'honneur...
Christophe : - Le plus honteux, c'est que ses livres se vendent.
Martine : - Les gens achètent n'importent quoi. Il suffit d'un sourire de Nestor et sa petite phrase sirupeuse « *ça vous replongera dans un monde qui n'existe plus* », et les vieilles cruches achètent.
Christophe : - Les jeunes aussi avec son « *vous l'offrirez à vos parents* » ou « *vous verrez comment ont vécu vos grands-parents.* »
Stéphane : - Ça ne veut pas dire que ses livres sont lus.
Martine : - Mais au moins le fric rentre ! Moi il me faut deux ans pour rentrer dans mon argent. J'ai au moins dix livres en attente.
Paul : - Moi ça me donne un moral d'enfer, de le voir en si bonne forme ! Je ne parle pas de son écriture mais de son entrain. Je me dis que j'ai encore devant moi quelques bonnes décennies.
Martine : - C'est un formidable métier, écrivain : à soixante ans on regarde l'académie française et on se dit qu'on a tout l'avenir devant soi !

Christophe : - Encore faudrait-il en vivre avant cent ans !
Martine : - T'inquiète pas, dans quelques années tu auras la retraite en plus de tes droits d'auteur... (*il reste sceptique*)
Paul : - Mais ils sont délicieux, tes œufs, Stéphane.
Stéphane : - Ils sont si bien mis en valeur par tes pâtes cher Don Paulo.
Paul : - C'est l'un des souvenirs les plus délicieux de ma vie, quand je suis allé animer un atelier d'écriture à Vérone.
Martine : - Et comment tu avais été invité là-bas ?! Tes livres ne sont pas traduits en italien ! Ils ne te connaissent quand même pas ?
Paul : - Mais tu sembles ignorer qu'en certains milieux, je suis très apprécié. Mon ami Carlo d'Egyptair, comme on le surnomme, a su m'introduire.
Martine : - Sans jeu de mot ! L'internationale gays a pris le pouvoir dans la culture !
Christophe : - Un livre acheté, un œuf offert, tu ferais un malheur. Tu en vends des œufs ?
Stéphane : - Quand j'en ai trop, le chien adore ça, et ça lui fait des poils d'un luisant... Mais par chez moi les gens sont civilisés, ils ont leurs bêtes.

Les verres se vident et se remplissent rapidement.

Paul : - Dis, Stéphane, puisqu'on est entre nous... Ton nouveau look, c'est étudié ou c'est juste pour t'amuser, pour embêter les bourgeois de Figeac ?
Stéphane, *après quelques secondes où il cherche les termes exacts et à capter l'attention* : - Nous sommes condamnés à la notoriété !

Tous le regardent, incrédules.

Paul : - Vas-y, fais-nous partager tes découvertes.

Stéphane : - Au-delà des raisons pour lesquelles on écrit, ce qu'on écrit n'a d'intérêt qu'historique. De notre vivant, enfin, au moins durant nos premières décennies d'écriture, ce qui primera ce sera le médiatique.
Paul : - Tu veux dire qu'on est obligé d'être connu pour être lu ?
Stéphane : - Pas forcément connu, être inconnu est parfait... *(en souriant)* à condition que tout le monde le sache.
Martine : - Là tu joues sur les mots, être inconnu à condition que tout le monde le sache, ça veut dire être connu.
Stéphane : - Mais non, Martine ! Tout le monde peut penser : lui, c'est un écrivain quasi inconnu, et ce n'est pas parce que tout le monde pensera « lui, c'est un écrivain quasi inconnu » que je serai un écrivain connu !
Paul : - Mais si tout le monde dit quelque chose...
Stéphane : - Mais tout le monde pense alors que son voisin ne me connaît pas ! Il se dit, « tiens, cet écrivain, ça a l'air d'être un type intéressant. »
Martine : - Et il achète ton bouquin ?
Stéphane : - Rarement. Achète un bouquin celui qui pense « je vais sûrement découvrir quelqu'un d'original »... Mais les badauds régleront l'affaire avec un « ça sert à rien que je le lise, je pourrai en parler à personne. »
Martine : - Ils pourraient en parler pour faire découvrir.
Stéphane : - Déformation professionnelle, tu rêves ! S'ils en parlent c'est pour frimer. Je commente toujours la majorité... Heureusement, il y'a des exceptions...
Paul : - Et tu en croises beaucoup des exceptions ?
Stéphane : - Ne pose pas des questions dont tu connais la réponse ! On ne vit pas sur le dos des exceptions... Tu crois que je serais à Figeac pour vendre trois bouquins si

je pouvais en vendre cinquante dans un vrai salon du livre ?

Paul : - Là tu vas nous casser le moral !

Stéphane : - Quoi ? Ne m'attribue pas plus de pouvoir que j'en ai ! Lundi, qu'est-ce qu'on va répondre au premier pecnot qui osera demander « alors, ça c'est bien passé ton week-end ? »

Paul : - Tu me poses la question ?

Stéphane, *en souriant* : - Les gens achètent de moins en moins de livres, mais je n'ai pas à me plaindre quand même… Et tu ajouteras « mes acrostiches sont partis comme des petits pains, c'est mieux que rien, ça me permet d'être tranquille quelques semaines. »

Paul : - Là tu te moques.

Stéphane : - Je me moque de toi, de moi, de nous… Mais au moins je ne serai pas dupe de leurs manigances, je n'irai pas manger avec monsieur le président du Conseil Régional, avec les magouilleurs du livre qui se donnent une image de ville culturelle en nous invitant sur un strapontin de leur salon, parce qu'on est des « écrivains régionaux », que notre nom, notre photo paraissent dans quelques torchons.

Paul : - Finalement, tu devrais écrire un essai.

Stéphane : - Mais là, il faudrait être vraiment connu !

Paul : - Et sur internet ?

Stéphane : - Si un visiteur des sites sur mille achetait un livre, je deviendrais imposable !… Mais il faut être logique, vendre des livres n'est pas le but.

Christophe : - Alors je ne vois pas l'intérêt d'avoir des sites.

Stéphane : - Le livre papier va disparaître.

Martine : - Là tu veux vraiment nous casser le moral.

Stéphane : - Mais non, c'est une suite logique. D'abord la pensée s'est transmise de bouches à oreilles, n'a compté que sur la mémoire. Puis elle fut gravée, dans la Patricia, sur des os humains, peinte sur les parois de grottes. L'invention de la représentation et de l'écriture a été une révolution plus importante que le passage au numérique. J'imagine les Paul d'alors : si on écrit la pensée, plus personne n'écoutera, plus personne n'apprendra.

Paul : - Pourquoi m'attribues-tu le rôle du conservateur opposé à tout progrès ? La disparition du livre, ce n'est pas un progrès.

Stéphane : - Mais c'est bien toi qui veux garder sur un piédestal les éditeurs, qui regardes de haut l'auto-édition comme si le travailleur indépendant qu'est l'auteur-éditeur n'avait pas sa place dans la littérature, parce qu'il n'a pas été légitimé par un vénérable éditeur.

Paul : - Tu sais bien que dans l'auto-édition, la majorité des livres ne valent rien, regarde Nestor, Patricia ou Véronique...

Stéphane : - Mais en plus tu assimiles l'auto-édition au compte d'auteur.

Paul : - Là tu ne m'as jamais convaincu.

Stéphane : - Donc pour toi c'est la même chose ! (*léger énervement*) Qu'un auteur refusé par l'ensemble des éditeurs classiques signe, en désespoir de cause, avec un pseudo éditeur qui va lui demander une fortune pour un bouquin en mauvais papier, tu confonds cette arnaque avec le choix de l'auteur qui décide d'être son propre éditeur, d'être travailleur indépendant.

Paul : - Mais tu sais bien que la majorité de ceux qui s'auto-éditent c'est parce qu'ils n'ont pas trouvé d'éditeur comme tu dis classique.

Stéphane : - Ce n'est pas parce qu'une activité est utilisée faute de mieux par des écrivaillons, qu'il faut en conclure que l'activité est méprisable. L'auto-édition est l'avenir de l'édition.

Christophe : - Mais si on en arrive à la disparition du livre, tu parles d'un avenir !

Stéphane : - J'en reviens donc à mon histoire de la conservation de la pensée. Après la Patricia et les os humains ? On a utilisé des matières plus pratiques : le bois puis le papier. Et un jour on a relié le papier sous forme de livre. Le livre a eu quelques siècles de triomphe. C'est inévitablement sa, ou peut-être ses dernières décennies.

Martine : - Finalement, tu devrais devenir enseignant ! Tu devrais me remplacer ! Il faut faire travailler les jeunes.

Stéphane : - Et devant mon tableau noir, je conclurai : dès que le numérique sera plus pratique que le papier, il le supplantera. Des millions d'arbres seront en plus épargnés.

Paul : - Alors il n'y aura plus d'écrivains. Déjà qu'il est difficile de récupérer des droits d'auteur quand les livres sont imprimés ; alors quand les versions numériques seront téléchargées gratuitement, piratées ?...

Stéphane : - C'est bien pour cela que je ne veux surtout pas d'éditeur, que je tiens à mon indépendance. En conservant l'ensemble des droits, je récupère l'ensemble des droits dérivés.

Paul : - Et tu crois en vivre un jour ?

Stéphane : - Le problème majeur de l'indépendance étant l'accès aux points de ventes à des conditions décentes, il est impératif, soit de trouver une solution pour vendre, soit de vivre indépendamment des ventes.

Christophe : - Plutôt jouer au loto !

Stéphane : - Vendre sur internet, c'est vendre sans intermédiaire et l'audience permet d'obtenir des droits dérivés. Je n'en suis encore qu'à la phase une, le développement du concept.

Martine : - Je n'ai rien compris !

Paul : - Je ne comprends pas ta logique d'écriture, de ne pas te fixer dans un genre, de faire ainsi feu de tout bois.

Tes internautes, tu vois je connais le terme exact, tes internautes doivent être comme les organisateurs des salons du livre ! Ils ne doivent pas savoir où te classer.
Stéphane : - Mais je ne suis pas un bibelot dont on recherche l'étagère qui le mettra le plus en évidence.
Paul : - Tu sais bien ce que je veux dire.
Stéphane : - Ecrire, l'essentiel est d'écrire, tu en conviens ?
Paul : - Naturellement, mais si personne ne s'y intéresse…
Stéphane : - Le succès est toujours un malentendu ! Il est donc inutile de courir après ! Quelqu'un tombe sur un texte et la mayonnaise prend, tout s'emballe, c'est rarement le meilleur texte. Quand ça arrive, le plus souvent l'écrivain est déboussolé, paumé. On lui demande de tout ! Eh bien moi, ce jour-là je placerai mes textes, chanson, théâtre, scénarios…
Paul : - Tu ne m'as pas convaincu ! Si je t'ai bien suivi, il suffit d'attendre.
Stéphane : - La patience est notre grande vertu !
Paul : - À ce petit jeu de l'attente, je ne me vois pas attendre encore cinquante ans ! Et en attendant, il faut bien vivre !
Stéphane : - Les droits dérivés, on y revient !
Christophe : - C'est quoi, tes droits dérivés ?
Stéphane : - Les internautes téléchargent gratuitement… et après reçoivent de la pub.
Paul : - Tu deviens comme un coureur automobile, avec des pubs partout.
Stéphane : - Mais pas du tout ! Encore une réduction caricaturale orchestrée par l'industrie du livre pour effrayer leurs petits auteurs. Le versant littéraire et le versant publicitaire sont dissociés. Aucune publicité dans les versions numériques mais les internautes fournissent

leur adresse e-mail et reçoivent d'autres messages, des messages cette fois publicitaires.
Christophe : - Et vous êtes nombreux à faire ça sur internet ?
Stéphane : - Je crois qu'en France je suis le premier.
Paul : - Internet, internet, je suis trop vieux pour m'y mettre comme toi. C'est bien bon pour les sites de drague mais pour la littérature, je suis et je resterai de l'ancienne école.
Christophe : - Faudrait qu'un jour on en parle vraiment d'internet, Stéphane.
Stéphane : - Mais qu'est-ce qu'on vient de faire ?
Christophe : - Oui... Mais devant un écran, que tu me montres comment ça marche. Comment tu peux envoyer un texte, tu es toujours derrière ton écran ?
Stéphane : - Avant d'être un mec bizarre qui promène ses livres, j'ai été un jeune informaticien. Cadre même !
Martine : - Tu dis tout en deux fois. Pour moi l'informatique se résume à une question : tu connais la différence entre Windows et un virus ?

Personne ne répond.

Martine : - Windows c'est payant alors qu'un virus c'est gratuit.
Stéphane : - C'est avec de telles plaisanteries qui veulent des bons mots, qu'on fait peur aux écrivains ! Tant mieux ! Ayez peur, ça me permettra de prendre un train d'avance.
Christophe, *en souriant :* - Tchou Tchou.

Paul et Martine éclatent de rire.
Stéphane a une moue signifiant « ils n'y comprennent vraiment rien. »

Rideau

Acte 2

Stéphane. Puis : Paul.

Nuit. Stéphane allongé dans le canapé (qui ne fait pas lit). Scène légèrement éclairée pour la commodité des spectateurs. Entre Paul, en peignoir, titubant.

Paul : - Je viens prendre un Coca dans le frigo... J'ai la gorge sèche... Il me faut quelque chose de doux... Tu veux que je te serve quelque chose, mon cher Stéph ?... J'ai aussi du Perrier... Ou tu veux quelque chose de plus doux ? (*élocution de type bourré essayant de parler correctement*)

Stéphane fait semblant de dormir.

Stéphane : - I m'a assez barbé au salon, i va pas r'commencer... (*pour le public ; de même très éméché*)
Paul, *très efféminé :* - Tu dors déjà, mon ché... cher Stéph ?

Silence.

Paul : - Si j'osais... Comme écrivain rien... *(Stéphane apprécie)* mais le sentir là à deux mètres... Ah !... Je suis prêt à lui promettre le prix Goncourt... Calme Paul... Tu n'as jamais violé personne... (*en souriant* :) Ou bien j'ai oublié... Ou il sentait pas bon (*référence à Jacques Brel, chez ces gens-là*).

Paul : - Bon je vais déjà aller chercher un Coca... Ça le réveillera peut-être. Il a bien bafouillé « *que ta nuit soit la plus agréable possible* »... Il sait ce qu'agréable signifie...

> *Paul va dans la cuisine, laisse la porte ouverte, fait un maximum de bruit (bouge des chaises, tousse, claque la porte du frigo, pose de la vaisselle...). Il revient.*

Paul : - Excuse-moi, Stéphane, je viens de m'apercevoir que j'ai fait du bruit, j'avais complètement oublié que tu dormais dans le canapé.

Aucune réponse.

Paul : - Stéphane, tu m'excuses de t'avoir réveillé… *(Reprenant son monologue)* Ou alors il attend que je le prenne à l'improviste… Ses derniers mots, c'était bien ça… *(Stéphane effrayé, serre les poings)*… Non, je ne peux pas quand même… S'il se mettait à hurler, il est parfois tellement bizarre… Ça les réveillerait en haut, j'aurais l'air de quoi ?… *(Paul réfléchit)*

Paul fait tomber sa boîte de Coca, qui explose.

Paul : - Oh ! Je suis vraiment maladroit. Un mâle, adroit !

Après son ricanement de type ivre, Paul va à l'interrupteur, allume. Stéphane doit se montrer éveillé…

Paul : - Je suis vraiment maladroit. Et je t'ai réveillé… Oh excuse-moi, Stéphane. Tu dormais déjà comme un ange…
Stéphane, *légèrement dégrisé par la lumière :* - Si tu avais une fille, elle aurait sûrement l'âge de me réveiller. J'ai toujours rêvé d'être réveillé par une princesse.
Paul : - Tu sais, je peux te faire des choses aussi agréables qu'une princesse, j'ai une bouche de velours.
Stéphane : - Quelle horreur !
Paul : - Oh ! Tu n'es quand même pas vieux jeu !
Stéphane : - Je t'ai déjà dit, ça doit être hormonal.
Paul : - Je n'y crois pas… Même moi, j'ai essayé avec une femme… Ce ne fut pas grandiose. Tu ne peux quand même pas toujours parler de choses que tu ne connais pas.
Stéphane : - Mais je n'en parle pas. Le sujet ne m'intéresse pas ! On n'est pas de la même planète.

Paul : - Tout homme est, a été, ou sera. Comme tu n'es pas, comme tu n'as jamais été, il faut que tu sois un jour... Donc attendons deux minutes...
Stéphane : - C'est c'qu'on appelle un sophisme...
Paul, *rire d'ivresse :* - Pourtant parfois ça fonctionne... Et j'ai assisté à des conversions étonnantes... Pour quelqu'un qui se croit totalement hétéro, la première fois est une vraie révélation... Si tu avais entendu Carlo d'Egyptair hurler de plaisir... J'aimerais bien que tu vives cet instant fort avec moi... Ne passe pas à côté de l'essentiel, Stéph.
Stéphane : - Ça c'est de la tentative d'embobinement.
Paul : - Ça me ferait tellement plaisir.
Stéphane : - Tu devrais porter un Coca à Christophe.
Paul : - Oh non, puisque j'ai le choix, au moins que ce soit avec un véritable écrivain et en plus beau mec.
Stéphane : - Mais tu n'as pas le choix !
Paul : - Oh !
Stéphane : - Tu voudrais quand même pas que je te vomisse dessus.
Paul : - Si tu prends ton pied comme ça, fais comme tu veux.
Stéphane : - Ton seul choix, c'est aller rechercher un Coca ou remonter sans avoir bu de Coca.
Paul : - Oh !
Stéphane : - Enfin, tu peux aussi aller chercher une serpillière, tu peux même sortir, tu dois connaître Figeac by night sur le bout... des doigts.
Paul, *très doux :* - Pourquoi te moques-tu de moi, Stéphane ?
Stéphane : - Je constate simplement.

Paul s'assied au bord du canapé, se passe la main droite dans les cheveux, sans regarder Stéphane.

Paul : - Y'a des jours comme ça... Où rien ne va. Ces jours-là, je les reconnais au premier café. Le premier café qui me brûle la langue. Après j'ai renversé de la confiture d'abricot sur ma chemise. Je vais t'épargner la suite. Quand tu as eu ces paroles exquises, quand tu m'as souhaité une nuit la plus agréable possible, j'ai cru que la loi des séries était vaincue (*Stéphane qui soufflait de temps en temps, sourit en balançant négativement la tête*). Je ne me suis quand même pas trompé ? (*il regarde Stéphane*)

Stéphane sourit, balance la tête en signe d'affirmation.

Paul : - Tu crois que j'aurais dû essayer de dormir ? (*ne laisse pas le temps à Stéphane de répondre*) Mais j'aurais jamais réussi à dormir. J'aurais pensé à toi en t'imaginant m'attendre. Et l'attente, c'est ce qu'il y a de plus beau en amour. (*Pause*) T'es d'accord avec moi, sur ça, Stéph ?

Stéphane : - T'es d'accord avec moi, Paul, si je te dis, cerveau fatigué n'a plus d'oreille.

Paul : - Oh, ce n'est pas les oreilles le plus important en amour. On fait juste un p'tit câlin, si tu veux...

Stéphane : - Ça commence à devenir gênant, Paul.

Paul : - Prendre ses rêves pour la réalité, c'est pourtant une idée qui t'est chère.

Stéphane : - Prends tes rêves pour ta réalité, va te masturber en pensant à qui tu veux... Et laisse-moi avec mes rêves.

Paul : - Tu penses à ta chanteuse ?

Stéphane : - Je pense à qui je veux. Mon cœur est déjà pris !

Paul : - Mais je ne vise pas aussi haut.

Stéphane : - Tes citations, tu les gardes pour ceux qui les ignorent. La femme à qui je pense, j'espère qu'elle trouverait de tels propos vulgaires. C'est clair, non ?

Paul : - Bon, ne t'énerve pas, tu me signifies poliment d'aller me faire voir, d'aller noyer mes idées noires à côté d'un placard, en vidant une bouteille de Ricard.
Stéphane : - Tu ne pouvais quand même pas imaginer que parce que j'avais picolé, j'irais contre ma nature.
Paul : - Mais ça n'existe pas, un hétéro (*moue de Stéphane, signifiant* : *c'est reparti*). Tout homme rêve d'avoir quelque chose au moins dans la bouche. Je ne t'ai jamais raconté comment j'ai compris, qu'en fait, ma vie, mon plaisir, ce serait avec le sexe fort.
Stéphane : - Le mieux serait que tu écrives un livre sur le sujet, au moins une nouvelle. C'est peut-être le moment de commencer.
Paul : - Bon, là tu me signifies poliment, va écrire.
Stéphane : - C'est encore la meilleure occupation, les nuits d'insomnies. Au moins ça n'embête personne.
Paul : - Je te croyais pas comme ça !
Stéphane : - Je ne t'ai jamais caché mon orientation.
Paul : - Oui, mais là, c'est presque de l'homophobie.
Stéphane : - Détrompe-toi !... Plus il y aura d'homos, plus le choix des femmes sera restreint !
Paul : - Les femmes devraient toutes être lesbiennes... Je crois que si tu ne me prends pas dans tes bras, je vais aller me jeter dans la rivière.
Stéphane : - Là c'est du pathos ridicule.
Paul : - Oh merde ! Tu prends rien au sérieux. Tu sais pourtant que je suis un mec sensible.
Stéphane : - C'est bien, va l'écrire. La vraie vie, c'est la littérature.
Paul : - Mais Proust a vécu avant d'écrire cela. Il n'aurait jamais refusé un câlin à un écrivain ami.
Stéphane : - Bon (*Stéphane se lève, surprenant Paul toujours à ses pieds ; pieds nus, il porte un tee-shirt et le pantalon du soir*), je trouverai bien un hôtel. Ou je

retourne chez moi. De toute façon pour vendre trois bouquins demain (*il ramasse ses affaires et les fourre dans son sac*).

Paul, *se lève :* - Excuse-moi Stéph, excuse-moi, j'avais cru...

    Paul sort et on l'entend monter les escaliers.
    Stéphane s'assied sur le canapé, souffle de dépit.

Stéphane : - Non seulement j'aurai une tronche d'enfer à cause de l'alcool... Mais en plus je n'ai entendu que des banalités... Même pas une phrase digne de faire un refrain !... Pendant ce temps-là, les écrivains mondains sont dans un lit confortable, dans une belle chambre d'hôtel qui va pas puer le Coca... Mais ils se demandent si le président du Conseil Régional a retenu leur nom... Ça sert à rien de côtoyer des écrivains, ils ne valent pas mieux que les voisins. Le seul intérêt d'un écrivain, on le trouve dans ses livres. Qui parmi ces pantins n'a pas pour grand rêve d'obtenir une bourse du Centre National des Lettres, ou à défaut du Centre Régional des Lettres, ou d'animer un atelier d'écriture, ou d'intervenir dans une école ? Qui se soumet à demander ne sera jamais écrivain. Des écrivaillons ! Dès qu'un p'tit bureaucrate d'une vague commission se ramène, ils sont à genoux. Est-ce que Rimbaud aurait quémandé une bourse à des notables ? Plutôt magouiller que s'agenouiller. Plutôt vivre pauvrement que de brouter à leur râtelier...

    On entend du bruit dans la chambre au dessus.

Stéphane, *soulève la tête et sourit :* - Sacré obsédé ! Il est allé voir Christophe ! Sans Coca en plus.

Rideau

Acte 3

Stéphane. Puis : Francis, Paul, Patricia, Martine et Christophe.

Matin. Même décor. Stéphane dort. Sonnerie. Stéphane se redresse, passe la main droite dans les cheveux.

Stéphane : - Damned !... J'ai rêvé qu'on sonnait... Damned... Il fait déjà jour...

Deuxième sonnerie.

Stéphane : - Damned !... J'ai pas rêvé, on sonne... Bon, j'ai pas le choix... Quelle heure il peut bien être ?

Il se lève. Troisième sonnerie.

Stéphane *crie, voix pâteuse :* - J'arrive.

Il cherche le bouton, allume la lumière, regarde sa montre...

Stéphane : - Les salauds !... Onze heures... Les salauds, ils sont partis sans moi... Bande de blaireaux !

Il ouvre la porte. Entre Francis.

Francis : - Salut, je suppose que t'es l'un des écrivains qui devait dormir chez Paulo...
Stéphane : - Je crois que tu as deviné... Et toi ?...
Francis : - Bin Francis, le copain de Paulo... Paulo ne t'a pas parlé de moi ?
Stéphane : - Je crois qu'on a un peu trop forcé sur les bouteilles... C'est Paul qui t'a demandé de passer me réveiller ?...

Paul dévale les escaliers, entre en peignoir, en courant.

Paul : - Oh Charlus ! Tu as vu l'heure Stéph... On est à la bourre.
Stéphane : - Tu devais nous réveiller à huit heures. T'es grave !
Paul : - Je ne sais pas ce que j'ai foutu, mon radio-réveil est débranché. C'est la première fois que ça m'arrive. Martine et Christophe ne sont pas là ?... Je remonte les réveiller...

> *Il repart. On entend frapper aux portes des chambres...*

Stéphane, *pour lui-même* : - Je crois que j'ai pas le temps de prendre une douche... Mais si je n'en prends pas une j'arriverai jamais à dédicacer un bouquin... Oh ma tête ! (*il se prend la tête entre les mains*)
Paul *rentre, en souriant* : - Bon, Stéphane... Je te confie un secret... Mais c'est un secret... Comme Christophe ne répondait pas, je suis entré dans sa chambre, et il n'y avait personne... Alors je suis entré dans celle de Martine, et là...
Stéphane : - Ah ! Je croyais que les bruits que j'avais entendu cette nuit, c'était toi et Christophe... Donc mon cerveau en déduit que c'était Christophe et Martine.
Paul : - Oh Stéphane !... On voit que tu ne connais pas les liens qui m'unissent à Francis.
Francis : - Ah, je croyais que tu ne m'avais pas encore aperçu.
Stéphane : - J'ai le droit de prendre une douche ?
Paul : - Oh Stéphane, fais comme chez toi...

> *Stéphane prend son sac et se dirige vers la salle de bains.*

Paul : - Mais fais vite quand même...

> *Stéphane s'arrête.*

Stéphane : - Oh ! Pis non ! Inutile. Même un peu d'eau ne pourra sauver les apparences. Alors assumons (*il pose son sac, en sort la chemise chiffonnée de la veille ; Paul et Francis l'observent en souriant*). Même me changer, ce serait stupide ! La gueule fripée, les fringues fripées (*il passe sa chemise puis son pull*).

> *Martine et Christophe entrent, habillés comme la veille, le visage aussi marqué par le manque de sommeil et l'alcool.*

Christophe : - Salut les hommes...

> *Martine fait un signe bonjour de la main droite et montre ses cordes vocales. Silence. Sonnerie...*

Paul : - Là je ne vois pas qui ça peut bien être...

> *Il va ouvrir. Entre Patricia.*

Paul : - Patricia !
Patricia : - Qu'est-ce qui se passe ?... La folle voulait déjà retirer vos tables... Et ton téléphone ne répond pas !
Paul : - Attends !... On a quand même le droit d'être un peu en retard... Je vais l'appeler, tu vas voir, je suis quand même l'écrivain du pays... Où j'ai mis mon portable ?...
Francis : - Tiens, v'la le mien (*il lui tend son portable*).
Paul, *à Francis* : - Tu veux bien nous faire du café... Je vais l'appeler en m'habillant... Son numéro est dans mon agenda...

> *Paul sort par la porte des chambres, Francis par celle de la cuisine. Martine s'assied. Patricia la regarde en souriant.*

Patricia : - Je vois que ça a été la fête !

Stéphane : - Radio-réveil plus téléphone, Paul aussi a dû faire des expériences cette nuit !
Patricia : - Qu'est-ce que tu racontes ?
Stéphane : - Tu aurais dû dormir ici, je t'aurais laissé bien volontiers le canapé, j'aurais amené mon matelas de couchage, un duvet et j'aurais fait du camping.
Patricia : - Tu sais bien que je ne suis qu'à vingt bornes. Et j'ai mon chien, mon chat, ça s'ennuie ces petites bêtes.
Stéphane : - Mais au moins si tu avais été là, ça m'aurait évité de voir débouler Paul en rut dix minutes après le dernier verre de notre beuverie.
Patricia : - Tu lui as lancé un sceau d'eau pour le calmer... Ou de Coca plutôt ! (*elle regarde la boîte par terre et la flaque*)
Stéphane : - Je l'ai envoyé voir Christophe !

Patricia regarde Christophe.

Christophe : - Je confirme, il n'a pas osé venir... Il aurait vu que mon poing c'est du 46... Mais je vois que ça n'hésite pas à balancer sur les copains... (*Christophe hésite à en dire plus*)
Stéphane : - C'est bien ce que je disais : il s'est contenté de son radio-réveil et son téléphone.
Martine *sourit :* - Sa femme vient au salon cette après-midi...
Stéphane *sourit :* - Nous attendons tous les présentations !
Christophe, *regarde Patricia :* - Bon, Patricia, de toute manière, ça m'étonnerait que quelqu'un ne s'empresse pas, dès que j'aurai le dos tourné... Puisque Paul s'est précipité pour raconter à Stéphane...
Stéphane, *à Martine :* - Qu'est-ce qu'il raconte, notre cher et ténébreux collègue ?

Martine : - On entend tout de ma chambre… D'ailleurs cette nuit je n'ai pas raté un mot de ton duel avec Paul… Tu as été super résistant ! Et correct en plus ! Je me demandais comment ça allait finir.
Christophe : - Bon, ce n'est pas trop vous demander qu'il y ait un secret entre nous.
Patricia : - Ha ! J'ai compris ! Alors Martine, toi qui réponds toujours « néant. »

Martine et Stéphane se sourient.

Christophe : - Bon, le premier qui prétend que le néant et moi c'est la même chose, je lui fous mon poing sur la gueule.
Patricia, *à Martine* : - Il est gonflé ton copain ! Il se vante de sa conquête alors que personne ne m'en aurait parlé, et après si on en fait une pièce de théâtre, il va nous casser la gueule.
Stéphane : - Tu vas te mettre au théâtre aussi ?
Patricia : - C'était juste pour rire, je ne voudrais pas me fâcher avec vous !
Stéphane : - Aucun événement exceptionnel à signaler à Figeac depuis la disparition de Champollion, mais un samedi soir, un exploit qu'il convient de rapprocher de la célèbre prise de la Bastille, c'est une forteresse imprenable…
Martine : - De toute façon je ne me souviens plus de rien.
Christophe : - C'est charmant !
Martine : - Fallait pas terminer par un concours de verres de Cognac.
Patricia : - Whaou, vous y êtes allés encore plus fort qu'à Firmi !
Martine : - C'est vrai, quelle surprise quand je t'ai vu à côté de moi et Paul qui souriait ! Si j'étais peintre ce serait le moment que j'immortaliserais.

Christophe : - C'est la faute à Stéphane et Paul, je voulais entendre leur conversation intime et on entendait mieux de la chambre de Martine.
Martine : - Alors ce n'était pas une excuse !
Christophe : - Bon, je crois que je peux arrêter les salons du livre dans la région, je vais devenir votre tête de turc.
Stéphane : - Faudra que je fasse ton acrostiche.

Paul, habillé différemment de la veille, très parfumé, entre.

Stéphane : - Quand on parle d'acrostiche, on voit sa... mèche.
Paul : - Vous en profitiez encore pour vous foutre de moi ? C'est un monde, on ne peut pas avoir le dos tourné cinq minutes...
Martine : - Crois-moi, on n'a pas eu le temps... Christophe a accaparé l'attention générale.
Paul : - Alors, bon souvenir, ce salon ?...
Christophe : - Bon, tout le monde m'a promis d'être discret, il ne manque plus que ta promesse... Ma baronne vient cette après-midi au salon.
Patricia, *en souriant :* - On n'a rien promis.
Paul : - Tu sais bien que je ne suis pas du genre à mettre un ami dans l'embarras. Tout le monde a ses petites faiblesses (*coup d'œil discret à Stéphane qui sourit*).
Martine : - Alors la cheftaine ?
Paul : - Il paraît que tu nous as dit n'importe quoi, Patricia.
Patricia : - Et qui tu crois ?
Paul : - Je t'offre le petit-déjeuner.
Patricia : - Je me suis levée comme chaque jour à six heures, donc tu devines où il est déjà mon petit-déjeuner... Mais bon, je ne suis pas pressée, ça m'étonnerait que je vende mon premier livre ce matin. À moins que

Christophe, en signe de reconnaissance, se décide à m'en acheter un.

Stéphane : - Pour l'offrir à Martine !

Patricia, Martine et Stéphane sourient. Martine se lève, va vers la table et pousse tout vers un bord, Christophe vient l'aider.

Patricia : - C'est vrai qu'ils pourraient faire un beau couple.

Stéphane : - Un couple d'écrivains régionaux, ils publieraient des livres à quatre mains, ajouteraient leur notoriété.

Francis entre avec le café et des tasses.
Paul va à la cuisine et revient avec un plateau, deux baguettes, des biscottes, deux pots de confiture, du beurre.

Paul : - Je suppose que personne ne va prendre un bol de lait.

Martine : - Y'a des mots, faut pas les prononcer certains matins.

Tous s'assoient.
Francis sert le café. Paul coupe du pain. Silence.

Patricia : - Je suis certain que c'était plus animé hier soir... Je n'ai pas dit cette nuit.

Stéphane : - Avec musique d'ambiance en direct du plafond !

Patricia : - Au fait, tu écris encore des chansons ?

Stéphane : - Forte baisse de ma production. Seulement trente-sept textes l'année dernière et cinq depuis le premier janvier.

Paul : - Et tu réussis à en placer ? Parce que moi, à part la meuf de Limoges qui m'a fait vachement plaisir en m'écrivant souhaiter absolument chanter mon texte « *un homme presque comme toi* », je n'arrive pas à avoir les bons contacts. Tu n'aurais pas un bon plan ?

Stéphane : - Les chanteurs préfèrent conserver l'intégralité des droits en chantant leurs petites merdes, on est tous face au même dilemme... Sur trente-sept textes l'année dernière, une dizaine sont mis en musique mais un seul est en exploitation, celui retenu par le concours du cabaret studio à Nantes.

Paul : - J'ai été dégoûté. C'est quoi leurs critères ? Je comprends pas pourquoi mes textes n'ont pas été retenus, au moins un... Ils sont pourtant très beaux, très poétiques. L'un reprenait même la belle définition que donne Cocteau de la poésie : mettre la nuit en lumière... (*il attend un commentaire... silence*) j'avais même retravaillé un texte de ma jeunesse, un texte très humoristique (*il sourit*) : l'idée, comme Platon parle du monde des Idées, l'idée est totalement originale, elle devrait te plaire Stéphane : qui vend des œufs pourra s'acheter un bœuf (*silence ; aucune réaction*) Comment tu as fait, toi ?

Stéphane : - Comme toi, j'ai envoyé trois textes et j'ai attendu.

Paul : - Tu crois que le fait que tu aies des sites sur internet, ça t'a aidé.

Stéphane : - Je suppose qu'on t'a déjà demandé si le fait de vivre à Figeac, ça t'a aidé pour obtenir une bourse du Centre Régional des Lettres.

Paul : - Oh ! Je t'ai déjà juré que je ne connaissais personne... Je ne me suis jamais compromis ! Ne me confonds surtout pas avec Nestor !

(*Stéphane sourit*)

Martine : - Pourquoi t'es pas chanteur ?

Stéphane : - J'arrive déjà pas à faire la promo de mes

livres trois fois par an, à rester assis une heure de suite lors d'un salon, alors tu me vois répéter x fois dix ou quinze petits textes… Il y a tant de livres à lire, tant d'émotions à écrire… C'est vraiment pas conciliable, écrivain et chanteur.
Patricia : - Pourtant la plupart des chanteurs écrivent leurs textes.
Stéphane : - Mais ils ne sont pas écrivains ! Plutôt qu'écrire leurs textes, vaudrait mieux résumer par « pisser des lignes. » Ce sont des paroliers. Ils ont trouvé leur style, le bon procédé, et ils referont la même chose jusqu'au dernier album. Finalement, ce qu'ils cherchent c'est à se montrer, à plaire, écrire douze petits textes chaque année ou tous les cinq ans, c'est alors une petite formalité. C'est pitoyable, tu ne trouves pas ?
Patricia : - C'est une manière de voir… Je croyais que tu aimais bien la chanson.
Stéphane : - La chanson m'intéresse pour son potentiel créatif. Mais l'état de la chanson française, c'est électrocardiogramme plat. Certains ont même un nègre pour ça !
Martine : - Nègre de chanteur, tu pourrais refaire le toit de ta maison avec ce petit job !
Stéphane, *sourit* : - Je crois avoir assez parlé pour la matinée. Ternoise is game over… Ça ne sert à rien ce genre de salon. Je crois que je vais annoncer mon boycott des salons du livre.
Martine : - Dépêche-toi avant que plus personne ne t'invite !
Stéphane : - Je ne peux quand même pas faire semblant de croire qu'ils veulent promouvoir le livre. Notre rupture définitive est inévitable.
Martine : - Mais ça doit être tes commentaires qui énervent quelques personnes… Surtout une habillée en

blanc hier... Je dis ça au cas où tu ne t'en serais pas aperçu.

Stéphane : - Hé bien oui, je n'ai pas applaudi le discours du vénérable Président du Centre Régional des Lettres. J'ai même commenté un peu fort. Et pourquoi je me gênerais de rappeler avoir payé ma place ?

Martine : - On en est tous là.

Stéphane : - Et pourquoi je n'ajouterais pas refuser d'engraisser un libraire avec une inacceptable remise ? Les gens qui vont au salon du livre pensent que leur argent revient aux écrivains. Il faut les informer, comment on se fait racketter. Si nous c'est droit d'inscription plus déplacement et hébergement à notre charge, merci Paul.

Paul : - Ton remerciement me va droit au cœur.

Stéphane : - Les écrivains édités chez un grand éditeur sont certes en tous frais payés mais ils verront quoi sur l'argent des livres vendus ?

Martine : - Tu pêches des convaincus. Oh le lapsus ! J'en suis fière ! Tu prêches des convaincus.

Christophe : - D'ailleurs tu as vu, je préfère payer ma place, acheter aux éditeurs pour avoir un peu d'argent en les revendant.

Stéphane : - Mais pourquoi je suis le seul à le gueuler bien fort, à chercher une autre solution ?

Martine : - Hé bien y'en a qui tiennent à leur strapontin. Je fais quoi, moi, de mes livres, si je ne vais plus dans les salons ?

Stéphane : - On en revient à internet !

Patricia : - Il finirait par nous convaincre !... Moi je crois que je vais arrêter les salons du livre aussi, mais sans annoncer que je les boycotte. Je vais continuer d'écrire mais pour moi. Finalement, l'époque ne mérite sûrement pas que l'on se casse le cul pour lui montrer nos textes.

Martine : - Donc, finalement, c'est sûrement toi la sage.

Paul *répète :* - Sage, sage, sage.
Martine : - Ça rime avec courage !
Paul : - Je suis plutôt découragé. Ça fait trois ans que je n'ai pas trouvé d'éditeur.
Stéphane : - Ils sont méfiants, ça se comprend !
Paul : - Détrompe-toi, l'homosexualité est très bien vue dans ce milieu.
Stéphane : - L'homosexualité peut-être… Mais le fait que tes six éditeurs soient depuis en faillite ! Le mouton noir ! Le Quercy est un pays d'élevage où le mouton est apprécié du Conseil Régional ! Un mouton noir à cinq pattes !
Patricia, *éclate de rire :* - Je crois avoir compris !
Paul : - Oh ! Là tu es de mauvaise foi. Tu sais que mes livres sont bons, je ne vais pas te rappeler la liste des prix, des mentions que j'ai obtenus (*Stéphane sourit*). Tu as tort de ne pas participer aux prix littéraires, une nouvelle ou un poème récompensé, ça fait des articles.
Stéphane : - Dans *la Dépêche du midi* !
Paul : - Pas seulement. Dans les revues spécialisées on parle souvent des lauréats.
Stéphane : - L'ennuyeux avec les prix littéraires, c'est certes de ne pas gagner mais quand tu gagnes il te faut rencontrer le jury… et tu dois voir la cohorte de frustrés, imbus de leur petit pouvoir, ils veulent être remerciés, un beau discours, sourires…
Paul : - Ne caricature pas, certains sont charmants, passionnés.
Stéphane : - Mais ils te font perdre ton temps.
Martine : - T'es vraiment un solitaire ! Un type à peine fréquentable.
Stéphane : - Je préfère me consacrer à la littérature qu'au cirque qui l'entoure.
Paul : - Alors, tu fais quoi à Figeac ?

Stéphane : - Tu m'as amicalement invité. Et j'avais pensé que mon week-end serait très instructif, me permettrait sûrement d'écrire un livre au titre provisoire « *grandeur et misère des écrivains au salon du livre de Figeac.* »
Paul, *regarde sa montre :* - Allez, tout le monde a fini, on y va. Il faut quand même que je vende quelques acrostiches !

Martine et Christophe sortent par la porte chambre.

Patricia : - Je ne sais pas si on les reverra ! Tu montes avec moi, Stéphane ?... Tu sais qu'avec moi, il n'y a pas de sous-entendu.
Paul : - Tu peux prendre cinq minutes pour te coiffer, si tu veux, Stéphane.
Stéphane : - Les apparences... Les apparences seront forcément contre moi. Si je vends un livre, ce sera vraiment pour le contenu ! Et comme tu le sais, un mauvais livre a besoin d'apparences, un bon livre exige seulement un peu de patience.
Paul : - Bon courage.

Stéphane prend son sac et sort avec Patricia.

Francis : - Il est bien cassé ton copain.
Paul : - C'est un cas un peu spécial. Il croit qu'il suffit de publier un livre pour se prétendre écrivain. Il n'a pas encore compris que l'écrivain doit s'inscrire dans une tradition. Si ça t'intéresse vraiment je t'expliquerai.
Francis : - Tu sais bien que je préfère le cinéma. Et si je débarrasse, ce soir tu m'offres le resto ?
Paul : - J'aime bien le début de ta phrase mais pas qu'elle se termine ainsi, par une demande très insistante.
Francis : - Tant pis, on se fera livrer une pizza... Mais tu pourrais quand même te faire pardonner d'avoir voulu te taper le cas spécial ! Je ne suis pas sourd !

Paul : - Si tu te mets à croire ses divagations ! Allez, on verra… Si je vends bien.

Martine et Christophe reviennent avec leurs sacs.

Paul : - On y va !

Les auteurs sortent.

Francis : - Finalement, ils n'ont rien d'extraordinaire ses écrivains. À part qu'ils écrivent des bouquins.

Rideau Fin

Aventures d'écrivains régionaux

Comédie en trois actes

Trois hommes et trois femmes

Personnages :

Paul : écrivain (six livres publiés... le point commun de ses éditeurs : en faillite avant de lui avoir versé le moindre droit d'auteur) rmiste, animateur d'ateliers d'écriture, 50 ans, accueille chez lui, pour la soirée et la nuit, des « collègues auteurs » invités au salon du livre de sa ville mais « ni hébergés ni nourris » par les organisateurs.

Martine : 51 ans, a auto-édité cinq livres, professeur de français.

Christophe : 57 ans, publie des « livres jeunesse » chez divers éditeurs... qui lui versent des droits d'auteur dérisoires. Son épouse ayant un bon salaire, ne peut prétendre au Rmi.

Stéphane Ternoise : 35 ans, a auto-édité sept livres, créateur de sites internet. Mi rmiste mi travailleur indépendant.

Passera au repas :
Natacha : 70 ans, écrivain « romans du terroir » en auto-édition, notable, hébergée par la municipalité.

Passera au petit-déjeuner :
Patricia : 52 ans, publie des livres en dilettante, à quelques exemplaires, auto-édite et auto-imprime, « ni hébergée ni nourrie » par les organisateurs mais retournée chez elle la veille (vit à vingt kilomètres).

Acte 1

Paul, Martine, Christophe. Puis : Stéphane et Natacha.
Chez Paul : la pièce principale : salon / salle à manger.
Un canapé. Une table. Des chaises. Quelques livres dispersés.
Au mur, encadrée, une feuille rose 21*29,7 où il est griffonné au marqueur rouge : « A Paul, en signe d'amitié » et une signature illisible.
Trois portes : la première conduit à la cuisine et aux toilettes, la deuxième donne sur l'escalier vers les chambres, la troisième est la porte d'entrée.
Paul, Martine et Christophe à table, durant l'apéritif (on sent plusieurs verres déjà vidés).

Paul : - Vous savez pourquoi il a pris un pseudonyme ?
Martine : - Parce qu'un pseudo, ça donne un genre.
Christophe : - C'est simple : lui qui se croit si grand, ne pouvait plus supporter de vendre des livres sous le nom de Petit.
Martine : - Olivier Petit, c'est vrai, on ne peut pas plus banal... Donc ça collait parfaitement à ses textes !
Paul : - Oh Martine ! Même moi je n'aurais pas osé.
Martine : - Allez, toi qui as toute une journée été le voisin de sa sainteté le plus jeune d'entre nous, dis-nous pourquoi il édite désormais ses (*avec emphase*) « œuvres » sous pseudo.
Paul : - Un peu de tout ce que vous avez suggéré, naturellement, on le sait tous, mais il m'a avoué la raison principale.
Martine : - Et tu l'as cru ?
Paul : - Ça ne signifie évidemment pas qu'il s'agit de la vérité, mais on peut affirmer qu'en ce samedi il voulait que je retienne cette version.

Martine : - Donc, comme tout chez lui, c'est du préfabriqué, c'est de la mise en scène.
Paul : - Là, je ne lui donne pas tout à fait tort, n'oublie pas la manière dont Jean Cocteau définissait le roman, (*en appuyant fortement* :) un mensonge qui dit la vérité.
Christophe : - Mais s'il était romancier, ça se saurait.
Martine : - Je suis quand même allée jusqu'à la page 52 de son premier roman… Vous pourriez m'applaudir !
Christophe : - T'as quand même pas acheté son bouquin !… Alors que tu n'achètes jamais les miens !
Martine : - Bin si !… Mais sans illusion littéraire… Je suis naïve peut-être, je pensais qu'en contrepartie il parlerait de moi sur internet.
Christophe : - Et il a encaissé ton blé, en liquide forcément, je connais l'oiseau. Et sur ses sites il ne parle que de lui, veut se faire passer pour un vrai écrivain.
Martine : - Ecrivain multi-facettes !
Christophe : - Fossettes on dit, multi-fossettes (*personne ne prêtant attention à sa remarque, il laisse échapper une moue de déception*).
Paul : - En fait, il s'essaye un peu à tout, après la poésie, les nouvelles, la chanson, je n'ose dire, vu le niveau, le roman, et monsieur nous annonce ses ambitions théâtrales ! Il est plus à plaindre qu'à moquer ! Ça doit être terrible, d'être nul en tout !
Martine : - Tu devrais être critique littéraire !
Paul : - Je l'ai été… Dans ma jeunesse… Après avoir arrêté l'enseignement. Mais j'en ai eu vite marre d'écrire de bons articles sur de mauvais livres.
Christophe : - Comme Martine avec l'autre, tu espérais le renvoi d'ascenseur !
Martine : - C'est notre maladie ça, on rêve !
Christophe : - Moi j'ai compris depuis longtemps : j'ai aussi aidé les copains mais à chaque fois je passais pour

un con. C'est triste mais c'est chacun pour soi dans ce milieu ! On est des loups !
Martine : - On le sait Christophe, que tu as pompé trois sites internet pour écrire ton dernier livre et maintenant tu passes pour un spécialiste du loup ! Encore un effort et tu seras invité à la télé ! Prépare ton déguisement !
Christophe : - Je ne dirai plus rien. À chaque fois que je lâche une confidence, ça me retombe sur le coin de la gueule ! Mais merde, au prix où je suis payé, je ne vais quand même pas partir quinze jours en Autriche observer des loups ! Et puis merde ! Tout le monde fait comme ça dans le livre documentaire ! Surtout pour enfants ! Y'a pas que l'autre cinglé qui sache utiliser internet !
Martine : - Reverse-lui un verre, sinon il risque de se métamorphoser en loup (*Paul ressert un apéritif, ils trinquent*).
Paul : - Ça ne vous intéresse pas, alors, pourquoi il est passé de Petit à Ternoise, notre futur partenaire de belote.
Martine, *en souriant* : - Si si, naturellement, c'est passionnant d'avance, dépêche-toi avant qu'il n'arrive, c'est une information essentielle.
Paul : - Ah ! Martine ! Est-ce que moi je lui en veux de son acrostiche disons déplacé ?
Martine : - Il s'est même essayé aux acrostiches ! Mais toi… dès qu'un mec est plus jeune que toi, tu t'enflammes.
Paul : - Je m'enflamme, je m'enflamme… Nettement moins qu'avant… Même pour ça je vieillis…
Christophe : - Tout plutôt que la vieillesse ! Allez, parle-nous du pseudo… Le pseudo, le pseudo (*se met à chantonner*), le pseudo, le pseudo… (*accompagné par Martine au troisième*)
Paul : - Puisqu'à l'unanimité… Mais promettez-moi de ne pas lui rapporter que je vous ai raconté sans exposer ses

arguments alors déclamés comme les émanations d'un maître incontesté.

Martine : - Tu nous connais.

Christophe : - Allez, de toute manière, il ne doit pas avoir d'illusion sur notre estime, même littéraire.

Paul : - Détrompe-toi ! Je suis certain qu'il est persuadé d'être le meilleur d'entre nous et qu'on le considère même ainsi.

Martine : - Ça me rappelle quelqu'un, « le meilleur d'entre nous. »

Paul : - Mais qu'est-ce qu'il devient ce... Ah !... Il a été notre Premier ministre et je ne me souviens même plus de son nom... Comme quoi il m'a nettement moins marqué que ce cher et si romantique Charlus...

Martine : - Alain. Alain Juppé.

Christophe, *chantonne* : - Le million. Le pseudo, le pseudo...

Paul : - Donc ? Selon notre brave collègue, la lettre P étant déjà occupée par PROUST, il lui fallait une lettre où il pourrait trôner pour des siècles et des siècles.

Martine : - C'était une boutade, quand même ! Faut être réaliste parfois !

Paul : - Tu sais, il a nettement plus d'orgueil que d'humour, ce petit.

Christophe : - À la lettre T, il doit bien y en avoir tout un wagon qui passe devant lui.

Martine : - Tu veux dire que même le train, et son Tchou Tchou, s'inscrit plus dans la littérature que lui.

Paul, *en riant* : - Oh Martine ! Tchou Tchou ! Tu devrais écrire du théâtre !

Martine : - Mais j'en ai écrit. Trois pièces même.

Paul : - Ah ! (*il joue l'intéressé*) Et elles ont été représentées ?

Martine : - Pas encore. J'espère bien quand même, qu'un jour. J'avais un contact au Québec...
Christophe : - Mais il a pris froid !
Paul : - Moi je n'en écris plus, j'ai peut-être tort, puisque ma pièce diffusée sur *France-Culture* avait eu d'excellentes critiques. Mais on ne me demande plus rien... Sinon j'ai bien quelques idées...
Martine : - J'aurais bien aimé avoir ton avis de professionnel sur mon théâtre.
Paul : - Il faut le publier ton théâtre... Ou la prochaine fois, apporte-moi une copie de tes manuscrits, dédicacée « à Paul avec mon admiration. »
Martine : - *La tentation de Ouaga*... Le modeste et néanmoins peut-être génial livre que je t'ai échangé l'année dernière contre ton roman, c'était ma troisième pièce...
Paul, *gêné* : - Martine... (*on sent qu'il réfléchit*) Il faut que je t'avoue. J'avais un copain, un petit jeune, un apprenti maçon avec des muscles, mignon mais mignon, je te dis pas... Je ne t'en ai jamais parlé, je n'ai pas vraiment eu le temps il faut dire, il passait pourtant souvent. Le soir même du salon du livre de notre échange, je m'en souviens comme si c'était hier, le ciel était d'un bleu à réveiller les tulipes ; il a ouvert ton livre, il devait sentir le génie.
Martine, *en souriant* : - Le génie se sentait dans la pièce... Tu veux dire.
Paul : - Je me souviens très bien, il m'a murmuré, enfin pas vraiment murmuré, il était plutôt viril, en tout, ah !, je revois encore sa petite frimousse, son petit sourire coquin quand il m'a aboyé, presque déclamé « *Mais ça a l'air super, vraiment super. Ah ouais ! Je peux te l'emprunter ?* » Naturellement, tu me connais, je ne pouvais pas réfréner sa soif de connaissances. Il m'avait

promis de me le ramener la semaine suivante, parce que moi aussi j'étais impatient de te lire, et le petit scélérat, il ne me l'a jamais rendu.

Martine : - Selon toi, j'ai donc de l'avenir dans le théâtre ouvrier.

Paul : - Au fait, tu as apprécié mes... Nouvelles ?

Martine, *sourit, un peu gênée à son tour* : - Si je te jure qu'une copine me les a empruntées à long terme, connaissant ma vie sexuelle, tu ne me croiras sûrement pas...

Christophe : - Jure sur la tête de l'autre !

Martine : - Mais c'est terrible, je n'ai plus le temps de lire, j'écris durant les congés, et le reste du temps, quand je rentre le soir, je suis crevée, alors je me dis, vivement vendredi, et le vendredi, ah ! enfin le week-end, mais il me faut maintenant tout un week-end pour récupérer... Je crois que je vieillis aussi...

Christophe : - Tu ne vas pas t'y mettre aussi.

Paul : - Je te l'ai toujours conseillé, tu aurais dû faire comme moi. Enseigner, ça te bouffe la vie. Je ne regrette nullement mes sept années d'enseignement mais c'était amplement suffisant.

Martine : - Déjà que je n'arrive pas à vivre avec un salaire, alors, le Rmi...

Paul : - Je suis certain, même financièrement, je m'en sortirais pas mieux avec un salaire. Tu vois, le Rmi, ça laisse vachement de temps. Et puis de temps en temps, j'anime un atelier d'écriture.

Christophe : - Avec tes acrostiches en plus, tu dois être le plus riche d'entre nous.

Martine : - Mais je n'ai aucun talent pour les acrostiches.

Paul : - Oh, ne te moque pas de moi, ça me prend dix minutes et ça me rapporte un deuxième Rmi par mois.

Christophe : - T'es donc payé 24 mois ! Plus les ateliers d'écriture, 36 !

Martine : - Et comme tu as toujours, je suppose, ton copain de la direction des impôts, tu es tranquille.

Paul : - Parfois il faut payer de sa personne... Mais ce n'est pas désagréable. Ah ! Ce brave Claudio... Il n'est plus tout jeune, et il perd parfois son temps avec des midinettes... Mais il a un p'tit quelque chose.

Martine : - Je crois deviner où.

Christophe : - Tu vas te mettre à l'autofiction ?

Martine : - L'autofiction pour moi, depuis quelques années, ce serait plutôt du genre *les pensées* de Pascal, rester dans une chambre et méditer sur le sexe des anges.

Christophe : - Et regarder la télé !

Martine : - Non, Christophe ! Pour ma légende, il faut marteler, marteler « méditer. » On ne sait jamais, Paul écrira peut-être bientôt ma biographie... Oh oh, Paul, tu es encore avec nous ? *(depuis qu'il ne participe plus à la conversation, il semble dans... des pensées)*

Paul : - Je vais vous laisser causer télé *(il se lève)*. Sur ce sujet, je ne suis plus à la page.

Martine : - Fais comme chez toi, Paul...

Paul sort (porte cuisine / toilettes).

Christophe : - Tu savais qu'une de ses pièces avait été diffusée sur *France-Culture* ?

Martine, *en souriant* : - Entre 3 heures 30 et 5 heures... du matin ! Il devait être le seul à écouter ! Avec ses droits d'auteur, il ne doit même pas avoir pu acheter une ramette de papier pour imprimer ses acrostiches.

Christophe : - Je n'ai jamais osé lui balancer, je ne sais pas comment il réagirait, mais il devrait quand même se rendre compte, ça ne fait pas sérieux ses acrostiches, il ne retrouvera jamais d'éditeur avec une telle réputation.

Martine : - C'est ce que l'on appelle un euphémisme... Surtout vu le niveau. *(en souriant :)* « *Sa main évoque le velours...* »

Christophe : - Tu connais par cœur.

Martine : - Encore un salon où il y avait un monde fou, alors plutôt qu'être bassinée par Natacha, j'ai feuilleté... Je n'ai pas pu tenir plus d'un quart d'heure.

Christophe : - Au moins Natacha, ses histoires sont drôles.

Martine : - Mais quand tu les entends pour la quinzième fois, et qu'à chaque fois elle a un rôle de plus en plus avantageux... Un jour elle va en arriver à prétendre qu'avec son père ils ont écrit toutes les chansons de Georges Brassens.

Christophe : - Tu crois qu'elle a vraiment connu Brassens ?

Martine : - Elle baratine tellement, on ne peut plus être certain de rien... Tu te souviens de son père !

Christophe : - Elle devient pire que ce sacré Nestor.

Martine : - Lui aussi, ses livres se vendaient ! Pourtant il devait encore écrire plus mal qu'elle !

Christophe : - Tu crois que c'est possible, écrire plus mal que Natacha ?

Martine : - En tout cas son inspecteur des impôts, à Paul, ça... Ça lui prend du temps.

Christophe : - Tu crois que... Non ? Quand même pas... Il n'est pas à ce point-là !?

Martine : - Fais le test : parle d'une plage où tu as croisé trois jeunes mecs en bronzage intégral, et commence à les décrire.

Christophe : - Mais les mecs, ça ne m'intéresse pas, moi j'aime les femmes de vingt-cinq-trente ans qui viennent d'avoir un enfant. Tu vois, le matin, je me promène toujours à l'heure de l'école maternelle, tu les vois ressortir avec une petite inquiétude sur le visage mais un tel sentiment d'épanouissement.

Martine : - Soit tu es un poète qui s'ignore, soit un déprimé qui rêve encore.

Christophe : - Comme j'ai déjà essayé la poésie et

Sonnerie.

Christophe : - Ça doit être l'autre cinglé... Moi je ne vais pas ouvrir...

Deuxième sonnerie.

Martine, *en souriant :* - Pourquoi aller ouvrir alors que personne n'a sonné !

Ils rient.

Martine : - J'espère qu'il pleut !

Christophe : - Qu'il tombe des grêles !

Troisième sonnerie. Ils rient de plus belle.

Christophe : - Si j'étais méchant, je souhaiterais un orage et que la foudre nous en débarrasse... Mais il ne faut jamais souhaiter la mort des gens...

Martine : - Il se réincarnerait peut-être en écrivain.

Christophe : - En simple stylo bic. Au moins il serait utile.

Quatrième sonnerie.

Paul, *arrive en courant, lance :* - Vous exagérez, que va penser Stéphane ?

Paul ouvre.

Paul : - Entrez, entrez, chers collègues.

Entrent Stéphane (avec un sac de sport) et Natacha.

Stéphane : - J'ai croisé Natacha, alors je l'ai emmenée... Je crois qu'elle cherchait la rue des gamins perdus.

Natacha : - Y'a bien longtemps que je m'y perds plus... J'ai mon portable... (*elle sort son portable*)
Paul : - Excusez-moi, j'étais à la cuisine, je préparais les plats pour l'omelette et je crois que Martine et Christophe devaient se bécoter en douce ou qu'ils n'ont pas osé aller ouvrir.
Martine : - On ne sait pas qui peut sonner chez toi à une heure pareille.
Natacha : - Tiens ! D'ailleurs j'ai un sms...
Paul : - Rassure-toi, j'ai prévenu tout le monde que ce soir je recevais un autre milieu...
Stéphane : - Ça nous aurait fourni une bonne étude sociologique.
Natacha : - Oh, il avait qu'à être là quand je suis passée... (*personne ne l'écoutant, plus fort* :) Les hommes il faut les laisser envoyer des sms.
Paul : - Natacha, alors, ton prochain livre, ce sera le dictionnaire de tes conquêtes ?
Natacha : - Mon prochain livre... Laisse-moi déjà terminer mon dictionnaire des mots cochons !... J'ai plus votre âge, les amis... Oui, j'aimerais bien encore en écrire quelques-uns, mais bon...
Christophe : - Nous casse pas le moral, Natacha.
Paul : - Je crois que Christophe nous fait une petite déprime, il vaut mieux éviter de parler d'âge aujourd'hui.
Stéphane : - Pourquoi tu déprimes alors que tu as signé pour trois livres.
Christophe : - J'ai signé. Oui, j'ai signé. Mais c'est déprimant. 1% des ventes, tu te rends compte ! Toucher un pour cent du prix de vente hors taxe, c'est scandaleux. Des rapaces !
Paul : - Mais tu vas être distribué en grandes surfaces !
Christophe : - J'ai l'impression qu'ils se foutent de ma gueule.

Martine : - Tu aurais dû répondre, « de ma face ! » (*personne ne semble comprendre sa réponse*) Alors ce soir, on va refaire le monde de l'édition, on va tout changer, on va s'attribuer les prix Goncourt, Renaudot, Femina, vous permettez, le Femina, je le garde, on va se partager les passages télé, et même les bourses du Conseil Régional...

Paul : - Tu vas bien Stéphane ?

Stéphane : - Ne pose pas des questions dont tu connais la réponse.

Paul : - Je ne sais pas si tu vas bien.

Stéphane : - Mais tu sais bien que je vais te répondre une banalité. Tu n'as quand même pas oublié qu'il y a deux heures nous étions des voisins qui, faute d'un possible lectorat, échangeaient leur point de vue sur les avantages et inconvénients de leurs choix d'édition.

Paul : - Mais depuis je t'ai vu partir en galante compagnie...

Stéphane : - Elle voudrait être chanteuse.

Paul : - Il paraît que les chanteuses sont très... Coquines...

Stéphane : - Et les chanteurs crétins, les écrivains fauchés, les bureaucrates... On ne va quand même pas perdre la soirée à débiter des lieux communs.

Paul : - Bon, donc ça ne s'est pas très bien passé.

Stéphane : - Elle voulait que je voie ses parents.

Paul : - Et ?

Stéphane : - Et c'était vrai, quand on est arrivé chez elle, ses parents étaient là !

Martine : - Et toi tu espérais !

Stéphane : - Sinon il suffisait d'échanger notre adresse e-mail.

Paul : - Donc tu es de mauvaise humeur.

Stéphane : - J'ai vieilli depuis le temps qu'on se connaît. Ce genre d'aléas ne peut plus grand-chose contre moi.
Paul : - Mais tu es quand même déçu.
Stéphane : - Maudites pulsions des glandes endocrines ! Parfois elles font oublier le choix de l'intégrité, d'attendre la vraie rencontre dans la douce solitude.
Paul : - Sois de ton temps ! Profite ! Il faut vivre !
Natacha : - Oui, profites-en, car tu verras, il arrive un âge où les hormones il faut bien les activer pour les faire redémarrer. Et lubrifier de temps en temps !
Stéphane : - Vous ne vivrez jamais en sérénitanie !
Martine : - C'est quoi de ton truc ?
Stéphane : - Le pays de la sérénité.
Martine : - Le Ternoise nouveau est arrivé, arôme mystique.
Paul : - On papote on papote, assieds-toi Natacha (*il lui tend une chaise*), tiens Stéphane (*il lui en tend une autre*), prends une chaise chaude…
Stéphane : - Une chaise chaude ?
Paul : - Oui, la mienne. Celle où j'étais avant de vaquer à la cuisine, d'ailleurs il faut que j'y retourne. *(Martine sourit en regardant Christophe)* Pose tes fesses là où étaient les miennes voici quelques minutes… Tu ne trouves pas que tu vas vivre un moment exquis ?
Martine : - On ne le changera pas ce Paul, dès qu'il voit un mec plus jeune que lui, il frétille.
Christophe : - Pourtant ça rime avec fille…
Stéphane : - Et vous croyez ainsi obtenir trois lignes dans ma biographie.
Martine : - Tu vas écrire ta biographie !
Stéphane : - Quand j'aurai l'âge de Natacha.
Natacha : - Bien, commence un peu plus tôt mon ami, parce que je suis en route, et j'espère bien la terminer

avant qu'il m'abandonne (*elle place sa main droite sur son cœur*).

Stéphane : - Si tu ne forces pas trop sur les nuits torrides, y'a pas de raison qu'il déraille, défaille, se défile dirait Christophe.

Martine : - Oh ! La plus belle phrase de ton œuvre !

Natacha : - Et comment je pourrais vivre, moi, sans nuits torrides ? Tu verras quand tu auras 90 ans.

Stéphane : - Arrête de te vieillir.

Natacha : - Quand j'avais 50 ans, j'annonçais 40, à 60 personne ne mettait en doute mes 50 affirmés droit dans les yeux mais depuis 70 je me vieillis de 5 ans chaque année.

Stéphane : - Un jour tu vas prétendre avoir connu Napoléon.

Natacha : - Exact ! Ce n'était qu'un enfant déjà caractériel, et je l'ai dépucelé dans la bergerie, tandis qu'il neigeait de gros flocons ; juste à côté, un bouc se tapait une brebis alors je lui ai pincé l'oreille droite en le provoquant : « le jour où tu seras un homme, tu m'en feras autant. »

Martine : - Natacha !

Paul : - Bon, je verse l'apéro et j'y vais, sinon on ne la mangera jamais cette omelette.

Paul va dans la cuisine.
Durant l'absence de Paul :

Christophe : - C'est vrai qu'il fait soif... On n'avait pas osé commencer...

Paul, *en rentrant* : - Si Stéphane te croit, c'est que sa chanteuse le perturbe vraiment.

Paul pose deux verres et verse l'apéro à Stéphane.

Paul, *à Natacha* : - Un p'tit apéritif, ma princesse ? Pour honorer cette auguste demeure ?
Natacha : - Le sexe, oui, l'alcool non ! Le docteur me l'a encore rappelé la semaine dernière.
Paul : - Tu avais remarqué le jus de banane. (*il lui montre bien la bouteille*)
Natacha : - Ça ne me surprend pas qu'il y en ait chez toi !
Paul : - Tu aimes ?
Natacha : - J'adore le jus de banane... (*il la sert*) mélangé au sperme... mais je me contenterai du nature... Je me rattraperai cette nuit...

Paul ressert l'apéritif à Martine, Christophe et Stéphane.
A l'initiative de Paul, qui s'est assis, ils trinquent.

Paul : - À nos ventes !
Martine : - Tu n'aurais pas un sujet plus réjouissant ?
Stéphane : - Aux arbres épargnés par nos tirages.
Natacha : - À votre jeunesse !
Christophe : - À tes souvenirs !
Natacha : - Oh ! Là, je vous souhaite tous d'en avoir d'aussi beaux à mon âge ! On pourrait trinquer toute la nuit !
Martine : - On a dit qu'on se couchait tôt. Parce que demain il faut piquer le fric aux bourgeois de Figeac.
Paul : - Je ne te savais pas aussi intéressée.
Martine : - Je n'ai pas les moyens de perdre de l'argent avec mes livres, moi. Je ne demande pas d'en gagner, tu sais, mais au moins de rentrer dans mes frais.
Natacha : - Moi, je peux publier dix livres sans en vendre un seul ! La vente du restaurant a fait de moi une capitaliste ! Mais je préfère les vendre, mes bouquins ! C'est toujours un plaisir de recevoir un chèque ou un

billet. Et avec l'argent, je me paye tous les gamins que je veux.
Christophe : - Tu es tellement connue ! Tu n'as plus besoin de ça !
Natacha : - On voit que tu es bien informé ! Ça arrive, je n'ai pas à me plaindre mais offrir quelques billets, ça entretient l'amitié.
Martine : - On n'est plus en 1800 !
Natacha : - Heureusement, je vais te dire ! En 1800 une communiste capitaliste, c'aurait été impossible ! Guillotine !
Martine : - Si on part sur la politique, y'a des œufs qui risquent de voler !
Natacha : - J'ai toujours été communiste ! Et je le resterai ! Jusqu'à mon dernier souffle, comme le paternel ! Paix à son âme qui n'existe pas ! Vous verrez le jour où la Chine fera comme moi, le jour où ils comprendront qu'on peut être communiste et capitaliste ! Nestor le répétait souvent : quand la Chine s'éveillera, les gaullistes retourneront à Londres !
Paul, *se lève :* - Omelette !
Martine : - Je crois que je suis la seule qui osera t'accompagner dans la cuisine... (*en souriant* :) C'est bien dans la cuisine qu'on la prépare...
Paul : - Qu'est-ce que tu imagines encore Martine ?...
Natacha : - Je veux bien être passive, tu sais. Où tu veux, quand tu veux, c'est ma devise.
Martine : - Allons casser des œufs...
Stéphane : - J'allais oublier !... (*Stéphane se lève et va près de la porte où il avait posé son sac, il l'ouvre, en sort une boîte en carton, il la tend à Paul*)
Paul : - Comme tu n'en parlais plus, je pensais que tu les avais offerts aux parents de ta chanteuse.
Christophe : - C'est vrai que tu as des poules.

Stéphane : - Comme l'a écrit Stendhal : « *L'homme d'esprit doit s'appliquer à acquérir ce qui lui est strictement nécessaire pour ne dépendre de personne.* » Le nécessaire passant par le manger il vaut mieux élever ses bêtes.
Christophe : - Moi j'ai une femme... y'a pas besoin de changer sa paille.
Martine, *à Paul :* - Pourquoi n'as-tu pas de poules ?
Paul : - J'ai essayé les poulets mais je n'ai jamais eu un seul œuf.
Paul et Martine vont dans la cuisine.
Christophe : - Alors Natacha, tu as encore été celle qui a vendu le plus aujourd'hui !
Natacha : - Je crois que les gens se disent « la vielle, elle va bientôt crever, alors faut qu'on ait au moins un de ses livres dédicacé »... Et puis je vais te dire... je vendrais n'importe quoi aux gens... j'ai un de ces baratins quand je m'y mets.
Christophe, *plus bas* : - Tu vendrais quand même pas un livre de Martine !
Natacha, *idem* : - Sois pas vache avec elle... elle est encore jeune, peut-être qu'un jour elle écrira des livres intéressants... Il faut du temps... Si elle arrête de confondre roman et rédaction pour les sixièmes B. Mon premier livre ne se vendait pas aussi bien que les suivants...
Christophe : - Ne joue pas les modestes. Depuis que je te connais, je te vois dédicacer dédicacer...
Natacha : - Je sais m'y prendre quoi ! À chaque livre tous les copains me font un bon article dans leur journal... ça compte aussi ça... Et les politiques, ceux qui sont au pouvoir, je les ai connus gamins, ils venaient manger au restaurant. Tout ça, ça crée des liens. C'était la belle

époque le restaurant ! On ne parlait pas d'inceste ni de détournement de mineurs, tout le monde savait s'amuser. On éteignait les lumières, on plaçait une bougie sur la table centrale... Je vous ai déjà sûrement raconté !
Christophe : - Tu racontes tellement bien !
Natacha : - Dommage que tu refuses de t'amuser avec une vieille dépravée qui a toute l'expérience du monde.
Christophe : - Je suis marié.
Natacha : - Je te cause d'inflation discrètement si tu veux. Pas d'engagement avec moi. Je ne suis pas une petite jeunette qui va vouloir te mettre la bague au doigt après trois nuits. Et toi, Stéphane, ça te dit, un entretien sur l'inflation, comme dirait Rachida ?
Stéphane : - Tu sais bien que j'attends l'Amour !
Natacha : - Tu l'oublieras, ta Momina ! Je voudrais pas crever avant de vous avoir fait un câlin !
Stéphane : - Alors on en reparle dans 50 ans !
Natacha : - C'était la belle époque le restaurant ! Ah ! Le droit de cuissage !
Christophe : - Dis pas ça devant Martine !
Natacha : - Elle aurait fait comme les autres, à cette époque-là ! Tout se tient dans la vie. Parfois il faut concilier l'agréable et le rentable : encore aujourd'hui, vaut mieux coucher avec la femme ou l'homme qui va te faire vendre deux cents bouquins plutôt qu'avec la beauté qui n'a pas de relations.

Martine revient avec cinq assiettes.

Natacha : - Non, ma Martine adorée, pas pour moi, tu sais bien que monsieur le maire m'offre le repas... (*elle regarde sa montre*) D'ailleurs je ne vais plus tarder...
Stéphane : - Et nous on squatte !

Martine pose les assiettes, boit une gorgée et retourne dans la cuisine.

Christophe : - À part des poules, t'as quoi comme bêtes ?
Stéphane : - Deux dindes, un dindon, deux oies, trois canards, des pigeons, des cailles.
Christophe : - Tes bouquins, internet et tes bêtes, tu t'en sors alors ?
Stéphane : - Tant qu'ils ne m'auront pas viré du Rmi, j'essayerai de le garder.
Christophe : - Oh, ils ne virent pas du Rmi.
Stéphane : - Là ça devient limite, ils m'ont encore baissé… Il faut dire que je ne vais plus à leurs convocations, je leur réponds en recommandé : « Messieurs les censeurs, vous n'avez aucune légitimité artistique pour juger de ma démarche littéraire. »
Christophe : - Et tu feras quoi, si tu n'as plus le Rmi ? Tu n'auras plus de couverture sociale non plus…
Stéphane : - Internet prendra le relais. Et ne perdons pas notre temps avec des problèmes possibles. Chaque jour est une équation à résoudre où ni le passé ni le futur n'ont leur place.
Christophe : - Comme Paul n'est pas là, on peut parler d'auto-édition… Tu crois que l'auto-édition, dans le livre jeunesse, ça pourrait fonctionner ?
Stéphane : - Tes livres sont bien distribués… Mais le plus souvent ton nom ne figure même pas sur la couverture… Donc tu ne peux pas compter sur ta notoriété.
Christophe : - Je suis à moral zéro… Là tu m'enfonces encore un peu plus la tête sous l'eau…
Stéphane : - Pour répondre correctement à une question, mieux vaut ne pas se bercer d'illusions, (*plus bas, en souriant* :) si tu veux des louanges, déshabille-toi devant Paul !
Natacha : - S'il présentait le 20 heures, je ne dis pas non ! D'ailleurs je ne dis jamais non ! Même quand y'a de l'irritation y'a du plaisir. (*personne ne l'écoute*)

Christophe : - C'est vrai qu'au niveau notoriété c'est néant, partout je dois préciser « j'ai publié vingt livres. » Quand j'ajoute le nom des éditeurs, là les gens me regardent autrement... (*plus bas*) Mes éditeurs n'ont pas fait faillite, moi. Et pourtant le CRL ne m'a toujours pas accordé de bourse. Vous trouvez ça juste, vous ?

Stéphane : - Dans le livre jeunesse, c'est encore pire que le roman, les réseaux de distribution sont complètement verrouillés.

Christophe : - Mes meilleures ventes se font en grandes surfaces... Je suis même certain que les ventes sont plus importantes que celles notées sur mes relevés.

Stéphane : - Mais si tu envoies un huissier pour vérifier leur comptabilité, là tu es certain d'être grillé chez tous les éditeurs.

Christophe : - C'est une vraie mafia. Tu vois, malgré vingt livres publiés, j'ai l'impression d'être un petit enfant qui doit remercier quand on lui signe un contrat. Pour le 1%, j'ai répondu « mais chez *Milan* j'étais à 3. » Elle s'est pas gênée, la blondasse platine, de me balancer : « *vous savez bien que si vous ne signez pas, un autre auteur sera enchanté de signer.* »

Natacha : - Une mafia, tu l'as dit. Un pour cent à l'auteur, un pour cent à l'illustrateur, ils doivent considérer que donner deux pour cent c'est encore trop. J'ai compris à mon premier livre, vous savez que j'avais un éditeur. Ils m'ont fait une pub dingue c'est vrai mais au moment de payer, y'a fallu que je fasse intervenir ce brave Nestor pour que l'éditeur mette l'argent sur la table.

Stéphane : - C'était mafia contre mafia !

Natacha : - Si je raconte tout dans ma biographie, vous en découvrirez de belles mes amis. Surtout que sur son lit de mort, Nestor m'a murmuré : « tu peux tout dire. »

On entend Paul de la cuisine, ce qui interrompt la conversation :

Paul : - Aïe... Oh Charlus ! Oh ça fait mal... de la glace, vite de la glace... dans le haut du frigo... Aïe... Que ça fait mal...
Christophe : - Un drame de l'écriture...
Stéphane : - Il va demander un arrêt de travail.
Christophe : - On ne peut pas le soupçonner de s'être brûlé pour attendrir Martine, qu'elle lui applique tendrement des compresses.
Stéphane : - Ça change, parfois, un homme !
Christophe : - Y'a des cas désespérés...
Natacha : - Y'a des techniques plus rapides et moins douloureuses. Si vous voulez, je vous en raconterai quelques-unes.
Stéphane : - Ou alors il ne s'est pas brûlé... Il a réalisé une expérience avec un œuf !
Christophe : - Et l'œuf a explosé au mauvais moment ! Tu prépares un livre X qui se déroulera dans ta petite ferme ?
Natacha : - C'est vrai que le coq avec les poules, il ne perd pas son temps à répondre à des sms, à écouter leurs petits malheurs ! La civilisation n'a pas apporté que des bonnes choses... C'était quand même le bon temps, le restaurant !

Paul arrive en secouant la main gauche dont le dessus est recouvert d'un sparadrap. Martine suit avec la poêle dans la main droite, la casserole de pâtes dans la gauche.

Paul : - C'est affreux, quelle douleur.
Stéphane : - La douleur est une invention du corps pour se protéger des agressions extérieures. Remercie plutôt ton organisme !

Martine pose l'ensemble sur la table.

Paul : - Parfois, tu dis vraiment n'importe quoi, quand même !

Stéphane : - Ta main vient de te signaler qu'il ne faut pas la détruire. Si tu as retenu la leçon, remercie ta douleur et fredonne-lui « bonne nuit la douleur »… Il te suffit de te convaincre en répétant « ça ne fait pas mal. »

Martine reprend la poêle.

Martine, *à Stéphane :* - Tu veux que je te la colle pour tester ta théorie ?

Paul : - Tu veux la voir ma cloque ?

Martine : - Là, fais attention à ta réponse, il ne parle peut-être pas de sa main gauche.

Christophe : - On a évité un drame, si c'avait été la droite, demain tu ne pouvais plus dédicacer…

Paul : - Je suis gaucher.

Christophe : - Donc c'est un drame.

Stéphane : - Il faut prévenir *la Dépêche du Midi*…

Paul, *en s'asseyant :* - Allez, servez-vous… J'ai connu pire !… Mais en ce temps-là c'était volontaire !

Martine : - L'autofiction masochiste selon Saint Paul.

Christophe : - J'hésite... J'ai jamais vu une omelette aussi jaune.

Natacha : - Au restaurant, on avait un chef extra. Il utilisait de ces colorants, certains étaient même interdits ! Les plus beaux plats de la région qu'on avait !

Christophe : - Vous avez ajouté du maïs ?… Vous savez bien que je suis allergique au maïs…

Stéphane : - Tu les trouves où tes œufs ?

Christophe : - Comme tout le monde, au supermarché.

Stéphane : - Et elles mangent quoi les poules qui pondent dans tes barquettes ?

Christophe : - Elevées en plein air.

Stéphane : - En plus d'être élevées en plein air, elles choisissent leur herbe, retournent la terre pour y trouver de bons petits vers de terre, attrapent des criquets, des escargots.

Christophe : - Ah ! Des criquets, des escargots ! C'est pas naturel ! Tu crois que c'est bon pour les poules ?

Stéphane : - Goûte ! Je te croyais spécialiste de la nature ! La nature vue des villes ! Les poules n'ont pas attendu les nutritionnistes des multinationales pour exister. Tu vas voir la différence.

Paul : - Tu es sûre, Natacha, que tu ne veux pas au moins la goûter, l'omelette aux œufs de Stéphane.

Natacha : - Ce serait avec plaisir. Mais je ne peux quand même pas arriver le ventre plein à la réception de monsieur le maire (*elle regarde sa montre*). D'ailleurs je vais vous laisser.

Martine : - Tu vas quand même prendre un verre de vin avec nous ! Et le vin ?... (*tous sourient*) Quoi, j'ai l'air de réclamer ?... Mais non Paul !... Comme tu nous invitais j'ai amené une bouteille.

> *Elle se penche, ouvre son sac, et en sort une bouteille.*

Martine : - Bon, c'est du Cahors... mais on n'a pas encore vendu 200 000 exemplaires...

Christophe : - Avec les traductions, je dois y être... Mais je crois que j'aurais touché plus d'argent si j'avais vendu mille exemplaires d'un livre auto-édité.

Martine : - Ah ! Vendre mille bouquins en auto-édition... on en rêve tous !... Alors malgré tes 200 000 exemplaires tu n'as pas les moyens de nous offrir une bouteille ?...

Christophe : - J'attendais que la tienne soit vide pour proclamer « j'ai gardé la meilleure pour la fin » mais

bon... *(il se baisse et sort de son sac une bouteille)* C'est du Buzet ! C'est quand même meilleur que du Cahors...
Martine : - On verra, on verra, ne vendons pas la peau du Cahors avant de l'avoir bu.
Elle se penche et sort de son sac une autre bouteille.
Martine : - Cahors 2 Buzet 1. Et c'est Cahors qui nous saoule le plus !
Christophe : - Là, Stéphane, avec tes trois œufs tu passes pour un radin !
Stéphane : - Bon, alors je dois la sortir avant l'heure prévue...
Stéphane se lève, va ouvrir son sac, en sort une bouteille.
Paul : - Oh ! En plus des œufs, du champagne, je suis touché.
Stéphane : - Ce n'est pas tout à fait du champagne, mais quand on aura vidé les bouteilles de vin, du bon mousseux ça nous paraîtra sûrement meilleur que du mauvais champagne.
Paul : - Je ne sais pas si tout ça, ça s'accorde avec une omelette et des pâtes... Mais les mélanges, pour des écrivains, c'est toujours souhaitable... Mélangeons, mélangeons-nous !
Christophe : - Bon, je fais le commentaire avant vous : c'est moi qui passe pour un radin avec une misérable bouteille.
Martine : - Mais non, Christophe, on sait bien que ta femme te surveille. Déjà pour sortir une bouteille, tu as dû inventer des stratagèmes pas possibles !
Christophe : - C'est vrai que je suis le seul marié ici !
Natacha : - Mais je suis mariée, mon ami ! Trente ans de mariage ! Peut-être même plus !

Christophe : - Faut pas demander si tu n'étais pas mariée !

Natacha : - Tu ne crois quand même pas qu'en plus de le voir entre mes quatre murs, je vais le laisser me suivre ! J'ai passé l'âge !

> *Paul se lève et sort. Christophe et Martine se sourient.*

Christophe : - Pourtant je n'ai pas parlé d'éphèbes sur une plage...

> *Paul revient avec un tire-bouchon. Il ouvre une bouteille de Cahors puis remplit les verres, remet du jus de banane à Natacha, en précisant « toujours Nature. » Ils trinquent.*

Paul : - Aux livres et à ceux qui les achèteront.
Christophe : - Pour du Cahors, c'est buvable !
Paul : - Très raffiné, je dirais.
Natacha, *vide son verre d'un trait* ; *en se levant* : - Allez, je vous laisse les amis, ça m'a fait bien plaisir de passer quelques instants avec vous mais je dois maintenant rejoindre monsieur le président du Conseil Régional... Allez, j'essayerai de lui glisser un petit mot en votre faveur pour que l'année prochaine ils vous invitent aussi aux frais de la princesse... Je crois que je vais d'abord faire un saut à l'hôtel... Y'a un gamin à l'accueil, je ne vous dis pas !
Christophe : - Natacha ! À ton âge !
Natacha : - Je crois que je vais lui raconter que j'ai racheté l'hôtel, ça marche souvent avec les gamins de la réception.
Stéphane : - Natacha, sans vouloir t'offenser, ça se voit que tu n'as plus l'âge de racheter des hôtels. Sauf peut-être au monopoly !

Natacha : - À mon âge ! J'ai un truc auquel aucun homme ne résiste. Aucune femme non plus !
Christophe : - On ne demande pas à voir.
Natacha : - Je vais vous le montrer, vous pourrez dire, « j'ai vu le secret de Natacha » *(elle enfourne sa main droite dans son sac et sort une liasse de billets)*. Et tu sais, chez les gamins, beaucoup veulent apprendre. Ne m'en voulez pas d'avoir été une cougar avant l'heure ! Regardez les actrices et présentatrices de mon âge, elles s'affichent avec des jeunots. Ah !
Paul : - Tu sais bien que rien ne me choque !
Natacha : - Mais tu préfères les hommes, c'est ton choix, je le respecte. Mais vous qui me repoussez à cause de mes rides, lisez le récit du dernier amant de Marguerite Duras !
Stéphane : - Natacha, on a quand même le droit de refuser le sexe pour le sexe, quand on cherche l'Amour !
Natacha : - L'amour ! Y'a que le fric et le plaisir dans la vie !
Martine : - Ça va sûrement te surprendre, mais y'a des femmes que ça laisse indifférent. Pas Duras ni l'amour, mais les billets !
Paul : - Indifférentes, au féminin pluriel, j'aurais dit à ta place.
Natacha : - Tu dis ça parce que t'es entourée d'amis... Allez, on en reparlera en tête à tête un de ces jours... *(en avançant vers la porte)* Allez, n'hésitez pas à faire des bêtises, c'est de votre âge. Je vous raconterai combien il m'a coûté.

Presque en même temps :
Christophe : - Embrasse la dame en blanc de notre part.
Martine : - Bonne nuit Natacha.
Paul : - Merci Natacha, d'avoir honoré cette maison de ton passage.

Natacha : - Et n'oubliez pas qu'il ne faut jamais laisser un fond dans une bouteille, quand on est invité.
Stéphane : - N'oublie pas de prendre des notes pour ta biographie.

Natacha sort.

Martine : - Vieille obsédée va !
Stéphane : - Comme beaucoup elle doit en dire plus qu'elle en fait... Il arrive un âge où le sexe devient la médaille de ceux qui n'ont pas la légion d'honneur...
Christophe : - Le plus honteux, c'est que ses livres se vendent.
Martine : - Les gens achètent n'importent quoi. Il suffit d'un sourire de Natacha et sa petite phrase sirupeuse « *ça vous replongera dans un monde qui n'existe plus* », et les vieilles cruches achètent.
Christophe : - Les jeunes aussi avec son « *vous l'offrirez à vos parents* » ou « *vous verrez comment ont vécu vos grands-parents.* »
Stéphane : - Ça ne veut pas dire que ses livres sont lus.
Martine : - Mais au moins le fric rentre ! Moi il me faut deux ans pour rentrer dans mon argent. J'ai au moins dix livres en attente.
Paul : - Moi ça me donne un moral d'enfer, de la voir en si bonne forme ! Je ne parle pas de son écriture mais de son entrain. Je me dis que j'ai encore devant moi quelques bonnes décennies.
Martine : - C'est un formidable métier, écrivain : à soixante ans on regarde l'académie française et on se dit qu'on a tout l'avenir devant soi !
Christophe : - Encore faudrait-il en vivre avant cent ans !
Martine : - T'inquiète pas, dans quelques années tu auras la retraite en plus de tes droits d'auteur... (*il reste sceptique*)

Paul : - Mais ils sont délicieux, tes œufs, Stéphane.
Stéphane : - Ils sont si bien mis en valeur par tes pâtes cher Don Paulo.
Paul : - C'est l'un des souvenirs les plus délicieux de ma vie, quand je suis allé animer un atelier d'écriture à Vérone.
Martine : - Et comment tu avais été invité là-bas ?! Tes livres ne sont pas traduits en italien ! Ils ne te connaissent quand même pas ?
Paul : - Mais tu sembles ignorer qu'en certains milieux, je suis très apprécié. Mon ami Carlo d'Egyptair, comme on le surnomme, a su m'introduire.
Martine : - Sans jeu de mot ! L'internationale gays a pris le pouvoir dans la culture !
Christophe : - Un livre acheté, un œuf offert, tu ferais un malheur. Tu en vends des œufs ?
Stéphane : - Quand j'en ai trop, le chien adore ça, et ça lui fait des poils d'un luisant... Mais par chez moi les gens sont civilisés, ils ont leurs bêtes.

Les verres se vident et se remplissent rapidement.

Paul : - Dis, Stéphane, puisqu'on est entre nous... Ton nouveau look, c'est étudié ou c'est juste pour t'amuser, pour embêter les bourgeois de Figeac ?
Stéphane, *après quelques secondes où il cherche les termes exacts et à capter l'attention* : - Nous sommes condamnés à la notoriété !

Tous le regardent, incrédules.

Paul : - Vas-y, fais-nous partager tes découvertes.
Stéphane : - Au-delà des raisons pour lesquelles on écrit, ce qu'on écrit n'a d'intérêt qu'historique. De notre vivant, enfin, au moins durant nos premières décennies d'écriture, ce qui primera ce sera le médiatique.

Paul : - Tu veux dire qu'on est obligé d'être connu pour être lu ?

Stéphane : - Pas forcément connu, être inconnu est parfait... *(en souriant)* à condition que tout le monde le sache.

Martine : - Là tu joues sur les mots, être inconnu à condition que tout le monde le sache, ça veut dire être connu.

Stéphane : - Mais non, Martine ! Tout le monde peut penser : lui, c'est un écrivain quasi inconnu, et ce n'est pas parce que tout le monde pensera « lui, c'est un écrivain quasi inconnu » que je serai un écrivain connu !

Paul : - Mais si tout le monde dit quelque chose...

Stéphane : - Mais tout le monde pense alors que son voisin ne me connaît pas ! Il se dit, « tiens, cet écrivain, ça a l'air d'être un type intéressant. »

Martine : - Et il achète ton bouquin ?

Stéphane : - Rarement. Achète un bouquin celui qui pense « je vais sûrement découvrir quelqu'un d'original »... Mais les badauds régleront l'affaire avec un « ça sert à rien que je le lise, je pourrai en parler à personne. »

Martine : - Ils pourraient en parler pour faire découvrir.

Stéphane : - Déformation professionnelle, tu rêves ! S'ils en parlent c'est pour frimer. Je commente toujours la majorité... Heureusement, il y'a des exceptions...

Paul : - Et tu en croises beaucoup des exceptions ?

Stéphane : - Ne pose pas des questions dont tu connais la réponse ! On ne vit pas sur le dos des exceptions... Tu crois que je serais à Figeac pour vendre trois bouquins si je pouvais en vendre cinquante dans un vrai salon du livre ?

Paul : - Là tu vas nous casser le moral !

Stéphane : - Quoi ? Ne m'attribue pas plus de pouvoir

que j'en ai ! Lundi, qu'est-ce qu'on va répondre au premier pecnot qui osera demander « alors, ça c'est bien passé ton week-end ? »

Paul : - Tu me poses la question ?

Stéphane, *en souriant :* - Les gens achètent de moins en moins de livres, mais je n'ai pas à me plaindre quand même... Et tu ajouteras « mes acrostiches sont partis comme des petits pains, c'est mieux que rien, ça me permet d'être tranquille quelques semaines. »

Paul : - Là tu te moques.

Stéphane : - Je me moque de toi, de moi, de nous... Mais au moins je ne serai pas dupe de leurs manigances, je n'irai pas manger avec monsieur le président du Conseil Régional, avec les magouilleurs du livre qui se donnent une image de ville culturelle en nous invitant sur un strapontin de leur salon, parce qu'on est des « écrivains régionaux », que notre nom, notre photo paraissent dans quelques torchons.

Paul : - Finalement, tu devrais écrire un essai.

Stéphane : - Mais là, il faudrait être vraiment connu !

Paul : - Et sur internet ?

Stéphane : - Si un visiteur des sites sur mille achetait un livre, je deviendrais imposable !... Mais il faut être logique, vendre des livres n'est pas le but.

Christophe : - Alors je ne vois pas l'intérêt d'avoir des sites.

Stéphane : - Le livre papier va disparaître.

Martine : - Là tu veux vraiment nous casser le moral.

Stéphane : - Mais non, c'est une suite logique. D'abord la pensée s'est transmise de bouches à oreilles, n'a compté que sur la mémoire. Puis elle fut gravée, dans la pierre, sur des os humains, peinte sur les parois de grottes. L'invention de la représentation et de l'écriture a été une révolution plus importante que le passage au numérique.

J'imagine les Paul d'alors : si on écrit la pensée, plus personne n'écoutera, plus personne n'apprendra.

Paul : - Pourquoi m'attribues-tu le rôle du conservateur opposé à tout progrès ? La disparition du livre, ce n'est pas un progrès.

Stéphane : - Mais c'est bien toi qui veux garder sur un piédestal les éditeurs, qui regardes de haut l'auto-édition comme si le travailleur indépendant qu'est l'auteur-éditeur n'avait pas sa place dans la littérature, parce qu'il n'a pas été légitimé par un vénérable éditeur.

Paul : - Tu sais bien que dans l'auto-édition, la majorité des livres ne valent rien, regarde Natacha, Patricia ou Véronique…

Stéphane : - Mais en plus tu assimiles l'auto-édition au compte d'auteur.

Paul : - Là tu ne m'as jamais convaincu.

Stéphane : - Donc pour toi c'est la même chose ! (*léger énervement*) Qu'un auteur refusé par l'ensemble des éditeurs classiques signe, en désespoir de cause, avec un pseudo éditeur qui va lui demander une fortune pour un bouquin en mauvais papier, tu confonds cette arnaque avec le choix de l'auteur qui décide d'être son propre éditeur, d'être travailleur indépendant.

Paul : - Mais tu sais bien que la majorité de ceux qui s'auto-éditent c'est parce qu'ils n'ont pas trouvé d'éditeur comme tu dis classique.

Stéphane : - Ce n'est pas parce qu'une activité est utilisée faute de mieux par des écrivaillons, qu'il faut en conclure que l'activité est méprisable. L'auto-édition est l'avenir de l'édition.

Christophe : - Mais si on en arrive à la disparition du livre, tu parles d'un avenir !

Stéphane : - J'en reviens donc à mon histoire de la conservation de la pensée. Après la pierre et les os

humains ? On a utilisé des matières plus pratiques : le bois puis le papier. Et un jour on a relié le papier sous forme de livre. Le livre a eu quelques siècles de triomphe. C'est inévitablement sa, ou peut-être ses dernières décennies.
Martine : - Finalement, tu devrais devenir enseignant ! Tu devrais me remplacer ! Il faut faire travailler les jeunes.
Stéphane : - Et devant mon tableau noir, je conclurai : dès que le numérique sera plus pratique que le papier, il le supplantera. Des millions d'arbres seront en plus épargnés.
Paul : - Alors il n'y aura plus d'écrivains. Déjà qu'il est difficile de récupérer des droits d'auteur quand les livres sont imprimés ; alors quand les versions numériques seront téléchargées gratuitement, piratées ?...
Stéphane : - C'est bien pour cela que je ne veux surtout pas d'éditeur, que je tiens à mon indépendance. En conservant l'ensemble des droits, je récupère l'ensemble des droits dérivés.
Paul : - Et tu crois en vivre un jour ?
Stéphane : - Le problème majeur de l'indépendance étant l'accès aux points de ventes à des conditions décentes, il est impératif, soit de trouver une solution pour vendre, soit de vivre indépendamment des ventes.
Christophe : - Plutôt jouer au loto !
Stéphane : - Vendre sur internet, c'est vendre sans intermédiaire et l'audience permet d'obtenir des droits dérivés. Je n'en suis encore qu'à la phase une, le développement du concept.
Martine : - Je n'ai rien compris !
Paul : - Je ne comprends pas ta logique d'écriture, de ne pas te fixer dans un genre, de faire ainsi feu de tout bois. Tes internautes, tu vois je connais le terme exact, tes internautes doivent être comme les organisateurs des salons du livre ! Ils ne doivent pas savoir où te classer.

Stéphane : - Mais je ne suis pas un bibelot dont on recherche l'étagère qui le mettra le plus en évidence.
Paul : - Tu sais bien ce que je veux dire.
Stéphane : - Ecrire, l'essentiel est d'écrire, tu en conviens ?
Paul : - Naturellement, mais si personne ne s'y intéresse…
Stéphane : - Le succès est toujours un malentendu ! Il est donc inutile de courir après ! Quelqu'un tombe sur un texte et la mayonnaise prend, tout s'emballe, c'est rarement le meilleur texte. Quand ça arrive, le plus souvent l'écrivain est déboussolé, paumé. On lui demande de tout ! Eh bien moi, ce jour-là je placerai mes textes, chanson, théâtre, scénarios…
Paul : - Tu ne m'as pas convaincu ! Si je t'ai bien suivi, il suffit d'attendre.
Stéphane : - La patience est notre grande vertu !
Paul : - À ce petit jeu de l'attente, je ne me vois pas attendre encore cinquante ans ! Et en attendant, il faut bien vivre !
Stéphane : - Les droits dérivés, on y revient !
Christophe : - C'est quoi, tes droits dérivés ?
Stéphane : - Les internautes téléchargent gratuitement… et après reçoivent de la pub.
Paul : - Tu deviens comme un coureur automobile, avec des pubs partout.
Stéphane : - Mais pas du tout ! Encore une réduction caricaturale orchestrée par l'industrie du livre pour effrayer leurs petits auteurs. Le versant littéraire et le versant publicitaire sont dissociés. Aucune publicité dans les versions numériques mais les internautes fournissent leur adresse e-mail et reçoivent d'autres messages, des messages cette fois publicitaires.

Christophe : - Et vous êtes nombreux à faire ça sur internet ?
Stéphane : - Je crois qu'en France je suis le premier.
Paul : - Internet, internet, je suis trop vieux pour m'y mettre comme toi. C'est bien bon pour les sites de drague mais pour la littérature, je suis et je resterai de l'ancienne école.
Christophe : - Faudrait qu'un jour on en parle vraiment d'internet, Stéphane.
Stéphane : - Mais qu'est-ce qu'on vient de faire ?
Christophe : - Oui… Mais devant un écran, que tu me montres comment ça marche. Comment tu peux envoyer un texte, tu es toujours derrière ton écran ?
Stéphane : - Avant d'être un mec bizarre qui promène ses livres, j'ai été un jeune informaticien. Cadre même !
Martine : - Tu dis tout en deux fois. Pour moi l'informatique se résume à une question : tu connais la différence entre Windows et un virus ?

Personne ne répond.

Martine : - Windows c'est payant alors qu'un virus c'est gratuit.
Stéphane : - C'est avec de telles plaisanteries qui se veulent des bons mots, qu'on fait peur aux écrivains ! Tant mieux ! Ayez peur, ça me permettra de prendre un train d'avance.
Christophe, *en souriant :* - Tchou Tchou.

Paul et Martine éclatent de rire.
Stéphane a une moue signifiant « ils n'y comprennent vraiment rien. »

Rideau

Acte 2

Stéphane. Puis : Paul.

Nuit. Stéphane allongé dans le canapé (qui ne fait pas lit). Scène légèrement éclairée pour la commodité des spectateurs. Entre Paul, en peignoir, titubant.

Paul : - Je viens prendre un Coca dans le frigo... J'ai la gorge sèche... Il me faut quelque chose de doux... Tu veux que je te serve quelque chose, mon cher Stéph ?... J'ai aussi du Perrier... Ou tu veux quelque chose de plus doux ? (*élocution de type bourré essayant de parler correctement*)

Stéphane fait semblant de dormir.

Stéphane : - I m'a assez barbé au salon, i va pas r'commencer... (*pour le public ; de même très éméché*)
Paul, *très efféminé :* - Tu dors déjà, mon ché... cher Stéph ?

Silence.

Paul : - Si j'osais... Comme écrivain rien... (*Stéphane apprécie*) mais le sentir là à deux mètres... Ah !... Je suis prêt à lui promettre le prix Goncourt... Calme Paul... Tu n'as jamais violé personne... (*en souriant* :) Ou bien j'ai oublié... Ou il sentait pas bon (*référence à Jacques Brel, chez ces gens-là*).

Paul : - Bon je vais déjà aller chercher un Coca... Ça le réveillera peut-être. Il a bien bafouillé « *que ta nuit soit la plus agréable possible* »... Il sait ce qu'agréable signifie...

Paul va dans la cuisine, laisse la porte ouverte, fait un maximum de bruit (bouge des chaises, tousse, claque la porte du frigo, pose de la vaisselle...). Il revient.

Paul : - Excuse-moi Stéphane, je viens de m'apercevoir que j'ai fait du bruit, j'avais complètement oublié que tu dormais dans le canapé.

Aucune réponse.

Paul : - Stéphane, tu m'excuses de t'avoir réveillé... *(Reprenant son monologue)* Ou alors il attend que je le prenne à l'improviste... Ses derniers mots, c'était bien ça... *(Stéphane effrayé, serre les poings)*... Non, je ne peux pas quand même... S'il se mettait à hurler, il est parfois tellement bizarre... Ça les réveillerait en haut, j'aurais l'air de quoi ?... *(Paul réfléchit)*

Paul fait tomber sa boîte de Coca, qui explose.

Paul : - Oh ! Je suis vraiment maladroit. Un mâle, adroit !

Après son ricanement de type ivre, Paul va à l'interrupteur, allume. Stéphane doit se montrer éveillé...

Paul : - Je suis vraiment maladroit. Et je t'ai réveillé... Oh excuse-moi, Stéphane. Tu dormais déjà comme un ange...

Stéphane, *légèrement dégrisé par la lumière :* - Si tu avais une fille, elle aurait sûrement l'âge de me réveiller. J'ai toujours rêvé d'être réveillé par une princesse.

Paul : - Tu sais, je peux te faire des choses aussi agréables qu'une princesse, j'ai une bouche de velours.

Stéphane : - Quelle horreur !

Paul : - Oh ! Tu n'es quand même pas vieux jeu !

Stéphane : - Je t'ai déjà dit, ça doit être hormonal.

Paul : - Je n'y crois pas... Même moi, j'ai essayé avec une femme... Ce ne fut pas grandiose. Tu ne peux quand même pas toujours parler de choses que tu ne connais pas.

Stéphane : - Mais je n'en parle pas. Le sujet ne m'intéresse pas ! On n'est pas de la même planète.

Paul : - Tout homme est, a été, ou sera. Comme tu n'es

pas, comme tu n'as jamais été, il faut que tu sois un jour... Donc attendons deux minutes...

Stéphane : - C'est c'qu'on appelle un sophisme...

Paul, *rire d'ivresse :* - Pourtant parfois ça fonctionne... Et j'ai assisté à des conversions étonnantes... Pour quelqu'un qui se croit totalement hétéro, la première fois est une vraie révélation... Si tu avais entendu Carlo d'Egyptair hurler de plaisir... J'aimerais bien que tu vives cet instant fort avec moi... Ne passe pas à côté de l'essentiel, Stéph.

Stéphane : - Ça c'est de la tentative d'embobinement.

Paul : - Ça me ferait tellement plaisir.

Stéphane : - Tu devrais porter un Coca à Christophe.

Paul : - Oh non, puisque j'ai le choix, au moins que ce soit avec un véritable écrivain et en plus beau mec.

Stéphane : - Mais tu n'as pas le choix !

Paul : - Oh !

Stéphane : - Tu voudrais quand même pas que je te vomisse dessus.

Paul : - Si tu prends ton pied comme ça, fais comme tu veux.

Stéphane : - Ton seul choix, c'est aller rechercher un Coca ou remonter sans avoir bu de Coca.

Paul : - Oh !

Stéphane : - Enfin, tu peux aussi aller chercher une serpillière, tu peux même sortir, tu dois connaître Figeac by night sur le bout... des doigts.

Paul, *très doux :* - Pourquoi te moques-tu de moi, Stéphane ?

Stéphane : - Je constate simplement.

> *Paul s'assied au bord du canapé, se passe la main droite dans les cheveux, sans regarder Stéphane.*

Paul : - Y'a des jours comme ça... Où rien ne va. Ces

jours-là, je les reconnais au premier café. Le premier café qui me brûle la langue. Après j'ai renversé de la confiture d'abricot sur ma chemise. Je vais t'épargner la suite. Quand tu as eu ces paroles exquises, quand tu m'as souhaité une nuit la plus agréable possible, j'ai cru que la loi des séries était vaincue (*Stéphane qui soufflait de temps en temps, sourit en balançant négativement la tête*). Je ne me suis quand même pas trompé ? (*il regarde Stéphane*)

> *Stéphane sourit, balance la tête en signe d'affirmation.*

Paul : - Tu crois que j'aurais dû essayer de dormir ? (*ne laisse pas le temps à Stéphane de répondre*) Mais j'aurais jamais réussi à dormir. J'aurais pensé à toi en t'imaginant m'attendre. Et l'attente, c'est ce qu'il y a de plus beau en amour. (*Pause*) T'es d'accord avec moi, sur ça, Stéph ?

Stéphane : - T'es d'accord avec moi, Paul, si je te dis, cerveau fatigué n'a plus d'oreille.

Paul : - Oh, ce n'est pas les oreilles le plus important en amour. On fait juste un p'tit câlin, si tu veux…

Stéphane : - Ça commence à devenir gênant, Paul.

Paul : - Prendre ses rêves pour la réalité, c'est pourtant une idée qui t'est chère.

Stéphane : - Prends tes rêves pour ta réalité, va te masturber en pensant à qui tu veux… Et laisse-moi avec mes rêves.

Paul : - Tu penses à ta chanteuse ?

Stéphane : - Je pense à qui je veux. Mon cœur est déjà pris !

Paul : - Mais je ne vise pas aussi haut.

Stéphane : - Tes citations, tu les gardes pour ceux qui les ignorent. La femme à qui je pense, j'espère qu'elle trouverait de tels propos vulgaires. C'est clair, non ?

Paul : - Bon, ne t'énerve pas, tu me signifies poliment d'aller me faire voir, d'aller noyer mes idées noires à côté d'un placard, en vidant une bouteille de Ricard.
Stéphane : - Tu ne pouvais quand même pas imaginer que parce que j'avais picolé, j'irais contre ma nature.
Paul : - Mais ça n'existe pas, un hétéro (*moue de Stéphane, signifiant : c'est reparti*). Tout homme rêve d'avoir quelque chose au moins dans la bouche. Je ne t'ai jamais raconté comment j'ai compris, qu'en fait, ma vie, mon plaisir, ce serait avec le sexe fort.
Stéphane : - Le mieux serait que tu écrives un livre sur le sujet, au moins une nouvelle. C'est peut-être le moment de commencer.
Paul : - Bon, là tu me signifies poliment, va écrire.
Stéphane : - C'est encore la meilleure occupation, les nuits d'insomnies. Au moins ça n'embête personne.
Paul : - Je te croyais pas comme ça !
Stéphane : - Je ne t'ai jamais caché mon orientation.
Paul : - Oui mais là, c'est presque de l'homophobie.
Stéphane : - Détrompe-toi !... Plus il y aura d'homos, plus le choix des femmes sera restreint !
Paul : - Les femmes devraient toutes être lesbiennes... Je crois que si tu ne me prends pas dans tes bras, je vais aller me jeter dans la rivière.
Stéphane : - Là c'est du pathos ridicule.
Paul : - Oh merde ! Tu prends rien au sérieux. Tu sais pourtant que je suis un mec sensible.
Stéphane : - C'est bien, va l'écrire. La vraie vie, c'est la littérature.
Paul : - Mais Proust a vécu avant d'écrire cela. Il n'aurait jamais refusé un câlin à un écrivain ami.
Stéphane : - Bon (*Stéphane se lève, surprenant Paul toujours à ses pieds ; pieds nus, il porte un tee-shirt et le pantalon du soir*), je trouverai bien un hôtel. Ou je

retourne chez moi. De toute façon pour vendre trois bouquins demain (*il ramasse ses affaires et les fourre dans son sac*).

Paul, *se lève :* - Excuse-moi Stéph, excuse-moi, j'avais cru...

Paul sort et on l'entend monter les escaliers.
Stéphane s'assied sur le canapé, souffle de dépit.

Stéphane : - Non seulement j'aurai une tronche d'enfer à cause de l'alcool... Mais en plus je n'ai entendu que des banalités... Même pas une phrase digne de faire un refrain !... Pendant ce temps-là, les écrivains mondains sont dans un lit confortable, dans une belle chambre d'hôtel qui va pas puer le Coca... Mais ils se demandent si le président du Conseil Régional a retenu leur nom... Ça sert à rien de côtoyer des écrivains, ils ne valent pas mieux que les voisins. Le seul intérêt d'un écrivain, on le trouve dans ses livres. Qui parmi ces pantins n'a pas pour grand rêve d'obtenir une bourse du Centre National des Lettres, ou à défaut du Centre Régional des Lettres, ou d'animer un atelier d'écriture, ou d'intervenir dans une école ? Qui se soumet à demander ne sera jamais écrivain. Des écrivaillons ! Dès qu'un p'tit bureaucrate d'une vague commission se ramène, ils sont à genoux. Est-ce que Rimbaud aurait quémandé une bourse à des notables ? Plutôt magouiller que s'agenouiller. Plutôt vivre pauvrement que de brouter à leur râtelier...

On entend du bruit dans la chambre au dessus.

Stéphane, *soulève la tête et sourit :* - Sacré obsédé ! Il est allé voir Christophe ! Sans Coca en plus.

Rideau

Acte 3

Stéphane. Puis : Patricia, Paul, Martine et Christophe.

Matin. Même décor. Stéphane dort. Sonnerie.
Stéphane se redresse, passe la main droite dans les cheveux.

Stéphane : - Damned !... J'ai rêvé qu'on sonnait... Damned... Il fait déjà jour...

Deuxième sonnerie.

Stéphane : - Damned !... J'ai pas rêvé, on sonne... Bon, j'ai pas le choix... Quelle heure il peut bien être ?

Il se lève. Troisième sonnerie.

Stéphane *crie, voix pâteuse :* - J'arrive.

Il cherche le bouton, allume la lumière, regarde sa montre...

Stéphane : - Les salauds !... Onze heures... Les salauds, ils sont partis sans moi... Bande de blaireaux !

Il ouvre la porte. Entre Patricia.

Patricia : - Oh ! Ta tête ! Lendemain de fête !
Stéphane : - Je crois que tu as deviné...
Patricia : - Il serait temps de vendre des livres !
Stéphane : - Je crois qu'on a un peu trop forcé sur les bouteilles... C'est Paul qui t'a demandé de passer me réveiller ?...

Paul dévale les escaliers, entre en peignoir, en courant.

Paul : - Oh Charlus ! Tu as vu l'heure Stéph... On est à la bourre.
Stéphane : - Tu devais nous réveiller à huit heures. T'es grave !
Paul : - Je sais pas ce que j'ai foutu, mon radio-réveil est débranché. C'est la première fois que ça m'arrive. Salut Patricia !
Patricia : - Bon réveil, Paul !
Paul : - Martine et Christophe ne sont pas là ?... Je remonte les réveiller...

Il repart. On entend frapper aux portes des chambres...

Stéphane, *pour lui-même :* - Je crois que j'ai pas le temps de prendre une douche... Mais si je n'en prends pas une j'arriverai jamais à dédicacer un bouquin... Oh ma tête ! (*il se prend la tête entre les mains*)
Patricia : - Tu devrais essayer de vomir !
Stéphane : - Si je commence à vomir, ça va durer toute la journée.
Patricia : - Alors vider une bouteille de vin blanc ! C'est radical, un lendemain de cuite !
Paul *revient, en souriant :* - Bon, Stéphane, Patricia... Je vous confie un secret... Mais c'est un secret... Comme Christophe ne répondait pas, je suis entré dans sa chambre, et il n'y avait personne... Alors je suis entré dans celle de Martine, et là...
Stéphane : - Ah ! Je croyais que les bruits que j'avais entendu cette nuit, c'était toi et Christophe... Donc mon cerveau en déduit que c'était Christophe et Martine.
Paul : - Oh Stéphane !...
Patricia : - Quelle belle histoire ! Je suis contente pour eux ! Christophe se plaint tellement d'avoir épousé une pouf !

Stéphane : - Mais avec un bon salaire !
Patricia : - Tout le monde a au moins une qualité ! Et Martine semble tellement seule. Ça peut durer, en amants bien sûr.
Stéphane : - J'ai le droit de prendre une douche ?
Paul : - Oh Stéphane, fais comme chez toi...

Stéphane prend son sac et se dirige vers la salle de bains.

Paul : - Mais fais vite quand même...

Stéphane s'arrête.

Stéphane : - Oh ! Pis non ! Inutile. Même un peu d'eau ne pourra sauver les apparences. Alors assumons (*il pose son sac, en sort la chemise chiffonnée de la veille ; Paul l'observe en souriant*). Même me changer, ce serait stupide ! La gueule fripée, les fringues fripées (*il passe sa chemise puis son pull*).

Martine et Christophe entrent, habillés comme la veille, le visage aussi marqué par le manque de sommeil et l'alcool.

Christophe : - Salut les hommes... Oh Patricia !
Patricia : - Salut mes chers collègues ! Je suis le réveil d'onze heures !

Martine fait un signe bonjour de la main droite et montre ses cordes vocales. Silence.

Paul : - Heureusement que tu es venue !
Patricia : - La folle voulait déjà retirer vos tables... Et ton téléphone ne répond pas !
Paul : - Attends !... On a quand même le droit d'être un peu en retard... Je vais l'appeler, tu vas voir, je suis quand même l'écrivain du pays... Où j'ai mis mon portable ?...

Sûrement en haut... Je vais l'appeler en m'habillant... Son numéro est dans mon agenda... Je lance le café...

Paul va à la cuisine, revient, sort par la porte des chambres. Martine s'assied. Patricia la regarde en souriant.

Patricia : - Je vois que ça a été la fête !

Stéphane : - Radio-réveil plus téléphone, Paul aussi a dû faire des expériences cette nuit !

Patricia : - Qu'est-ce que tu racontes ?

Stéphane : - Tu aurais dû dormir ici, je t'aurais laissé bien volontiers le canapé, j'aurais amené mon matelas de couchage, un duvet et j'aurais fait du camping.

Patricia : - Tu sais bien que je ne suis qu'à vingt bornes. Et j'ai mon chien, mon chat, ça s'ennuie ces petites bêtes.

Stéphane : - Mais au moins si tu avais été là, ça m'aurait évité de voir débouler Paul en rut dix minutes après le dernier verre de notre beuverie.

Patricia : - Tu lui as lancé un sceau d'eau pour le calmer... Ou de Coca plutôt ! *(elle regarde la boîte par terre et la flaque)*

Stéphane : - Je l'ai envoyé voir Christophe !

Patricia regarde Christophe.

Christophe : - Je confirme, il n'a pas osé venir... Il aurait vu que mon poing c'est du 46... Mais je vois que ça n'hésite pas à balancer sur les copains... *(Christophe hésite à en dire plus)*

Stéphane : - C'est bien ce que je disais : il s'est contenté de son radio-réveil et son téléphone.

Martine *sourit :* - Sa femme vient au salon cette après-midi...

Stéphane *sourit :* - Nous attendons tous les présentations !

Christophe : - Ça m'étonnerait que quelqu'un ne s'empresse pas, dès que j'aurai le dos tourné... Puisque Paul s'est précipité pour vous raconter ...
Stéphane, *à Martine :* - Qu'est-ce qu'il raconte, notre cher et ténébreux collègue ?
Martine : - On entend tout de ma chambre... D'ailleurs cette nuit je n'ai pas raté un mot de ton duel avec Paul... Tu as été super résistant ! Et correct en plus ! Je me demandais comment ça allait finir.
Christophe : - Bon, ce n'est pas trop vous demander qu'il y ait un secret entre nous.
Patricia : - Alors Martine, toi qui réponds toujours « néant. »

Martine et Stéphane se sourient.

Christophe : - Bon, le premier qui prétend que le néant et moi c'est la même chose, je lui fous mon poing sur la gueule.
Patricia, *à Martine* : - Il est gonflé ton copain ! Il se vante de sa conquête, et après si on en fait une pièce de théâtre, il va nous casser la gueule.
Stéphane : - Tu vas te mettre au théâtre aussi ?
Patricia : - C'était juste pour rire, je ne voudrais pas me fâcher avec vous !
Stéphane : - Aucun événement exceptionnel à signaler à Figeac depuis la disparition de Champollion, mais un samedi soir, un exploit qu'il convient de rapprocher de la célèbre prise de la Bastille, c'est une forteresse imprenable...
Martine : - De toute façon je ne me souviens plus de rien.
Christophe : - C'est charmant !
Martine : - Fallait pas terminer par un concours de verres de Cognac.

Patricia : - Waouh, vous y êtes allés encore plus fort qu'à Firmi.
Martine : - C'est vrai, quelle surprise quand je t'ai vu à côté de moi et Paul qui souriait ! Si j'étais peintre ce serait le moment que j'immortaliserais.
Christophe : - C'est la faute à Stéphane et Paul, je voulais entendre leur conversation intime et on entendait mieux de la chambre de Martine.
Martine : - Alors ce n'était pas une excuse !
Christophe : - Bon, je crois que je peux arrêter les salons du livre dans la région, je vais devenir votre tête de turc.
Stéphane : - Faudra que je fasse ton acrostiche.

Paul, habillé différemment de la veille, très parfumé, entre.

Stéphane : - Quand on parle d'acrostiche, on voit sa... mèche.
Paul : - Vous en profitiez encore pour vous foutre de moi ? C'est un monde, on ne peut pas avoir le dos tourné cinq minutes...
Martine : - Crois-moi, on n'a pas eu le temps... Christophe a accaparé l'attention générale.
Paul : - Alors, bon souvenir, ce salon ?...
Christophe : - Bon, tout le monde m'a promis d'être discret, il ne manque plus que ta promesse... Ma baronne vient cette après-midi au salon.
Patricia, *en souriant :* - On n'a rien promis.
Paul : - Tu sais bien que je ne suis pas du genre à mettre un ami dans l'embarras. Tout le monde a ses petites faiblesses (*coup d'œil discret à Stéphane qui sourit*).
Martine : - Alors la cheftaine ?
Paul : - Il paraît que tu nous as dit n'importe quoi, Patricia.
Patricia : - Et qui tu crois ?

Paul : - Je t'offre le petit-déjeuner.

Patricia : - Je me suis levée comme chaque jour à six heures, donc tu devines où il est déjà mon petit-déjeuner... Mais bon, je ne suis pas pressée, ça m'étonnerait que je vende mon premier livre ce matin. À moins que Christophe, en signe de reconnaissance, se décide à m'en acheter un.

Stéphane : - Pour l'offrir à Martine !

Patricia, Martine et Stéphane sourient. Martine se lève, va vers la table et pousse tout vers un bord, Christophe vient l'aider.

Patricia : - C'est vrai qu'ils pourraient faire un beau couple.

Stéphane : - Un couple d'écrivains régionaux, ils publieraient des livres à quatre mains, ajouteraient leur notoriété.

Paul : - Martine, tu veux bien m'aider à apporter le petit-déjeuner ?

Paul et Martine vont à la cuisine, reviennent avec des plateaux, le café, des tasses, deux baguettes, des biscottes, deux pots de confiture, du beurre.

Paul : - Je suppose que personne ne va prendre un bol de lait.

Martine : - Y'a des mots, faut pas les prononcer certains matins.

Martine sert le café. Tous s'assoient.
Paul coupe du pain. Silence.

Patricia : - Je suis certaine que c'était plus animé hier soir... Je n'ai pas dit cette nuit.

Stéphane : - Avec musique d'ambiance en direct du plafond !

Patricia : - Au fait, tu écris encore des chansons ?

Stéphane : - Forte baisse de ma production. Seulement

trente-sept textes l'année dernière et cinq depuis le premier janvier.

Paul : - Et tu réussis à en placer ? Parce que moi, à part la meuf de Limoges qui m'a fait vachement plaisir en m'écrivant souhaiter absolument chanter mon texte « *un homme presque comme toi* », je n'arrive pas à avoir les bons contacts. Tu n'aurais pas un bon plan ?

Stéphane : - Les chanteurs préfèrent conserver l'intégralité des droits en chantant leurs petites merdes, on est tous face au même dilemme... Sur trente-sept textes l'année dernière, une dizaine sont mis en musique mais un seul est en exploitation, celui retenu par le concours du cabaret studio à Nantes.

Paul : - J'ai été dégoûté. C'est quoi leurs critères ? Je comprends pas pourquoi mes textes n'ont pas été retenus, au moins un... Ils sont pourtant très beaux, très poétiques. L'un reprenait même la belle définition que donne Cocteau de la poésie : mettre la nuit en lumière... (*il attend un commentaire... silence*) j'avais même retravaillé un texte de ma jeunesse, un texte très humoristique (*il sourit*) : l'idée, comme Platon parle du monde des Idées, l'idée est totalement originale, elle devrait te plaire Stéphane : qui vend des œufs pourra s'acheter un bœuf (*silence ; aucune réaction*) Comment tu as fait, toi ?

Stéphane : - Comme toi, j'ai envoyé trois textes et j'ai attendu.

Paul : - Tu crois que le fait que tu aies des sites sur internet, ça t'a aidé.

Stéphane : - Je suppose qu'on t'a déjà demandé si le fait de vivre à Figeac, ça t'a aidé pour obtenir une bourse du Centre Régional des Lettres.

Paul : - Oh ! Je t'ai déjà juré que je ne connaissais personne... Je ne me suis jamais compromis ! Ne me confonds surtout pas avec Natacha ! (*Stéphane sourit*)

Martine : - Pourquoi t'es pas chanteur ?

Stéphane : - J'arrive déjà pas à faire la promo de mes livres trois fois par an, à rester assis une heure de suite lors d'un salon, alors tu me vois répéter x fois dix ou quinze petits textes... Il y a tant de livres à lire, tant d'émotions à écrire... C'est vraiment pas conciliable, écrivain et chanteur.

Patricia : - Pourtant la plupart des chanteurs écrivent leurs textes.

Stéphane : - Mais ils ne sont pas écrivains ! Plutôt qu'écrire leurs textes, vaudrait mieux résumer par « pisser des lignes. » Ce sont des paroliers. Ils ont trouvé leur style, le bon procédé, et ils referont la même chose jusqu'au dernier album. Finalement, ce qu'ils cherchent c'est à se montrer, à plaire, écrire douze petits textes chaque année ou tous les cinq ans, c'est alors une petite formalité. C'est pitoyable, tu ne trouves pas ?

Patricia : - C'est une manière de voir... Je croyais que tu aimais bien la chanson.

Stéphane : - La chanson m'intéresse pour son potentiel créatif. Mais l'état de la chanson française, c'est électrocardiogramme plat. Certains ont même un nègre pour ça !

Martine : - Nègre de chanteur, tu pourrais refaire le toit de ta maison avec ce petit job !

Stéphane, *sourit* : - Je crois avoir assez parlé pour la matinée. Ternoise is game over... Ça ne sert à rien ce genre de salon. Je crois que je vais annoncer mon boycott des salons du livre.

Martine : - Dépêche-toi avant que plus personne ne t'invite !

Stéphane : - Je ne peux quand même pas faire semblant de croire qu'ils veulent promouvoir le livre. Notre rupture définitive est inévitable.

Martine : - Mais ça doit être tes commentaires qui énervent quelques personnes... Surtout une habillée en blanc hier... Je dis ça au cas où tu ne t'en serais pas aperçu.
Stéphane : - Hé bien oui, je n'ai pas applaudi le discours du vénérable Président du Centre Régional des Lettres. J'ai même commenté un peu fort. Et pourquoi je me gênerais de rappeler avoir payé ma place ?
Martine : - On en est tous là.
Stéphane : - Et pourquoi je n'ajouterais pas refuser d'engraisser un libraire avec une inacceptable remise ? Les gens qui vont au salon du livre pensent que leur argent revient aux écrivains. Il faut les informer, comment on se fait racketter. Si nous c'est droit d'inscription plus déplacement et hébergement à notre charge, merci Paul.
Paul : - Ton remerciement me va droit au cœur.
Stéphane : - Les écrivains édités chez un grand éditeur sont certes en tous frais payés mais ils verront quoi sur l'argent des livres vendus ?
Martine : - Tu pêches des convaincus. Oh le lapsus ! J'en suis fière ! Tu prêches des convaincus...
Christophe : - D'ailleurs tu as vu, je préfère payer ma place, acheter aux éditeurs pour avoir un peu d'argent en les revendant.
Stéphane : - Mais pourquoi je suis le seul à le gueuler bien fort, à chercher une autre solution ?
Martine : - Hé bien y'en a qui tiennent à leur strapontin. Je fais quoi, moi, de mes livres, si je ne vais plus dans les salons ?
Stéphane : - On en revient à internet !
Patricia : - Il finirait par nous convaincre !... Moi je crois que je vais arrêter les salons du livre aussi, mais sans annoncer que je les boycotte. Je vais continuer d'écrire

mais pour moi. Finalement, l'époque ne mérite sûrement pas que l'on se casse le cul pour lui montrer nos textes.
Martine : - Donc, finalement, c'est sûrement toi la sage.
Paul *répète :* - Sage, sage, sage.
Martine : - Ça rime avec courage !
Paul : - Je suis plutôt découragé. Ça fait trois ans que je n'ai pas trouvé d'éditeur.
Stéphane : - Ils sont méfiants, ça se comprend !
Paul : - Détrompe-toi, l'homosexualité est très bien vue dans ce milieu.
Stéphane : - L'homosexualité peut-être… Mais le fait que tes six éditeurs soient depuis en faillite ! Le mouton noir ! Le Quercy est un pays d'élevage où le mouton est apprécié du Conseil Régional ! Un mouton noir à cinq pattes !
Patricia, *éclate de rire* : - Je crois avoir compris !
Paul : - Oh ! Là tu es de mauvaise foi. Tu sais que mes livres sont bons, je ne vais pas te rappeler la liste des prix, des mentions que j'ai obtenus (*Stéphane sourit*). Tu as tort de ne pas participer aux prix littéraires, une nouvelle ou un poème récompensé, ça fait des articles.
Stéphane : - Dans *la Dépêche du midi* !
Paul : - Pas seulement. Dans les revues spécialisées on parle souvent des lauréats.
Stéphane : - L'ennuyeux avec les prix littéraires, c'est certes de ne pas gagner mais quand tu gagnes il te faut rencontrer le jury… et tu dois voir la cohorte de frustrés, imbus de leur petit pouvoir, ils veulent être remerciés, un beau discours, sourires…
Paul : - Ne caricature pas, certains sont charmants, passionnés.
Stéphane : - Mais ils te font perdre ton temps.
Martine : - T'es vraiment un solitaire ! Un type à peine fréquentable.

Stéphane : - Je préfère me consacrer à la littérature qu'au cirque qui l'entoure.
Paul : - Alors, tu fais quoi à Figeac ?
Stéphane : - Tu m'as amicalement invité. Et j'avais pensé que mon week-end serait très instructif, me permettrait sûrement d'écrire un livre au titre provisoire « *grandeur et misère des écrivains au salon du livre de Figeac.* »
Paul, *regarde sa montre :* - Allez, tout le monde a fini, on y va. Il faut quand même que je vende quelques acrostiches !

Martine et Christophe sortent par la porte chambre.

Patricia : - Je ne sais pas si on les reverra ! Tu montes avec moi Stéphane ?... Tu sais qu'avec moi il n'y a pas de sous-entendu.
Paul : - Tu peux prendre cinq minutes pour te coiffer, si tu veux, Stéphane.
Stéphane : - Les apparences... Les apparences seront forcément contre moi. Si je vends un livre, ce sera vraiment pour le contenu ! Et comme tu le sais, un mauvais livre a besoin d'apparences, un bon livre exige seulement un peu de patience.
Paul : - Bon courage.

Stéphane prend son sac et sort avec Patricia.
Paul attend Martine et Christophe.

Paul, *pour lui* : - C'est un cas un peu spécial, quand même, ce Stéphane ! Il croit qu'il suffit de publier un livre pour se prétendre écrivain. Il n'a pas encore compris que l'écrivain doit s'inscrire dans une tradition... Pfou... Pourquoi j'invite des zozos pareils ! C'est la dernière fois ! Ils ne sont pas de mon rang.

Martine et Christophe reviennent avec leurs sacs.

Paul : - On y va, mes amis !

Les auteurs sortent.

Rideau Fin

Aventures d'écrivains régionaux

Trois hommes et deux femmes

Natacha (acte 1) et Patricia (acte 3) sont jouées par la même comédienne.

Aventures d'écrivains régionaux

Comédie en trois actes

Quatre hommes et trois femmes

Personnages :

Paul : écrivain (six livres publiés... le point commun de ses éditeurs : en faillite avant de lui avoir versé le moindre droit d'auteur) rmiste, animateur d'ateliers d'écriture, 50 ans, accueille chez lui, pour la soirée et la nuit, des « collègues auteurs » invités au salon du livre de sa ville mais « ni hébergés ni nourris » par les organisateurs.

Martine : 51 ans, a auto-édité cinq livres, professeur de français.

Christophe : 57 ans, publie des « livres jeunesse » chez divers éditeurs... qui lui versent des droits d'auteur dérisoires. Son épouse ayant un bon salaire, ne peut prétendre au Rmi.

Stéphane Ternoise : 35 ans, a auto-édité sept livres, créateur de sites internet. Mi rmiste mi travailleur indépendant.

Passera au repas :
Natacha : 70 ans, écrivain « romans du terroir » en auto-édition, notable, hébergée par la municipalité.

Passeront au petit-déjeuner :
Francis : 40 ans, ami de Paul.
Patricia : 52 ans, publie des livres en dilettante, à quelques exemplaires, auto-édite et auto-imprime, « ni hébergée ni nourrie » par les organisateurs mais retournée chez elle la veille (vit à vingt kilomètres).

Acte 1

Paul, Martine, Christophe. Puis : Stéphane et Natacha.
Chez Paul : la pièce principale : salon / salle à manger.
Un canapé. Une table. Des chaises. Quelques livres dispersés.
Au mur, encadrée, une feuille rose 21*29,7 où il est griffonné au marqueur rouge : « A Paul, en signe d'amitié » et une signature illisible.
Trois portes : la première conduit à la cuisine et aux toilettes, la deuxième donne sur l'escalier vers les chambres, la troisième est la porte d'entrée.
Paul, Martine et Christophe à table, durant l'apéritif (on sent plusieurs verres déjà vidés).

Paul : - Vous savez pourquoi il a pris un pseudonyme ?

Martine : - Parce qu'un pseudo, ça donne un genre.

Christophe : - C'est simple : lui qui se croit si grand, ne pouvait plus supporter de vendre des livres sous le nom de Petit.

Martine : - Olivier Petit, c'est vrai, on ne peut pas plus banal... Donc ça collait parfaitement à ses textes !

Paul : - Oh Martine ! Même moi je n'aurais pas osé.

Martine : - Allez, toi qui as toute une journée été le voisin de sa sainteté le plus jeune d'entre nous, dis-nous pourquoi il édite désormais ses (*avec emphase*) « œuvres » sous pseudo.

Paul : - Un peu de tout ce que vous avez suggéré, naturellement, on le sait tous, mais il m'a avoué la raison principale.

Martine : - Et tu l'as cru ?

Paul : - Ça ne signifie évidemment pas qu'il s'agit de la vérité, mais on peut affirmer qu'en ce samedi il voulait que je retienne cette version.

Martine : - Donc, comme tout chez lui, c'est du préfabriqué, c'est de la mise en scène.
Paul : - Là, je ne lui donne pas tout à fait tort, n'oublie pas la manière dont Jean Cocteau définissait le roman, (*en appuyant fortement* :) un mensonge qui dit la vérité.
Christophe : - Mais s'il était romancier, ça se saurait.
Martine : - Je suis quand même allée jusqu'à la page 52 de son premier roman... Vous pourriez m'applaudir !
Christophe : - T'as quand même pas acheté son bouquin !... Alors que tu n'achètes jamais les miens !
Martine : - Bin si !... Mais sans illusion littéraire... Je suis naïve peut-être, je pensais qu'en contrepartie il parlerait de moi sur internet.
Christophe : - Et il a encaissé ton blé, en liquide forcément, je connais l'oiseau. Et sur ses sites il ne parle que de lui, veut se faire passer pour un vrai écrivain.
Martine : - Ecrivain multi-facettes !
Christophe : - Fossettes on dit, multi-fossettes (*personne ne prêtant attention à sa remarque, il laisse échapper une moue de déception*).
Paul : - En fait, il s'essaye un peu à tout, après la poésie, les nouvelles, la chanson, je n'ose dire, vu le niveau, le roman, et monsieur nous annonce ses ambitions théâtrales ! Il est plus à plaindre qu'à moquer ! Ça doit être terrible, d'être nul en tout !
Martine : - Tu devrais être critique littéraire !
Paul : - Je l'ai été... Dans ma jeunesse... Après avoir arrêté l'enseignement. Mais j'en ai eu vite marre d'écrire de bons articles sur de mauvais livres.
Christophe : - Comme Martine avec l'autre, tu espérais le renvoi d'ascenseur !
Martine : - C'est notre maladie ça, on rêve !
Christophe : - Moi j'ai compris depuis longtemps : j'ai aussi aidé les copains mais à chaque fois je passais pour

un con. C'est triste mais c'est chacun pour soi dans ce milieu ! On est des loups !

Martine : - On le sait Christophe, que tu as pompé trois sites internet pour écrire ton dernier livre et maintenant tu passes pour un spécialiste du loup ! Encore un effort et tu seras invité à la télé ! Prépare ton déguisement !

Christophe : - Je ne dirai plus rien. À chaque fois que je lâche une confidence, ça me retombe sur le coin de la gueule ! Mais merde, au prix où je suis payé, je ne vais quand même pas partir quinze jours en Autriche observer des loups ! Et puis merde ! Tout le monde fait comme ça dans le livre documentaire ! Surtout pour enfants ! Y'a pas que l'autre cinglé qui sache utiliser internet !

Martine : - Reverse-lui un verre, sinon il risque de se métamorphoser en loup (*Paul ressert un apéritif, ils trinquent*).

Paul : - Ça ne vous intéresse pas, alors, pourquoi il est passé de Petit à Ternoise, notre futur partenaire de belote.

Martine, *en souriant* : - Si si, naturellement, c'est passionnant d'avance, dépêche-toi avant qu'il n'arrive, c'est une information essentielle.

Paul : - Ah ! Martine ! Est-ce que moi je lui en veux de son acrostiche disons déplacé ?

Martine : - Il s'est même essayé aux acrostiches ! Mais toi... dès qu'un mec est plus jeune que toi, tu t'enflammes.

Paul : - Je m'enflamme, je m'enflamme... Nettement moins qu'avant... Même pour ça je vieillis...

Christophe : - Tout plutôt que la vieillesse ! Allez, parle-nous du pseudo... Le pseudo, le pseudo (*se met à chantonner*), le pseudo, le pseudo... (*accompagné par Martine au troisième*)

Paul : - Puisqu'à l'unanimité... Mais promettez-moi de ne pas lui rapporter que je vous ai raconté sans exposer ses

arguments alors déclamés comme les émanations d'un maître incontesté.

Martine : - Tu nous connais.

Christophe : - Allez, de toute manière, il ne doit pas avoir d'illusion sur notre estime, même littéraire.

Paul : - Détrompe-toi ! Je suis certain qu'il est persuadé d'être le meilleur d'entre nous et qu'on le considère même ainsi.

Martine : - Ça me rappelle quelqu'un, « le meilleur d'entre nous. »

Paul : - Mais qu'est-ce qu'il devient ce… Ah !… Il a été notre Premier ministre et je ne me souviens même plus de son nom… Comme quoi il m'a nettement moins marqué que ce cher et si romantique Charlus…

Martine : - Alain. Alain Juppé.

Christophe, *chantonne* : - Le million. Le pseudo, le pseudo…

Paul : - Donc ? Selon notre brave collègue, la lettre P étant déjà occupée par PROUST, il lui fallait une lettre où il pourrait trôner pour des siècles et des siècles.

Martine : - C'était une boutade, quand même ! Faut être réaliste parfois !

Paul : - Tu sais, il a nettement plus d'orgueil que d'humour, ce petit.

Christophe : - À la lettre T, il doit bien y en avoir tout un wagon qui passe devant lui.

Martine : - Tu veux dire que même le train, et son Tchou Tchou, s'inscrit plus dans la littérature que lui.

Paul, *en riant* : - Oh Martine ! Tchou Tchou ! Tu devrais écrire du théâtre !

Martine : - Mais j'en ai écrit. Trois pièces même.

Paul : - Ah ! (*il joue l'intéressé*) Et elles ont été représentées ?

Martine : - Pas encore. J'espère bien quand même, qu'un jour. J'avais un contact au Québec…
Christophe : - Mais il a pris froid !
Paul : - Moi je n'en écris plus, j'ai peut-être tort, puisque ma pièce diffusée sur *France-Culture* avait eu d'excellentes critiques. Mais on ne me demande plus rien… Sinon j'ai bien quelques idées…
Martine : - J'aurais bien aimé avoir ton avis de professionnel sur mon théâtre.
Paul : - Il faut le publier ton théâtre… Ou la prochaine fois, apporte-moi une copie de tes manuscrits, dédicacée « à Paul avec mon admiration. »
Martine : - *La tentation de Ouaga*… Le modeste et néanmoins peut-être génial livre que je t'ai échangé l'année dernière contre ton roman, c'était ma troisième pièce…
Paul, *gêné* : - Martine… (*on sent qu'il réfléchit*) Il faut que je t'avoue. J'avais un copain, un petit jeune, un apprenti maçon avec des muscles, mignon mais mignon, je te dis pas… Je ne t'en ai jamais parlé, je n'ai pas vraiment eu le temps il faut dire, il passait pourtant souvent. Le soir même du salon du livre de notre échange, je m'en souviens comme si c'était hier, le ciel était d'un bleu à réveiller les tulipes ; il a ouvert ton livre, il devait sentir le génie.
Martine, *en souriant* : - Le génie se sentait dans la pièce… Tu veux dire.
Paul : - Je me souviens très bien, il m'a murmuré, enfin pas vraiment murmuré, il était plutôt viril, en tout, ah !, je revois encore sa petite frimousse, son petit sourire coquin quand il m'a aboyé, presque déclamé « *Mais ça a l'air super, vraiment super. Ah ouais ! Je peux te l'emprunter ?* » Naturellement, tu me connais, je ne pouvais pas réfréner sa soif de connaissances. Il m'avait

promis de me le ramener la semaine suivante, parce que moi aussi j'étais impatient de te lire, et le petit scélérat, il ne me l'a jamais rendu.

Martine : - Selon toi, j'ai donc de l'avenir dans le théâtre ouvrier.

Paul : - Au fait, tu as apprécié mes... Nouvelles ?

Martine, *sourit, un peu gênée à son tour* : - Si je te jure qu'une copine me les a empruntées à long terme, connaissant ma vie sexuelle, tu ne me croiras sûrement pas...

Christophe : - Jure sur la tête de l'autre !

Martine : - Mais c'est terrible, je n'ai plus le temps de lire, j'écris durant les congés, et le reste du temps, quand je rentre le soir, je suis crevée, alors je me dis, vivement vendredi, et le vendredi, ah ! enfin le week-end, mais il me faut maintenant tout un week-end pour récupérer... Je crois que je vieillis aussi...

Christophe : - Tu ne vas pas t'y mettre aussi.

Paul : - Je te l'ai toujours conseillé, tu aurais dû faire comme moi. Enseigner, ça te bouffe la vie. Je ne regrette nullement mes sept années d'enseignement mais c'était amplement suffisant.

Martine : - Déjà que je n'arrive pas à vivre avec un salaire, alors, le Rmi...

Paul : - Je suis certain, même financièrement, je m'en sortirais pas mieux avec un salaire. Tu vois, le Rmi, ça laisse vachement de temps. Et puis de temps en temps, j'anime un atelier d'écriture.

Christophe : - Avec tes acrostiches en plus, tu dois être le plus riche d'entre nous.

Martine : - Mais je n'ai aucun talent pour les acrostiches.

Paul : - Oh, ne te moque pas de moi, ça me prend dix minutes et ça me rapporte un deuxième Rmi par mois.

Christophe : - T'es donc payé 24 mois ! Plus les ateliers d'écriture, 36 !
Martine : - Et comme tu as toujours, je suppose, ton copain de la direction des impôts, tu es tranquille.
Paul : - Parfois il faut payer de sa personne... Mais ce n'est pas désagréable. Ah ! Ce brave Claudio... Il n'est plus tout jeune, et il perd parfois son temps avec des midinettes... Mais il a un p'tit quelque chose.
Martine : - Je crois deviner où.
Christophe : - Tu vas te mettre à l'autofiction ?
Martine : - L'autofiction pour moi, depuis quelques années, ce serait plutôt du genre *les pensées* de Pascal, rester dans une chambre et méditer sur le sexe des anges.
Christophe : - Et regarder la télé !
Martine : - Non, Christophe ! Pour ma légende, il faut marteler, marteler « méditer. » On ne sait jamais, Paul écrira peut-être bientôt ma biographie... Oh oh, Paul, tu es encore avec nous ? *(depuis qu'il ne participe plus à la conversation, il semble dans... des pensées)*
Paul : - Je vais vous laisser causer télé *(il se lève)*. Sur ce sujet, je ne suis plus à la page.
Martine : - Fais comme chez toi, Paul...

Paul sort (porte cuisine / toilettes).

Christophe : - Tu savais qu'une de ses pièces avait été diffusée sur *France-Culture* ?
Martine, *en souriant* : - Entre 3 heures 30 et 5 heures... du matin ! Il devait être le seul à écouter ! Avec ses droits d'auteur, il ne doit même pas avoir pu acheter une ramette de papier pour imprimer ses acrostiches.
Christophe : - Je n'ai jamais osé lui balancer, je ne sais pas comment il réagirait, mais il devrait quand même se rendre compte, ça ne fait pas sérieux ses acrostiches, il ne retrouvera jamais d'éditeur avec une telle réputation.

Martine : - C'est ce que l'on appelle un euphémisme... Surtout vu le niveau. *(en souriant :)* « *Sa main évoque le velours...* »

Christophe : - Tu connais par cœur.

Martine : - Encore un salon où il y avait un monde fou, alors plutôt qu'être bassinée par Natacha, j'ai feuilleté... Je n'ai pas pu tenir plus d'un quart d'heure.

Christophe : - Au moins Natacha, ses histoires sont drôles.

Martine : - Mais quand tu les entends pour la quinzième fois, et qu'à chaque fois elle a un rôle de plus en plus avantageux... Un jour elle va en arriver à prétendre qu'avec son père ils ont écrit toutes les chansons de Georges Brassens.

Christophe : - Tu crois qu'elle a vraiment connu Brassens ?

Martine : - Elle baratine tellement, on ne peut plus être certain de rien... Tu te souviens de son père !

Christophe : - Elle devient pire que ce sacré Nestor.

Martine : - Lui aussi, ses livres se vendaient ! Pourtant il devait encore écrire plus mal qu'elle !

Christophe : - Tu crois que c'est possible, écrire plus mal que Natacha ?

Martine : - En tout cas son inspecteur des impôts, à Paul, ça... Ça lui prend du temps.

Christophe : - Tu crois que... Non ? Quand même pas... Il n'est pas à ce point-là !?

Martine : - Fais le test : parle d'une plage où tu as croisé trois jeunes mecs en bronzage intégral, et commence à les décrire.

Christophe : - Mais les mecs, ça ne m'intéresse pas, moi j'aime les femmes de vingt-cinq-trente ans qui viennent d'avoir un enfant. Tu vois, le matin, je me promène toujours à l'heure de l'école maternelle, tu les vois ressortir avec une petite inquiétude sur le visage mais un tel sentiment d'épanouissement.

Martine : - Soit tu es un poète qui s'ignore, soit un déprimé qui rêve encore.

Christophe : - Comme j'ai déjà essayé la poésie et

Sonnerie.

Christophe : - Ça doit être l'autre cinglé... Moi je ne vais pas ouvrir...

Deuxième sonnerie.

Martine, *en souriant :* - Pourquoi aller ouvrir alors que personne n'a sonné !

Ils rient.

Martine : - J'espère qu'il pleut !

Christophe : - Qu'il tombe des grêles !

Troisième sonnerie. Ils rient de plus belle.

Christophe : - Si j'étais méchant, je souhaiterais un orage et que la foudre nous en débarrasse... Mais il ne faut jamais souhaiter la mort des gens...

Martine : - Il se réincarnerait peut-être en écrivain.

Christophe : - En simple stylo bic. Au moins il serait utile.

Quatrième sonnerie.

Paul, *arrive en courant, lance :* - Vous exagérez, que va penser Stéphane ?

Paul ouvre.

Paul : - Entrez, entrez, chers collègues.

Entrent Stéphane (avec un sac de sport) et Natacha.

Stéphane : - J'ai croisé Natacha, alors je l'ai emmenée... Je crois qu'elle cherchait la rue des gamins perdus.

Natacha : - Y'a bien longtemps que je m'y perds plus... J'ai mon portable... (*elle sort son portable*)
Paul : - Excusez-moi, j'étais à la cuisine, je préparais les plats pour l'omelette et je crois que Martine et Christophe devaient se bécoter en douce ou qu'ils n'ont pas osé aller ouvrir.
Martine : - On ne sait pas qui peut sonner chez toi à une heure pareille.
Natacha : - Tiens ! D'ailleurs j'ai un sms...
Paul : - Rassure-toi, j'ai prévenu tout le monde que ce soir je recevais un autre milieu...
Stéphane : - Ça nous aurait fourni une bonne étude sociologique.
Natacha : - Oh, il avait qu'à être là quand je suis passée... (*personne ne l'écoutant, plus fort* :) Les hommes il faut les laisser envoyer des sms.
Paul : - Natacha, alors, ton prochain livre, ce sera le dictionnaire de tes conquêtes ?
Natacha : - Mon prochain livre... Laisse-moi déjà terminer mon dictionnaire des mots cochons !... J'ai plus votre âge, les amis... Oui, j'aimerais bien encore en écrire quelques-uns, mais bon...
Christophe : - Nous casse pas le moral, Natacha.
Paul : - Je crois que Christophe nous fait une petite déprime, il vaut mieux éviter de parler d'âge aujourd'hui.
Stéphane : - Pourquoi tu déprimes alors que tu as signé pour trois livres.
Christophe : - J'ai signé. Oui, j'ai signé. Mais c'est déprimant. 1% des ventes, tu te rends compte ! Toucher un pour cent du prix de vente hors taxe, c'est scandaleux. Des rapaces !
Paul : - Mais tu vas être distribué en grandes surfaces !
Christophe : - J'ai l'impression qu'ils se foutent de ma gueule.

Martine : - Tu aurais dû répondre, « de ma face ! » (*personne ne semble comprendre sa réponse*) Alors ce soir, on va refaire le monde de l'édition, on va tout changer, on va s'attribuer les prix Goncourt, Renaudot, Femina, vous permettez, le Femina, je le garde, on va se partager les passages télé, et même les bourses du Conseil Régional...
Paul : - Tu vas bien Stéphane ?
Stéphane : - Ne pose pas des questions dont tu connais la réponse.
Paul : - Je ne sais pas si tu vas bien.
Stéphane : - Mais tu sais bien que je vais te répondre une banalité. Tu n'as quand même pas oublié qu'il y a deux heures nous étions des voisins qui, faute d'un possible lectorat, échangeaient leur point de vue sur les avantages et inconvénients de leurs choix d'édition.
Paul : - Mais depuis je t'ai vu partir en galante compagnie...
Stéphane : - Elle voudrait être chanteuse.
Paul : - Il paraît que les chanteuses sont très... Coquines...
Stéphane : - Et les chanteurs crétins, les écrivains fauchés, les bureaucrates... On ne va quand même pas perdre la soirée à débiter des lieux communs.
Paul : - Bon, donc ça ne s'est pas très bien passé.
Stéphane : - Elle voulait que je voie ses parents.
Paul : - Et ?
Stéphane : - Et c'était vrai, quand on est arrivé chez elle, ses parents étaient là !
Martine : - Et toi tu espérais !
Stéphane : - Sinon il suffisait d'échanger notre adresse e-mail.
Paul : - Donc tu es de mauvaise humeur.

Stéphane : - J'ai vieilli depuis le temps qu'on se connaît. Ce genre d'aléas ne peut plus grand-chose contre moi.
Paul : - Mais tu es quand même déçu.
Stéphane : - Maudites pulsions des glandes endocrines ! Parfois elles font oublier le choix de l'intégrité, d'attendre la vraie rencontre dans la douce solitude.
Paul : - Sois de ton temps ! Profite ! Il faut vivre !
Natacha : - Oui, profites-en, car tu verras, il arrive un âge où les hormones il faut bien les activer pour les faire redémarrer. Et lubrifier de temps en temps !
Stéphane : - Vous ne vivrez jamais en sérénitanie !
Martine : - C'est quoi de ton truc ?
Stéphane : - Le pays de la sérénité.
Martine : - Le Ternoise nouveau est arrivé, arôme mystique.
Paul : - On papote on papote, assieds-toi Natacha (*il lui tend une chaise*), tiens Stéphane (*il lui en tend une autre*), prends une chaise chaude…
Stéphane : - Une chaise chaude ?
Paul : - Oui, la mienne. Celle où j'étais avant de vaquer à la cuisine, d'ailleurs il faut que j'y retourne. *(Martine sourit en regardant Christophe)* Pose tes fesses là où étaient les miennes voici quelques minutes… Tu ne trouves pas que tu vas vivre un moment exquis ?
Martine : - On ne le changera pas ce Paul, dès qu'il voit un mec plus jeune que lui, il frétille.
Christophe : - Pourtant ça rime avec fille…
Stéphane : - Et vous croyez ainsi obtenir trois lignes dans ma biographie.
Martine : - Tu vas écrire ta biographie !
Stéphane : - Quand j'aurai l'âge de Natacha.
Natacha : - Bien, commence un peu plus tôt mon ami, parce que je suis en route, et j'espère bien la terminer

avant qu'il m'abandonne (*elle place sa main droite sur son cœur*).

Stéphane : - Si tu ne forces pas trop sur les nuits torrides, y'a pas de raison qu'il déraille, défaille, se défile dirait Christophe.

Martine : - Oh ! La plus belle phrase de ton œuvre !

Natacha : - Et comment je pourrais vivre, moi, sans nuits torrides ? Tu verras quand tu auras 90 ans.

Stéphane : - Arrête de te vieillir.

Natacha : - Quand j'avais 50 ans, j'annonçais 40, à 60 personne ne mettait en doute mes 50 affirmés droit dans les yeux mais depuis 70 je me vieillis de 5 ans chaque année.

Stéphane : - Un jour tu vas prétendre avoir connu Napoléon.

Natacha : - Exact ! Ce n'était qu'un enfant déjà caractériel, et je l'ai dépucelé dans la bergerie, tandis qu'il neigeait de gros flocons ; juste à côté, un bouc se tapait une brebis alors je lui ai pincé l'oreille droite en le provoquant : « le jour où tu seras un homme, tu m'en feras autant. »

Martine : - Natacha !

Paul : - Bon, je verse l'apéro et j'y vais, sinon on ne la mangera jamais cette omelette.

Paul va dans la cuisine.

Durant l'absence de Paul :

Christophe : - C'est vrai qu'il fait soif... On n'avait pas osé commencer...

Paul, *en rentrant* : - Si Stéphane te croit, c'est que sa chanteuse le perturbe vraiment.

Paul pose deux verres et verse l'apéro à Stéphane.

Paul, *à Natacha :* - Un p'tit apéritif, ma princesse ? Pour honorer cette auguste demeure ?

Natacha : - Le sexe, oui, l'alcool non ! Le docteur me l'a encore rappelé la semaine dernière.
Paul : - Tu avais remarqué le jus de banane. (*il lui montre bien la bouteille*)
Natacha : - Ça ne me surprend pas qu'il y en ait chez toi !
Paul : - Tu aimes ?
Natacha : - J'adore le jus de banane... (*il la sert*) mélangé au sperme... mais je me contenterai du nature... Je me rattraperai cette nuit...

> *Paul ressert l'apéritif à Martine, Christophe et Stéphane.*
> *A l'initiative de Paul, qui s'est assis, ils trinquent.*

Paul : - À nos ventes !
Martine : - Tu n'aurais pas un sujet plus réjouissant ?
Stéphane : - Aux arbres épargnés par nos tirages.
Natacha : - À votre jeunesse !
Christophe : - À tes souvenirs !
Natacha : - Oh ! Là, je vous souhaite tous d'en avoir d'aussi beaux à mon âge ! On pourrait trinquer toute la nuit !
Martine : - On a dit qu'on se couchait tôt. Parce que demain il faut piquer le fric aux bourgeois de Figeac.
Paul : - Je ne te savais pas aussi intéressée.
Martine : - Je n'ai pas les moyens de perdre de l'argent avec mes livres, moi. Je ne demande pas d'en gagner, tu sais, mais au moins de rentrer dans mes frais.
Natacha : - Moi, je peux publier dix livres sans en vendre un seul ! La vente du restaurant a fait de moi une capitaliste ! Mais je préfère les vendre, mes bouquins ! C'est toujours un plaisir de recevoir un chèque ou un billet. Et avec l'argent, je me paye tous les gamins que je veux.

Christophe : - Tu es tellement connue ! Tu n'as plus besoin de ça !
Natacha : - On voit que tu es bien informé ! Ça arrive, je n'ai pas à me plaindre mais offrir quelques billets, ça entretient l'amitié.
Martine : - On n'est plus en 1800 !
Natacha : - Heureusement, je vais te dire ! En 1800 une communiste capitaliste, c'aurait été impossible ! Guillotine !
Martine : - Si on part sur la politique, y'a des œufs qui risquent de voler !
Natacha : - J'ai toujours été communiste ! Et je le resterai ! Jusqu'à mon dernier souffle, comme le paternel ! Paix à son âme qui n'existe pas ! Vous verrez le jour où la Chine fera comme moi, le jour où ils comprendront qu'on peut être communiste et capitaliste ! Nestor le répétait souvent : quand la Chine s'éveillera, les gaullistes retourneront à Londres !
Paul, *se lève :* - Omelette !
Martine : - Je crois que je suis la seule qui osera t'accompagner dans la cuisine... (*en souriant* :) C'est bien dans la cuisine qu'on la prépare...
Paul : - Qu'est-ce que tu imagines encore Martine ?...
Natacha : - Je veux bien être passive, tu sais. Où tu veux, quand tu veux, c'est ma devise.
Martine : - Allons casser des œufs...
Stéphane : - J'allais oublier !... (*Stéphane se lève et va près de la porte où il avait posé son sac, il l'ouvre, en sort une boîte en carton, il la tend à Paul*)
Paul : - Comme tu n'en parlais plus, je pensais que tu les avais offerts aux parents de ta chanteuse.
Christophe : - C'est vrai que tu as des poules.
Stéphane : - Comme l'a écrit Stendhal : « *L'homme d'esprit doit s'appliquer à acquérir ce qui lui est*

strictement nécessaire pour ne dépendre de personne. »
Le nécessaire passant par le manger il vaut mieux élever ses bêtes.

Christophe : - Moi j'ai une femme... y'a pas besoin de changer sa paille.

Martine, *à Paul :* - Pourquoi n'as-tu pas de poules ?

Paul : - J'ai essayé les poulets mais je n'ai jamais eu un seul œuf.

Paul et Martine vont dans la cuisine.

Christophe : - Alors Natacha, tu as encore été celle qui a vendu le plus aujourd'hui !

Natacha : - Je crois que les gens se disent « la vielle, elle va bientôt crever, alors faut qu'on ait au moins un de ses livres dédicacé »... Et puis je vais te dire... je vendrais n'importe quoi aux gens... j'ai un de ces baratins quand je m'y mets.

Christophe, *plus bas* : - Tu vendrais quand même pas un livre de Martine !

Natacha, *idem* : - Sois pas vache avec elle... elle est encore jeune, peut-être qu'un jour elle écrira des livres intéressants... Il faut du temps... Si elle arrête de confondre roman et rédaction pour les sixièmes B. Mon premier livre ne se vendait pas aussi bien que les suivants...

Christophe : - Ne joue pas les modestes. Depuis que je te connais, je te vois dédicacer dédicacer...

Natacha : - Je sais m'y prendre quoi ! À chaque livre tous les copains me font un bon article dans leur journal... ça compte aussi ça... Et les politiques, ceux qui sont au pouvoir, je les ai connus gamins, ils venaient manger au restaurant. Tout ça, ça crée des liens. C'était la belle époque le restaurant ! On ne parlait pas d'inceste ni de détournement de mineurs, tout le monde savait s'amuser.

On éteignait les lumières, on plaçait une bougie sur la table centrale... Je vous ai déjà sûrement raconté !
Christophe : - Tu racontes tellement bien !
Natacha : - Dommage que tu refuses de t'amuser avec une vieille dépravée qui a toute l'expérience du monde.
Christophe : - Je suis marié.
Natacha : - Je te cause d'inflation discrètement si tu veux. Pas d'engagement avec moi. Je ne suis pas une petite jeunette qui va vouloir te mettre la bague au doigt après trois nuits. Et toi, Stéphane, ça te dit, un entretien sur l'inflation, comme dirait Rachida ?
Stéphane : - Tu sais bien que j'attends l'Amour !
Natacha : - Tu l'oublieras, ta Momina ! Je voudrais pas crever avant de vous avoir fait un câlin !
Stéphane : - Alors on en reparle dans 50 ans !
Natacha : - C'était la belle époque le restaurant ! Ah ! Le droit de cuissage !
Christophe : - Dis pas ça devant Martine !
Natacha : - Elle aurait fait comme les autres, à cette époque-là ! Tout se tient dans la vie. Parfois il faut concilier l'agréable et le rentable : encore aujourd'hui, vaut mieux coucher avec la femme ou l'homme qui va te faire vendre deux cents bouquins plutôt qu'avec la beauté qui n'a pas de relations.

Martine revient avec cinq assiettes.

Natacha : - Non, ma Martine adorée, pas pour moi, tu sais bien que monsieur le maire m'offre le repas... (*elle regarde sa montre*) D'ailleurs je ne vais plus tarder...
Stéphane : - Et nous on squatte !

Martine pose les assiettes, boit une gorgée et retourne dans la cuisine.

Christophe : - À part des poules, t'as quoi comme bêtes ?
Stéphane : - Deux dindes, un dindon, deux oies, trois canards, des pigeons, des cailles.
Christophe : - Tes bouquins, internet et tes bêtes, tu t'en sors alors ?
Stéphane : - Tant qu'ils ne m'auront pas viré du Rmi, j'essayerai de le garder.
Christophe : - Oh, ils ne virent pas du Rmi.
Stéphane : - Là ça devient limite, ils m'ont encore baissé... Il faut dire que je ne vais pas à leurs convocations, je leur réponds en recommandé : « Messieurs les censeurs, vous n'avez aucune légitimité artistique pour juger de ma démarche littéraire. »
Christophe : - Et tu feras quoi, si tu n'as plus le Rmi ? Tu n'auras plus de couverture sociale non plus...
Stéphane : - Internet prendra le relais. Et ne perdons pas notre temps avec des problèmes possibles. Chaque jour est une équation à résoudre où ni le passé ni le futur n'ont leur place.
Christophe : - Comme Paul n'est pas là, on peut parler d'auto-édition... Tu crois que l'auto-édition, dans le livre jeunesse, ça pourrait fonctionner ?
Stéphane : - Tes livres sont bien distribués... Mais le plus souvent ton nom ne figure même pas sur la couverture... Donc tu ne peux pas compter sur ta notoriété.
Christophe : - Je suis à moral zéro... Là tu m'enfonces encore un peu plus la tête sous l'eau...
Stéphane : - Pour répondre correctement à une question, mieux vaut ne pas se bercer d'illusions, (*plus bas, en souriant* :) si tu veux des louanges, déshabille-toi devant Paul !
Natacha : - S'il présentait le 20 heures, je ne dis pas non ! D'ailleurs je ne dis jamais non ! Même quand y'a de l'irritation y'a du plaisir. (*personne ne l'écoute*)

Christophe : - C'est vrai qu'au niveau notoriété c'est néant, partout je dois préciser « j'ai publié vingt livres. » Quand j'ajoute le nom des éditeurs, là les gens me regardent autrement... (*plus bas*) Mes éditeurs n'ont pas fait faillite, moi. Et pourtant le CRL ne m'a toujours pas accordé de bourse. Vous trouvez ça juste, vous ?

Stéphane : - Dans le livre jeunesse, c'est encore pire que le roman, les réseaux de distribution sont complètement verrouillés.

Christophe : - Mes meilleures ventes se font en grandes surfaces... Je suis même certain que les ventes sont plus importantes que celles notées sur mes relevés.

Stéphane : - Mais si tu envoies un huissier pour vérifier leur comptabilité, là tu es certain d'être grillé chez tous les éditeurs.

Christophe : - C'est une vraie mafia. Tu vois, malgré vingt livres publiés, j'ai l'impression d'être un petit enfant qui doit remercier quand on lui signe un contrat. Pour le 1%, j'ai répondu « mais chez *Milan* j'étais à 3. » Elle s'est pas gênée, la blondasse platine, de me balancer : « *vous savez bien que si vous ne signez pas, un autre auteur sera enchanté de signer.* »

Natacha : - Une mafia, tu l'as dit. Un pour cent à l'auteur, un pour cent à l'illustrateur, ils doivent considérer que donner deux pour cent c'est encore trop. J'ai compris à mon premier livre, vous savez que j'avais un éditeur. Ils m'ont fait une pub dingue c'est vrai mais au moment de payer, y'a fallu que je fasse intervenir ce brave Nestor pour que l'éditeur mette l'argent sur la table.

Stéphane : - C'était mafia contre mafia !

Natacha : - Si je raconte tout dans ma biographie, vous en découvrirez de belles mes amis. Surtout que sur son lit de mort, Nestor m'a murmuré : « tu peux tout dire. »

On entend Paul de la cuisine, ce qui interrompt la conversation :

Paul : - Aïe... Oh Charlus ! Oh ça fait mal... de la glace, vite de la glace... dans le haut du frigo... Aïe... Que ça fait mal...

Christophe : - Un drame de l'écriture...
Stéphane : - Il va demander un arrêt de travail.
Christophe : - On ne peut pas le soupçonner de s'être brûlé pour attendrir Martine, qu'elle lui applique tendrement des compresses.
Stéphane : - Ça change, parfois, un homme !
Christophe : - Y'a des cas désespérés...
Natacha : - Y'a des techniques plus rapides et moins douloureuses. Si vous voulez, je vous en raconterai quelques-unes.
Stéphane : - Ou alors il ne s'est pas brûlé... Il a réalisé une expérience avec un œuf !
Christophe : - Et l'œuf a explosé au mauvais moment ! Tu prépares un livre X qui se déroulera dans ta petite ferme ?
Natacha : - C'est vrai que le coq avec les poules, il ne perd pas son temps à répondre à des sms, à écouter leurs petits malheurs ! La civilisation n'a pas apporté que des bonnes choses... C'était quand même le bon temps, le restaurant !

Paul arrive en secouant la main gauche dont le dessus est recouvert d'un sparadrap. Martine suit avec la poêle dans la main droite, la casserole de pâtes dans la gauche.

Paul : - C'est affreux, quelle douleur.
Stéphane : - La douleur est une invention du corps pour

se protéger des agressions extérieures. Remercie plutôt ton organisme !

Martine pose l'ensemble sur la table.

Paul : - Parfois, tu dis vraiment n'importe quoi, quand même !

Stéphane : - Ta main vient de te signaler qu'il ne faut pas la détruire. Si tu as retenu la leçon, remercie ta douleur et fredonne-lui « bonne nuit la douleur »… Il te suffit de te convaincre en répétant « ça ne fait pas mal. »

Martine reprend la poêle.

Martine, *à Stéphane :* - Tu veux que je te la colle pour tester ta théorie ?
Paul : - Tu veux la voir ma cloque ?
Martine : - Là, fais attention à ta réponse, il ne parle peut-être pas de sa main gauche.
Christophe : - On a évité un drame, si c'avait été la droite, demain tu ne pouvais plus dédicacer…
Paul : - Je suis gaucher.
Christophe : - Donc c'est un drame.
Stéphane : - Il faut prévenir *la Dépêche du Midi*…
Paul, *en s'asseyant :* - Allez, servez-vous… J'ai connu pire !… Mais en ce temps-là c'était volontaire !
Martine : - L'autofiction masochiste selon Saint Paul.
Christophe : - J'hésite... J'ai jamais vu une omelette aussi jaune.
Natacha : - Au restaurant, on avait un chef extra. Il utilisait de ces colorants, certains étaient même interdits ! Les plus beaux plats de la région qu'on avait !
Christophe : - Vous avez ajouté du maïs ?… Vous savez bien que je suis allergique au maïs…
Stéphane : - Tu les trouves où tes œufs ?

Christophe : - Comme tout le monde, au supermarché.
Stéphane : - Et elles mangent quoi les poules qui pondent dans tes barquettes ?
Christophe : - Elevées en plein air.
Stéphane : - En plus d'être élevées en plein air, elles choisissent leur herbe, retournent la terre pour y trouver de bons petits vers de terre, attrapent des criquets, des escargots.
Christophe : - Ah ! Des criquets, des escargots ! C'est pas naturel ! Tu crois que c'est bon pour les poules ?
Stéphane : - Goûte ! Je te croyais spécialiste de la nature ! La nature vue des villes ! Les poules n'ont pas attendu les nutritionnistes des multinationales pour exister. Tu vas voir la différence.
Paul : - Tu es sûre, Natacha, que tu ne veux pas au moins la goûter, l'omelette aux œufs de Stéphane.
Natacha : - Ce serait avec plaisir. Mais je ne peux quand même pas arriver le ventre plein à la réception de monsieur le maire (*elle regarde sa montre*). D'ailleurs je vais vous laisser.
Martine : - Tu vas quand même prendre un verre de vin avec nous ! Et le vin ?... *(tous sourient)* Quoi, j'ai l'air de réclamer ?... Mais non Paul !... Comme tu nous invitais j'ai amené une bouteille.

Elle se penche, ouvre son sac, et en sort une bouteille.

Martine : - Bon, c'est du Cahors... mais on n'a pas encore vendu 200 000 exemplaires...
Christophe : - Avec les traductions, je dois y être... Mais je crois que j'aurais touché plus d'argent si j'avais vendu mille exemplaires d'un livre auto-édité.
Martine : - Ah ! Vendre mille bouquins en auto-édition... on en rêve tous !... Alors malgré tes 200 000 exemplaires tu n'as pas les moyens de nous offrir une bouteille ?...

Christophe : - J'attendais que la tienne soit vide pour proclamer « j'ai gardé la meilleure pour la fin » mais bon... *(il se baisse et sort de son sac une bouteille)* C'est du Buzet ! C'est quand même meilleur que du Cahors...
Martine : - On verra, on verra, ne vendons pas la peau du Cahors avant de l'avoir bu.

Elle se penche et sort de son sac une autre bouteille.

Martine : - Cahors 2 Buzet 1. Et c'est Cahors qui nous saoule le plus !
Christophe : - Là, Stéphane, avec tes trois œufs tu passes pour un radin !
Stéphane : - Bon, alors je dois la sortir avant l'heure prévue...

Stéphane se lève, va ouvrir son sac, en sort une bouteille.

Paul : - Oh ! En plus des œufs, du champagne, je suis touché.
Stéphane : - Ce n'est pas tout à fait du champagne, mais quand on aura vidé les bouteilles de vin, du bon mousseux ça nous paraîtra sûrement meilleur que du mauvais champagne.
Paul : - Je ne sais pas si tout ça, ça s'accorde avec une omelette et des pâtes... Mais les mélanges, pour des écrivains, c'est toujours souhaitable... Mélangeons, mélangeons-nous !
Christophe : - Bon, je fais le commentaire avant vous : c'est moi qui passe pour un radin avec une misérable bouteille.
Martine : - Mais non, Christophe, on sait bien que ta femme te surveille. Déjà pour sortir une bouteille, tu as dû inventer des stratagèmes pas possibles !

Christophe : - C'est vrai que je suis le seul marié ici !
Natacha : - Mais je suis mariée, mon ami ! Trente ans de mariage ! Peut-être même plus !
Christophe : - Faut pas demander si tu n'étais pas mariée !
Natacha : - Tu ne crois quand même pas qu'en plus de le voir entre mes quatre murs, je vais le laisser me suivre ! J'ai passé l'âge !

> *Paul se lève et sort. Christophe et Martine se sourient.*

Christophe : - Pourtant je n'ai pas parlé d'éphèbes sur une plage…

> *Paul revient avec un tire-bouchon. Il ouvre une bouteille de Cahors puis remplit les verres, remet du jus de banane à Natacha, en précisant « toujours Nature. » Ils trinquent.*

Paul : - Aux livres et à ceux qui les achèteront.
Christophe : - Pour du Cahors, c'est buvable !
Paul : - Très raffiné, je dirais.
Natacha, *vide son verre d'un trait* ; *en se levant* : - Allez, je vous laisse les amis, ça m'a fait bien plaisir de passer quelques instants avec vous mais je dois maintenant rejoindre monsieur le président du Conseil Régional… Allez, j'essayerai de lui glisser un petit mot en votre faveur pour que l'année prochaine ils vous invitent aussi aux frais de la princesse… Je crois que je vais d'abord faire un saut à l'hôtel… Y'a un gamin à l'accueil, je ne vous dis pas !
Christophe : - Natacha ! À ton âge !
Natacha : - Je crois que je vais lui raconter que j'ai racheté l'hôtel, ça marche souvent avec les gamins de la réception.

Stéphane : - Natacha, sans vouloir t'offenser, ça se voit que tu n'as plus l'âge de racheter des hôtels. Sauf peut-être au monopoly !
Natacha : - À mon âge ! J'ai un truc auquel aucun homme ne résiste. Aucune femme non plus !
Christophe : - On ne demande pas à voir.
Natacha : - Je vais vous le montrer, vous pourrez dire, « j'ai vu le secret de Natacha » *(elle enfourne sa main droite dans son sac et sort une liasse de billets)*. Et tu sais, chez les gamins, beaucoup veulent apprendre. Ne m'en voulez pas d'avoir été une cougar avant l'heure ! Regardez les actrices et présentatrices de mon âge, elles s'affichent avec des jeunots. Ah !
Paul : - Tu sais bien que rien ne me choque !
Natacha : - Mais tu préfères les hommes, c'est ton choix, je le respecte. Mais vous qui me repoussez à cause de mes rides, lisez le récit du dernier amant de Marguerite Duras !
Stéphane : - Natacha, on a quand même le droit de refuser le sexe pour le sexe, quand on cherche l'Amour !
Natacha : - L'amour ! Y'a que le fric et le plaisir dans la vie !
Martine : - Ça va sûrement te surprendre, mais y'a des femmes que ça laisse indifférent. Pas Duras ni l'amour, mais les billets !
Paul : - Indifférentes, au féminin pluriel, j'aurais dit à ta place.
Natacha : - Tu dis ça parce que t'es entourée d'amis... Allez, on en reparlera en tête à tête un de ces jours... *(en avançant vers la porte)* Allez, n'hésitez pas à faire des bêtises, c'est de votre âge. Je vous raconterai combien il m'a coûté.

Presque en même temps :
Christophe : - Embrasse la dame en blanc de notre part.

Martine : - Bonne nuit Natacha.

Paul : - Merci Natacha, d'avoir honoré cette maison de ton passage.

Natacha : - Et n'oubliez pas qu'il ne faut jamais laisser un fond dans une bouteille, quand on est invité.

Stéphane : - N'oublie pas de prendre des notes pour ta biographie.

Natacha sort.

Martine : - Vieille obsédée va !

Stéphane : - Comme beaucoup elle doit en dire plus qu'elle en fait... Il arrive un âge où le sexe devient la médaille de ceux qui n'ont pas la légion d'honneur...

Christophe : - Le plus honteux, c'est que ses livres se vendent.

Martine : - Les gens achètent n'importe quoi. Il suffit d'un sourire de Natacha et sa petite phrase sirupeuse « *ça vous replongera dans un monde qui n'existe plus* », et les vieilles cruches achètent.

Christophe : - Les jeunes aussi avec son « *vous l'offrirez à vos parents* » ou « *vous verrez comment ont vécu vos grands-parents.* »

Stéphane : - Ça ne veut pas dire que ses livres sont lus.

Martine : - Mais au moins le fric rentre ! Moi il me faut deux ans pour rentrer dans mon argent. J'ai au moins dix livres en attente.

Paul : - Moi ça me donne un moral d'enfer, de la voir en si bonne forme ! Je ne parle pas de son écriture mais de son entrain. Je me dis que j'ai encore devant moi quelques bonnes décennies.

Martine : - C'est un formidable métier, écrivain : à soixante ans on regarde l'académie française et on se dit qu'on a tout l'avenir devant soi !

Christophe : - Encore faudrait-il en vivre avant cent ans !
Martine : - T'inquiète pas, dans quelques années tu auras la retraite en plus de tes droits d'auteur... (*il reste sceptique*)
Paul : - Mais ils sont délicieux, tes œufs, Stéphane.
Stéphane : - Ils sont si bien mis en valeur par tes pâtes cher Don Paulo.
Paul : - C'est l'un des souvenirs les plus délicieux de ma vie, quand je suis allé animer un atelier d'écriture à Vérone.
Martine : - Et comment tu avais été invité là-bas ?! Tes livres ne sont pas traduits en italien ! Ils ne te connaissent quand même pas ?
Paul : - Mais tu sembles ignorer qu'en certains milieux, je suis très apprécié. Mon ami Carlo d'Egyptair, comme on le surnomme, a su m'introduire.
Martine : - Sans jeu de mot ! L'internationale gays a pris le pouvoir dans la culture !
Christophe : - Un livre acheté, un œuf offert, tu ferais un malheur. Tu en vends des œufs ?
Stéphane : - Quand j'en ai trop, le chien adore ça, et ça lui fait des poils d'un luisant... Mais par chez moi les gens sont civilisés, ils ont leurs bêtes.

Les verres se vident et se remplissent rapidement.

Paul : - Dis, Stéphane, puisqu'on est entre nous... Ton nouveau look, c'est étudié ou c'est juste pour t'amuser, pour embêter les bourgeois de Figeac ?
Stéphane, *après quelques secondes où il cherche les termes exacts et à capter l'attention* : - Nous sommes condamnés à la notoriété !

Tous le regardent, incrédules.

Paul : - Vas-y, fais-nous partager tes découvertes.

Stéphane : - Au-delà des raisons pour lesquelles on écrit, ce qu'on écrit n'a d'intérêt qu'historique. De notre vivant, enfin, au moins durant nos premières décennies d'écriture, ce qui primera ce sera le médiatique.
Paul : - Tu veux dire qu'on est obligé d'être connu pour être lu ?
Stéphane : - Pas forcément connu, être inconnu est parfait... *(en souriant)* à condition que tout le monde le sache.
Martine : - Là tu joues sur les mots, être inconnu à condition que tout le monde le sache, ça veut dire être connu.
Stéphane : - Mais non, Martine ! Tout le monde peut penser : lui, c'est un écrivain quasi inconnu, et ce n'est pas parce que tout le monde pensera « lui, c'est un écrivain quasi inconnu » que je serai un écrivain connu !
Paul : - Mais si tout le monde dit quelque chose...
Stéphane : - Mais tout le monde pense alors que son voisin ne me connaît pas ! Il se dit, « tiens, cet écrivain, ça a l'air d'être un type intéressant. »
Martine : - Et il achète ton bouquin ?
Stéphane : - Rarement. Achète un bouquin celui qui pense « je vais sûrement découvrir quelqu'un d'original »... Mais les badauds régleront l'affaire avec un « ça sert à rien que je le lise, je pourrai en parler à personne. »
Martine : - Ils pourraient en parler pour faire découvrir.
Stéphane : - Déformation professionnelle, tu rêves ! S'ils en parlent c'est pour frimer. Je commente toujours la majorité... Heureusement, il y'a des exceptions...
Paul : - Et tu en croises beaucoup des exceptions ?
Stéphane : - Ne pose pas des questions dont tu connais la réponse ! On ne vit pas sur le dos des exceptions... Tu crois que je serais à Figeac pour vendre trois bouquins si

je pouvais en vendre cinquante dans un vrai salon du livre ?
Paul : - Là tu vas nous casser le moral !
Stéphane : - Quoi ? Ne m'attribue pas plus de pouvoir que j'en ai ! Lundi, qu'est-ce qu'on va répondre au premier pecnot qui osera demander « alors, ça c'est bien passé ton week-end ? »
Paul : - Tu me poses la question ?
Stéphane, *en souriant* : - Les gens achètent de moins en moins de livres, mais je n'ai pas à me plaindre quand même… Et tu ajouteras « mes acrostiches sont partis comme des petits pains, c'est mieux que rien, ça me permet d'être tranquille quelques semaines. »
Paul : - Là tu te moques.
Stéphane : - Je me moque de toi, de moi, de nous… Mais au moins je ne serai pas dupe de leurs manigances, je n'irai pas manger avec monsieur le président du Conseil Régional, avec les magouilleurs du livre qui se donnent une image de ville culturelle en nous invitant sur un strapontin de leur salon, parce qu'on est des « écrivains régionaux », que notre nom, notre photo paraissent dans quelques torchons.
Paul : - Finalement, tu devrais écrire un essai.
Stéphane : - Mais là, il faudrait être vraiment connu !
Paul : - Et sur internet ?
Stéphane : - Si un visiteur des sites sur mille achetait un livre, je deviendrais imposable !… Mais il faut être logique, vendre des livres n'est pas le but.
Christophe : - Alors je ne vois pas l'intérêt d'avoir des sites.
Stéphane : - Le livre papier va disparaître.
Martine : - Là tu veux vraiment nous casser le moral.
Stéphane : - Mais non, c'est une suite logique. D'abord la pensée s'est transmise de bouches à oreilles, n'a compté

que sur la mémoire. Puis elle fut gravée, dans la pierre, sur des os humains, peinte sur les parois de grottes. L'invention de la représentation et de l'écriture a été une révolution plus importante que le passage au numérique. J'imagine les Paul d'alors : si on écrit la pensée, plus personne n'écoutera, plus personne n'apprendra.

Paul : - Pourquoi m'attribues-tu le rôle du conservateur opposé à tout progrès ? La disparition du livre, ce n'est pas un progrès.

Stéphane : - Mais c'est bien toi qui veux garder sur un piédestal les éditeurs, qui regardes de haut l'auto-édition comme si le travailleur indépendant qu'est l'auteur-éditeur n'avait pas sa place dans la littérature, parce qu'il n'a pas été légitimé par un vénérable éditeur.

Paul : - Tu sais bien que dans l'auto-édition, la majorité des livres ne valent rien, regarde Natacha, Patricia ou Véronique…

Stéphane : - Mais en plus tu assimiles l'auto-édition au compte d'auteur.

Paul : - Là tu ne m'as jamais convaincu.

Stéphane : - Donc pour toi c'est la même chose ! (*léger énervement*) Qu'un auteur refusé par l'ensemble des éditeurs classiques signe, en désespoir de cause, avec un pseudo éditeur qui va lui demander une fortune pour un bouquin en mauvais papier, tu confonds cette arnaque avec le choix de l'auteur qui décide d'être son propre éditeur, d'être travailleur indépendant.

Paul : - Mais tu sais bien que la majorité de ceux qui s'auto-éditent c'est parce qu'ils n'ont pas trouvé d'éditeur comme tu dis classique.

Stéphane : - Ce n'est pas parce qu'une activité est utilisée faute de mieux par des écrivaillons, qu'il faut en conclure que l'activité est méprisable. L'auto-édition est l'avenir de l'édition.

Christophe : - Mais si on en arrive à la disparition du livre, tu parles d'un avenir !

Stéphane : - J'en reviens donc à mon histoire de la conservation de la pensée. Après la pierre et les os humains ? On a utilisé des matières plus pratiques : le bois puis le papier. Et un jour on a relié le papier sous forme de livre. Le livre a eu quelques siècles de triomphe. C'est inévitablement sa, ou peut-être ses dernières décennies.

Martine : - Finalement, tu devrais devenir enseignant ! Tu devrais me remplacer ! Il faut faire travailler les jeunes.

Stéphane : - Et devant mon tableau noir, je conclurai : dès que le numérique sera plus pratique que le papier, il le supplantera. Des millions d'arbres seront en plus épargnés.

Paul : - Alors il n'y aura plus d'écrivains. Déjà qu'il est difficile de récupérer des droits d'auteur quand les livres sont imprimés ; alors quand les versions numériques seront téléchargées gratuitement, piratées ?...

Stéphane : - C'est bien pour cela que je ne veux surtout pas d'éditeur, que je tiens à mon indépendance. En conservant l'ensemble des droits, je récupère l'ensemble des droits dérivés.

Paul : - Et tu crois en vivre un jour ?

Stéphane : - Le problème majeur de l'indépendance étant l'accès aux points de ventes à des conditions décentes, il est impératif, soit de trouver une solution pour vendre, soit de vivre indépendamment des ventes.

Christophe : - Plutôt jouer au loto !

Stéphane : - Vendre sur internet, c'est vendre sans intermédiaire et l'audience permet d'obtenir des droits dérivés. Je n'en suis encore qu'à la phase une, le développement du concept.

Martine : - Je n'ai rien compris !

Paul : - Je ne comprends pas ta logique d'écriture, de ne pas te fixer dans un genre, de faire ainsi feu de tout bois.

Tes internautes, tu vois je connais le terme exact, tes internautes doivent être comme les organisateurs des salons du livre ! Ils ne doivent pas savoir où te classer.
Stéphane : - Mais je ne suis pas un bibelot dont on recherche l'étagère qui le mettra le plus en évidence.
Paul : - Tu sais bien ce que je veux dire.
Stéphane : - Ecrire, l'essentiel est d'écrire, tu en conviens ?
Paul : - Naturellement, mais si personne ne s'y intéresse…
Stéphane : - Le succès est toujours un malentendu ! Il est donc inutile de courir après ! Quelqu'un tombe sur un texte et la mayonnaise prend, tout s'emballe, c'est rarement le meilleur texte. Quand ça arrive, le plus souvent l'écrivain est déboussolé, paumé. On lui demande de tout ! Eh bien moi, ce jour-là je placerai mes textes, chanson, théâtre, scénarios…
Paul : - Tu ne m'as pas convaincu ! Si je t'ai bien suivi, il suffit d'attendre.
Stéphane : - La patience est notre grande vertu !
Paul : - À ce petit jeu de l'attente, je ne me vois pas attendre encore cinquante ans ! Et en attendant, il faut bien vivre !
Stéphane : - Les droits dérivés, on y revient !
Christophe : - C'est quoi, tes droits dérivés ?
Stéphane : - Les internautes téléchargent gratuitement… et après reçoivent de la pub.
Paul : - Tu deviens comme un coureur automobile, avec des pubs partout.
Stéphane : - Mais pas du tout ! Encore une réduction caricaturale orchestrée par l'industrie du livre pour effrayer leurs petits auteurs. Le versant littéraire et le versant publicitaire sont dissociés. Aucune publicité dans les versions numériques mais les internautes fournissent

leur adresse e-mail et reçoivent d'autres messages, des messages cette fois publicitaires.
Christophe : - Et vous êtes nombreux à faire ça sur internet ?
Stéphane : - Je crois qu'en France je suis le premier.
Paul : - Internet, internet, je suis trop vieux pour m'y mettre comme toi. C'est bien bon pour les sites de drague mais pour la littérature, je suis et je resterai de l'ancienne école.
Christophe : - Faudrait qu'un jour on en parle vraiment d'internet, Stéphane.
Stéphane : - Mais qu'est-ce qu'on vient de faire ?
Christophe : - Oui... Mais devant un écran, que tu me montres comment ça marche. Comment tu peux envoyer un texte, tu es toujours derrière ton écran ?
Stéphane : - Avant d'être un mec bizarre qui promène ses livres, j'ai été un jeune informaticien. Cadre même !
Martine : - Tu dis tout en deux fois. Pour moi l'informatique se résume à une question : tu connais la différence entre Windows et un virus ?

Personne ne répond.

Martine : - Windows c'est payant alors qu'un virus c'est gratuit.
Stéphane : - C'est avec de telles plaisanteries qui se veulent des bons mots, qu'on fait peur aux écrivains ! Tant mieux ! Ayez peur, ça me permettra de prendre un train d'avance.
Christophe, *en souriant :* - Tchou Tchou.

Paul et Martine éclatent de rire.
Stéphane a une moue signifiant « ils n'y comprennent vraiment rien. »

Rideau

Acte 2

Stéphane. Puis : Paul.

Nuit. Stéphane allongé dans le canapé (qui ne fait pas lit). Scène légèrement éclairée pour la commodité des spectateurs. Entre Paul, en peignoir, titubant.

Paul : - Je viens prendre un Coca dans le frigo... J'ai la gorge sèche... Il me faut quelque chose de doux... Tu veux que je te serve quelque chose, mon cher Stéph ?... J'ai aussi du Perrier... Ou tu veux quelque chose de plus doux ? (*élocution de type bourré essayant de parler correctement*)

Stéphane fait semblant de dormir.

Stéphane : - I m'a assez barbé au salon, i va pas r'commencer... (*pour le public ; de même très éméché*)
Paul, *très efféminé* : - Tu dors déjà, mon ché... cher Stéph ?

Silence.

Paul : - Si j'osais... Comme écrivain rien... (*Stéphane apprécie*) mais le sentir là à deux mètres... Ah !... Je suis prêt à lui promettre le prix Goncourt... Calme Paul... Tu n'as jamais violé personne... (*en souriant* :) Ou bien j'ai oublié... Ou il sentait pas bon (*référence à Jacques Brel, chez ces gens-là*).

Paul : - Bon je vais déjà aller chercher un Coca... Ça le réveillera peut-être. Il a bien bafouillé « *que ta nuit soit la plus agréable possible* »... Il sait ce qu'agréable signifie...

Paul va dans la cuisine, laisse la porte ouverte, fait un maximum de bruit (bouge des chaises, tousse, claque la porte du frigo, pose de la vaisselle...). Il revient.

Paul : - Excuse-moi Stéphane, je viens de m'apercevoir que j'ai fait du bruit, j'avais complètement oublié que tu dormais dans le canapé.

Aucune réponse.

Paul : - Stéphane, tu m'excuses de t'avoir réveillé... *(Reprenant son monologue)* Ou alors il attend que je le prenne à l'improviste... Ses derniers mots, c'était bien ça... *(Stéphane effrayé, serre les poings)...* Non, je ne peux pas quand même... S'il se mettait à hurler, il est parfois tellement bizarre... Ça les réveillerait en haut, j'aurais l'air de quoi ?... *(Paul réfléchit)*

Paul fait tomber sa boîte de Coca, qui explose.

Paul : - Oh ! Je suis vraiment maladroit. Un mâle, adroit !

Après son ricanement de type ivre, Paul va à l'interrupteur, allume. Stéphane doit se montrer éveillé...

Paul : - Je suis vraiment maladroit. Et je t'ai réveillé... Oh excuse-moi, Stéphane. Tu dormais déjà comme un ange...

Stéphane, *légèrement dégrisé par la lumière :* - Si tu avais une fille, elle aurait sûrement l'âge de me réveiller. J'ai toujours rêvé d'être réveillé par une princesse.

Paul : - Tu sais, je peux te faire des choses aussi agréables qu'une princesse, j'ai une bouche de velours.

Stéphane : - Quelle horreur !

Paul : - Oh ! Tu n'es quand même pas vieux jeu !

Stéphane : - Je t'ai déjà dit, ça doit être hormonal.

Paul : - Je n'y crois pas... Même moi, j'ai essayé avec une femme... Ce ne fut pas grandiose. Tu ne peux quand même pas toujours parler de choses que tu ne connais pas.

Stéphane : - Mais je n'en parle pas. Le sujet ne m'intéresse pas ! On n'est pas de la même planète.

Paul : - Tout homme est, a été, ou sera. Comme tu n'es

pas, comme tu n'as jamais été, il faut que tu sois un jour... Donc attendons deux minutes...

Stéphane : - C'est c'qu'on appelle un sophisme...

Paul, *rire d'ivresse :* - Pourtant parfois ça fonctionne... Et j'ai assisté à des conversions étonnantes... Pour quelqu'un qui se croit totalement hétéro, la première fois est une vraie révélation... Si tu avais entendu Carlo d'Egyptair hurler de plaisir... J'aimerais bien que tu vives cet instant fort avec moi... Ne passe pas à côté de l'essentiel, Stéph.

Stéphane : - Ça c'est de la tentative d'embobinement.

Paul : - Ça me ferait tellement plaisir.

Stéphane : - Tu devrais porter un Coca à Christophe.

Paul : - Oh non, puisque j'ai le choix, au moins que ce soit avec un véritable écrivain et en plus beau mec.

Stéphane : - Mais tu n'as pas le choix !

Paul : - Oh !

Stéphane : - Tu voudrais quand même pas que je te vomisse dessus.

Paul : - Si tu prends ton pied comme ça, fais comme tu veux.

Stéphane : - Ton seul choix, c'est aller rechercher un Coca ou remonter sans avoir bu de Coca.

Paul : - Oh !

Stéphane : - Enfin, tu peux aussi aller chercher une serpillière, tu peux même sortir, tu dois connaître Figeac by night sur le bout... des doigts.

Paul, *très doux :* - Pourquoi te moques-tu de moi, Stéphane ?

Stéphane : - Je constate simplement.

> *Paul s'assied au bord du canapé, se passe la main droite dans les cheveux, sans regarder Stéphane.*

Paul : - Y'a des jours comme ça... Où rien ne va. Ces jours-là, je les reconnais au premier café. Le premier café qui me brûle la langue. Après j'ai renversé de la confiture d'abricot sur ma chemise. Je vais t'épargner la suite. Quand tu as eu ces paroles exquises, quand tu m'as souhaité une nuit la plus agréable possible, j'ai cru que la loi des séries était vaincue (*Stéphane qui soufflait de temps en temps, sourit en balançant négativement la tête*). Je ne me suis quand même pas trompé ? (*il regarde Stéphane*)

    Stéphane sourit, balance la tête en signe d'affirmation.

Paul : - Tu crois que j'aurais dû essayer de dormir ? (*ne laisse pas le temps à Stéphane de répondre*) Mais j'aurais jamais réussi à dormir. J'aurais pensé à toi en t'imaginant m'attendre. Et l'attente, c'est ce qu'il y a de plus beau en amour. (*Pause*) T'es d'accord avec moi, sur ça, Stéph ?

Stéphane : - T'es d'accord avec moi, Paul, si je te dis, cerveau fatigué n'a plus d'oreille.

Paul : - Oh, ce n'est pas les oreilles le plus important en amour. On fait juste un p'tit câlin, si tu veux...

Stéphane : - Ça commence à devenir gênant, Paul.

Paul : - Prendre ses rêves pour la réalité, c'est pourtant une idée qui t'est chère.

Stéphane : - Prends tes rêves pour ta réalité, va te masturber en pensant à qui tu veux... Et laisse-moi avec mes rêves.

Paul : - Tu penses à ta chanteuse ?

Stéphane : - Je pense à qui je veux. Mon cœur est déjà pris !

Paul : - Mais je ne vise pas aussi haut.

Stéphane : - Tes citations, tu les gardes pour ceux qui les ignorent. La femme à qui je pense, j'espère qu'elle trouverait de tels propos vulgaires. C'est clair, non ?

Paul : - Bon, ne t'énerve pas, tu me signifies poliment

d'aller me faire voir, d'aller noyer mes idées noires à côté d'un placard, en vidant une bouteille de Ricard.

Stéphane : - Tu ne pouvais quand même pas imaginer que parce que j'avais picolé, j'irais contre ma nature.

Paul : - Mais ça n'existe pas, un hétéro (*moue de Stéphane, signifiant* : *c'est reparti*). Tout homme rêve d'avoir quelque chose au moins dans la bouche. Je ne t'ai jamais raconté comment j'ai compris, qu'en fait, ma vie, mon plaisir, ce serait avec le sexe fort.

Stéphane : - Le mieux serait que tu écrives un livre sur le sujet, au moins une nouvelle. C'est peut-être le moment de commencer.

Paul : - Bon, là tu me signifies poliment, va écrire.

Stéphane : - C'est encore la meilleure occupation, les nuits d'insomnies. Au moins ça n'embête personne.

Paul : - Je te croyais pas comme ça !

Stéphane : - Je ne t'ai jamais caché mon orientation.

Paul : - Oui mais là, c'est presque de l'homophobie.

Stéphane : - Détrompe-toi !… Plus il y aura d'homos, plus le choix des femmes sera restreint !

Paul : - Les femmes devraient toutes être lesbiennes… Je crois que si tu ne me prends pas dans tes bras, je vais aller me jeter dans la rivière.

Stéphane : - Là c'est du pathos ridicule.

Paul : - Oh merde ! Tu prends rien au sérieux. Tu sais pourtant que je suis un mec sensible.

Stéphane : - C'est bien, va l'écrire. La vraie vie, c'est la littérature.

Paul : - Mais Proust a vécu avant d'écrire cela. Il n'aurait jamais refusé un câlin à un écrivain ami.

Stéphane : - Bon (*Stéphane se lève, surprenant Paul toujours à ses pieds ; pieds nus, il porte un tee-shirt et le pantalon du soir*), je trouverai bien un hôtel. Ou je retourne chez moi. De toute façon pour vendre trois bouquins demain (*il ramasse ses affaires et les fourre dans son sac*).

Paul, *se lève :* - Excuse-moi Stéph, excuse-moi, j'avais cru…

    Paul sort et on l'entend monter les escaliers.
    Stéphane s'assied sur le canapé, souffle de dépit.

Stéphane : - Non seulement j'aurai une tronche d'enfer à cause de l'alcool… Mais en plus je n'ai entendu que des banalités… Même pas une phrase digne de faire un refrain !… Pendant ce temps-là, les écrivains mondains sont dans un lit confortable, dans une belle chambre d'hôtel qui va pas puer le Coca… Mais ils se demandent si le président du Conseil Régional a retenu leur nom… Ça sert à rien de côtoyer des écrivains, ils ne valent pas mieux que les voisins. Le seul intérêt d'un écrivain, on le trouve dans ses livres. Qui parmi ces pantins n'a pas pour grand rêve d'obtenir une bourse du Centre National des Lettres, ou à défaut du Centre Régional des Lettres, ou d'animer un atelier d'écriture, ou d'intervenir dans une école ? Qui se soumet à demander ne sera jamais écrivain. Des écrivaillons ! Dès qu'un p'tit bureaucrate d'une vague commission se ramène, ils sont à genoux. Est-ce que Rimbaud aurait quémandé une bourse à des notables ? Plutôt magouiller que s'agenouiller. Plutôt vivre pauvrement que de brouter à leur râtelier…

    On entend du bruit dans la chambre au dessus.

Stéphane, *soulève la tête et sourit :* - Sacré obsédé ! Il est allé voir Christophe ! Sans Coca en plus.

Rideau

Acte 3

Stéphane. Puis : Francis, Paul, Patricia, Martine et Christophe.

Matin. Même décor. Stéphane dort. Sonnerie.
Stéphane se redresse, passe la main droite dans les cheveux.

Stéphane : - Damned !... J'ai rêvé qu'on sonnait... Damned... Il fait déjà jour...

Deuxième sonnerie.

Stéphane : - Damned !... J'ai pas rêvé, on sonne... Bon, j'ai pas le choix... Quelle heure il peut bien être ?

Il se lève. Troisième sonnerie.

Stéphane *crie, voix pâteuse :* - J'arrive.

Il cherche le bouton, allume la lumière, regarde sa montre...

Stéphane : - Les salauds !... Onze heures... Les salauds, ils sont partis sans moi... Bande de blaireaux !

Il ouvre la porte. Entre Francis.

Francis : - Salut, je suppose que t'es l'un des écrivains qui devait dormir chez Paulo...

Stéphane : - Je crois que tu as deviné... Et toi ?...

Francis : - Bin Francis, le copain de Paulo... Paulo ne t'a pas parlé de moi ?

Stéphane : - Je crois qu'on a un peu trop forcé sur les bouteilles... C'est Paul qui t'a demandé de passer me réveiller ?...

Paul dévale les escaliers, entre en peignoir, en courant.

Paul : - Oh Charlus ! Tu as vu l'heure Stéph... On est à la bourre.
Stéphane : - Tu devais nous réveiller à huit heures. T'es grave !
Paul : - Je sais pas ce que j'ai foutu, mon radio-réveil est débranché. C'est la première fois que ça m'arrive. Martine et Christophe ne sont pas là ?... Je remonte les réveiller...

> *Il repart. On entend frapper aux portes des chambres...*

Stéphane, *pour lui-même :* - Je crois que j'ai pas le temps de prendre une douche... Mais si je n'en prends pas une j'arriverai jamais à dédicacer un bouquin... Oh ma tête ! (*il se prend la tête entre les mains*)
Paul *rentre, en souriant :* - Bon, Stéphane... Je te confie un secret... Mais c'est un secret... Comme Christophe ne répondait pas, je suis entré dans sa chambre, et il n'y avait personne... Alors je suis entré dans celle de Martine, et là...
Stéphane : - Ah ! Je croyais que les bruits que j'avais entendu cette nuit, c'était toi et Christophe... Donc mon cerveau en déduit que c'était Christophe et Martine.
Paul : - Oh Stéphane !... On voit que tu ne connais pas les liens qui m'unissent à Francis.
Francis : - Ah, je croyais que tu ne m'avais pas encore aperçu.
Stéphane : - J'ai le droit de prendre une douche ?
Paul : - Oh Stéphane, fais comme chez toi...

> *Stéphane prend son sac et se dirige vers la salle de bains.*

Paul : - Mais fais vite quand même...

> *Stéphane s'arrête.*

Stéphane : - Oh ! Pis non ! Inutile. Même un peu d'eau ne pourra sauver les apparences. Alors assumons (*il pose son sac, en sort la chemise chiffonnée de la veille ; Paul et Francis l'observent en souriant*). Même me changer, ce serait stupide ! La gueule fripée, les fringues fripées (*il passe sa chemise puis son pull*).

> *Martine et Christophe entrent, habillés comme la veille, le visage aussi marqué par le manque de sommeil et l'alcool.*

Christophe : - Salut les hommes…

> *Martine fait un signe bonjour de la main droite et montre ses cordes vocales. Silence. Sonnerie…*

Paul : - Là je ne vois pas qui ça peut bien être…

> *Il va ouvrir. Entre Patricia.*

Paul : - Patricia !
Patricia : - Qu'est-ce qui se passe ?… La folle voulait déjà retirer vos tables… Et ton téléphone ne répond pas !
Paul : - Attends !… On a quand même le droit d'être un peu en retard… Je vais l'appeler, tu vas voir, je suis quand même l'écrivain du pays… Où j'ai mis mon portable ?…
Francis : - Tiens, v'la le mien (*il lui tend son portable*).
Paul, *à Francis :* - Tu veux bien nous faire du café… Je vais l'appeler en m'habillant… Son numéro est dans mon agenda…

> *Paul sort par la porte des chambres, Francis par celle de la cuisine. Martine s'assied. Patricia la regarde en souriant.*

Patricia : - Je vois que ça a été la fête !

Stéphane : - Radio-réveil plus téléphone, Paul aussi a dû faire des expériences cette nuit !
Patricia : - Qu'est-ce que tu racontes ?
Stéphane : - Tu aurais dû dormir ici, je t'aurais laissé bien volontiers le canapé, j'aurais amené mon matelas de couchage, un duvet et j'aurais fait du camping.
Patricia : - Tu sais bien que je ne suis qu'à vingt bornes. Et j'ai mon chien, mon chat, ça s'ennuie ces petites bêtes.
Stéphane : - Mais au moins si tu avais été là, ça m'aurait évité de voir débouler Paul en rut dix minutes après le dernier verre de notre beuverie.
Patricia : - Tu lui as lancé un sceau d'eau pour le calmer... Ou de Coca plutôt ! (*elle regarde la boîte par terre et la flaque*)
Stéphane : - Je l'ai envoyé voir Christophe !

Patricia regarde Christophe.

Christophe : - Je confirme, il n'a pas osé venir... Il aurait vu que mon poing c'est du 46... Mais je vois que ça n'hésite pas à balancer sur les copains... (*Christophe hésite à en dire plus*)
Stéphane : - C'est bien ce que je disais : il s'est contenté de son radio-réveil et son téléphone.
Martine *sourit :* - Sa femme vient au salon cette après-midi...
Stéphane *sourit :* - Nous attendons tous les présentations !
Christophe, *regarde Patricia :* - Bon, Patricia, de toute manière, ça m'étonnerait que quelqu'un ne s'empresse pas, dès que j'aurai le dos tourné... Puisque Paul s'est précipité pour raconter à Stéphane...
Stéphane, *à Martine :* - Qu'est-ce qu'il raconte, notre cher et ténébreux collègue ?

Martine : - On entend tout de ma chambre... D'ailleurs cette nuit je n'ai pas raté un mot de ton duel avec Paul... Tu as été super résistant ! Et correct en plus ! Je me demandais comment ça allait finir.
Christophe : - Bon, ce n'est pas trop vous demander qu'il y ait un secret entre nous.
Patricia : - Ha ! J'ai compris ! Alors Martine, toi qui réponds toujours « néant. »

Martine et Stéphane se sourient.

Christophe : - Bon, le premier qui prétend que le néant et moi c'est la même chose, je lui fous mon poing sur la gueule.
Patricia, *à Martine* : - Il est gonflé ton copain ! Il se vante de sa conquête alors que personne ne m'en aurait parlé, et après si on en fait une pièce de théâtre, il va nous casser la gueule.
Stéphane : - Tu vas te mettre au théâtre aussi ?
Patricia : - C'était juste pour rire, je ne voudrais pas me fâcher avec vous !
Stéphane : - Aucun événement exceptionnel à signaler à Figeac depuis la disparition de Champollion, mais un samedi soir, un exploit qu'il convient de rapprocher de la célèbre prise de la Bastille, c'est une forteresse imprenable...
Martine : - De toute façon je ne me souviens plus de rien.
Christophe : - C'est charmant !
Martine : - Fallait pas terminer par un concours de verres de Cognac.
Patricia : - Waouh, vous y êtes allés encore plus fort qu'à Firmi.
Martine : - C'est vrai, quelle surprise quand je t'ai vu à côté de moi et Paul qui souriait ! Si j'étais peintre ce serait le moment que j'immortaliserais.

Christophe : - C'est la faute à Stéphane et Paul, je voulais entendre leur conversation intime et on entendait mieux de la chambre de Martine.
Martine : - Alors ce n'était pas une excuse !
Christophe : - Bon, je crois que je peux arrêter les salons du livre dans la région, je vais devenir votre tête de turc.
Stéphane : - Faudra que je fasse ton acrostiche.

Paul, habillé différemment de la veille, très parfumé, entre.

Stéphane : - Quand on parle d'acrostiche, on voit sa... mèche.
Paul : - Vous en profitiez encore pour vous foutre de moi ? C'est un monde, on ne peut pas avoir le dos tourné cinq minutes...
Martine : - Crois-moi, on n'a pas eu le temps... Christophe a accaparé l'attention générale.
Paul : - Alors, bon souvenir, ce salon ?...
Christophe : - Bon, tout le monde m'a promis d'être discret, il ne manque plus que ta promesse... Ma baronne vient cette après-midi au salon.
Patricia, *en souriant :* - On n'a rien promis.
Paul : - Tu sais bien que je ne suis pas du genre à mettre un ami dans l'embarras. Tout le monde a ses petites faiblesses (*coup d'œil discret à Stéphane qui sourit*).
Martine : - Alors la cheftaine ?
Paul : - Il paraît que tu nous as dit n'importe quoi, Patricia.
Patricia : - Et qui tu crois ?
Paul : - Je t'offre le petit-déjeuner.
Patricia : - Je me suis levée comme chaque jour à six heures, donc tu devines où il est déjà mon petit-déjeuner... Mais bon, je ne suis pas pressée, ça m'étonnerait que je

vende mon premier livre ce matin. À moins que Christophe, en signe de reconnaissance, se décide à m'en acheter un.
Stéphane : - Pour l'offrir à Martine !

> *Patricia, Martine et Stéphane sourient. Martine se lève, va vers la table et pousse tout vers un bord, Christophe vient l'aider.*

Patricia : - C'est vrai qu'ils pourraient faire un beau couple.
Stéphane : - Un couple d'écrivains régionaux, ils publieraient des livres à quatre mains, ajouteraient leur notoriété.

> *Francis entre avec le café et des tasses.*
> *Paul va à la cuisine et revient avec un plateau, deux baguettes, des biscottes, deux pots de confiture, du beurre.*

Paul : - Je suppose que personne ne va prendre un bol de lait.
Martine : - Y'a des mots, faut pas les prononcer certains matins.

> *Tous s'assoient.*
> *Francis sert le café. Paul coupe du pain. Silence.*

Patricia : - Je suis certaine que c'était plus animé hier soir… Je n'ai pas dit cette nuit.
Stéphane : - Avec musique d'ambiance en direct du plafond !
Patricia : - Au fait, tu écris encore des chansons ?
Stéphane : - Forte baisse de ma production. Seulement trente-sept textes l'année dernière et cinq depuis le premier janvier.

Paul : - Et tu réussis à en placer ? Parce que moi, à part la meuf de Limoges qui m'a fait vachement plaisir en m'écrivant souhaiter absolument chanter mon texte « *un homme presque comme toi* », je n'arrive pas à avoir les bons contacts. Tu n'aurais pas un bon plan ?
Stéphane : - Les chanteurs préfèrent conserver l'intégralité des droits en chantant leurs petites merdes, on est tous face au même dilemme... Sur trente-sept textes l'année dernière, une dizaine sont mis en musique mais un seul est en exploitation, celui retenu par le concours du cabaret studio à Nantes.
Paul : - J'ai été dégoûté. C'est quoi leurs critères ? Je comprends pas pourquoi mes textes n'ont pas été retenus, au moins un... Ils sont pourtant très beaux, très poétiques. L'un reprenait même la belle définition que donne Cocteau de la poésie : mettre la nuit en lumière... (*il attend un commentaire... silence*) j'avais même retravaillé un texte de ma jeunesse, un texte très humoristique (*il sourit*) : l'idée, comme Platon parle du monde des Idées, l'idée est totalement originale, elle devrait te plaire Stéphane : qui vend des œufs pourra s'acheter un bœuf (*silence ; aucune réaction*) Comment tu as fait, toi ?
Stéphane : - Comme toi, j'ai envoyé trois textes et j'ai attendu.
Paul : - Tu crois que le fait que tu aies des sites sur internet, ça t'a aidé.
Stéphane : - Je suppose qu'on t'a déjà demandé si le fait de vivre à Figeac, ça t'a aidé pour obtenir une bourse du Centre Régional des Lettres.
Paul : - Oh ! Je t'ai déjà juré que je ne connaissais personne... Je ne me suis jamais compromis ! Ne me confonds surtout pas avec Natacha !
(*Stéphane sourit*)
Martine : - Pourquoi t'es pas chanteur ?

Stéphane : - J'arrive déjà pas à faire la promo de mes livres trois fois par an, à rester assis une heure de suite lors d'un salon, alors tu me vois répéter x fois dix ou quinze petits textes... Il y a tant de livres à lire, tant d'émotions à écrire... C'est vraiment pas conciliable, écrivain et chanteur.

Patricia : - Pourtant la plupart des chanteurs écrivent leurs textes.

Stéphane : - Mais ils ne sont pas écrivains ! Plutôt qu'écrire leurs textes, vaudrait mieux résumer par « pisser des lignes. » Ce sont des paroliers. Ils ont trouvé leur style, le bon procédé, et ils referont la même chose jusqu'au dernier album. Finalement, ce qu'ils cherchent c'est à se montrer, à plaire, écrire douze petits textes chaque année ou tous les cinq ans, c'est alors une petite formalité. C'est pitoyable, tu ne trouves pas ?

Patricia : - C'est une manière de voir... Je croyais que tu aimais bien la chanson.

Stéphane : - La chanson m'intéresse pour son potentiel créatif. Mais l'état de la chanson française, c'est électrocardiogramme plat. Certains ont même un nègre pour ça !

Martine : - Nègre de chanteur, tu pourrais refaire le toit de ta maison avec ce petit job !

Stéphane, *sourit* : - Je crois avoir assez parlé pour la matinée. Ternoise is game over... Ça ne sert à rien ce genre de salon. Je crois que je vais annoncer mon boycott des salons du livre.

Martine : - Dépêche-toi avant que plus personne ne t'invite !

Stéphane : - Je ne peux quand même pas faire semblant de croire qu'ils veulent promouvoir le livre. Notre rupture définitive est inévitable.

Martine : - Mais ça doit être tes commentaires qui

énervent quelques personnes... Surtout une habillée en blanc hier... Je dis ça au cas où tu ne t'en serais pas aperçu.

Stéphane : - Hé bien oui, je n'ai pas applaudi le discours du vénérable Président du Centre Régional des Lettres. J'ai même commenté un peu fort. Et pourquoi je me gênerais de rappeler avoir payé ma place ?

Martine : - On en est tous là.

Stéphane : - Et pourquoi je n'ajouterais pas refuser d'engraisser un libraire avec une inacceptable remise ? Les gens qui vont au salon du livre pensent que leur argent revient aux écrivains. Il faut les informer, comment on se fait racketter. Si nous c'est droit d'inscription plus déplacement et hébergement à notre charge, merci Paul.

Paul : - Ton remerciement me va droit au cœur.

Stéphane : - Les écrivains édités chez un grand éditeur sont certes en tous frais payés mais ils verront quoi sur l'argent des livres vendus ?

Martine : - Tu pêches des convaincus. Oh le lapsus ! J'en suis fière ! Tu prêches des convaincus...

Christophe : - D'ailleurs tu as vu, je préfère payer ma place, acheter aux éditeurs pour avoir un peu d'argent en les revendant.

Stéphane : - Mais pourquoi je suis le seul à le gueuler bien fort, à chercher une autre solution ?

Martine : - Hé bien y'en a qui tiennent à leur strapontin. Je fais quoi, moi, de mes livres, si je ne vais plus dans les salons ?

Stéphane : - On en revient à internet !

Patricia : - Il finirait par nous convaincre !... Moi je crois que je vais arrêter les salons du livre aussi, mais sans annoncer que je les boycotte. Je vais continuer d'écrire mais pour moi. Finalement, l'époque ne mérite sûrement pas que l'on se casse le cul pour lui montrer nos textes.

Martine : - Donc, finalement, c'est sûrement toi la sage.
Paul *répète :* - Sage, sage, sage.
Martine : - Ça rime avec courage !
Paul : - Je suis plutôt découragé. Ça fait trois ans que je n'ai pas trouvé d'éditeur.
Stéphane : - Ils sont méfiants, ça se comprend !
Paul : - Détrompe-toi, l'homosexualité est très bien vue dans ce milieu.
Stéphane : - L'homosexualité peut-être… Mais le fait que tes six éditeurs soient depuis en faillite ! Le mouton noir ! Le Quercy est un pays d'élevage où le mouton est apprécié du Conseil Régional ! Un mouton noir à cinq pattes !
Patricia, *éclate de rire* : - Je crois avoir compris !
Paul : - Oh ! Là tu es de mauvaise foi. Tu sais que mes livres sont bons, je ne vais pas te rappeler la liste des prix, des mentions que j'ai obtenus (*Stéphane sourit*). Tu as tort de ne pas participer aux prix littéraires, une nouvelle ou un poème récompensé, ça fait des articles.
Stéphane : - Dans *la Dépêche du midi* !
Paul : - Pas seulement. Dans les revues spécialisées on parle souvent des lauréats.
Stéphane : - L'ennuyeux avec les prix littéraires, c'est certes de ne pas gagner mais quand tu gagnes il te faut rencontrer le jury… et tu dois voir la cohorte de frustrés, imbus de leur petit pouvoir, ils veulent être remerciés, un beau discours, sourires…
Paul : - Ne caricature pas, certains sont charmants, passionnés.
Stéphane : - Mais ils te font perdre ton temps.
Martine : - T'es vraiment un solitaire ! Un type à peine fréquentable.
Stéphane : - Je préfère me consacrer à la littérature qu'au cirque qui l'entoure.

Paul : - Alors, tu fais quoi à Figeac ?
Stéphane : - Tu m'as amicalement invité. Et j'avais pensé que mon week-end serait très instructif, me permettrait sûrement d'écrire un livre au titre provisoire « *grandeur et misère des écrivains au salon du livre de Figeac.* »
Paul, *regarde sa montre :* - Allez, tout le monde a fini, on y va. Il faut quand même que je vende quelques acrostiches !

Martine et Christophe sortent par la porte chambre.

Patricia : - Je ne sais pas si on les reverra ! Tu montes avec moi Stéphane ?... Tu sais qu'avec moi il n'y a pas de sous-entendu.
Paul : - Tu peux prendre cinq minutes pour te coiffer, si tu veux, Stéphane.
Stéphane : - Les apparences... Les apparences seront forcément contre moi. Si je vends un livre, ce sera vraiment pour le contenu ! Et comme tu le sais, un mauvais livre a besoin d'apparences, un bon livre exige seulement un peu de patience.
Paul : - Bon courage.

Stéphane prend son sac et sort avec Patricia.

Francis : - Il est bien cassé ton copain.
Paul : - C'est un cas un peu spécial. Il croit qu'il suffit de publier un livre pour se prétendre écrivain. Il n'a pas encore compris que l'écrivain doit s'inscrire dans une tradition. Si ça t'intéresse vraiment je t'expliquerai.
Francis : - Tu sais bien que je préfère le cinéma. Et si je débarrasse, ce soir tu m'offres le resto ?
Paul : - J'aime bien le début de ta phrase mais pas qu'elle se termine ainsi, par une demande très insistante.
Francis : - Tant pis, on se fera livrer une pizza... Mais tu

pourrais quand même te faire pardonner d'avoir voulu te taper le cas spécial ! Je ne suis pas sourd !

Paul : - Si tu te mets à croire ses divagations ! Allez, on verra... Si je vends bien.

Martine et Christophe reviennent avec leurs sacs.

Paul : - On y va !

Les auteurs sortent.

Francis : - Finalement, ils n'ont rien d'extraordinaire ses écrivains. À part qu'ils écrivent des bouquins.

Rideau Fin

Aventures d'écrivains régionaux

Quatre hommes et deux femmes

Nestor et Francis sont joués par le même acteur

Auteur

Stéphane Ternoise est né en 1968. Il publie depuis 1991. Il est depuis son premier livre éditeur indépendant.

Dès 2004, il a proposé des livres numériques, en PDF. Mais c'est en 2011 seulement que les ventes dématérialisées ont démarré. Son catalogue numérique (depuis mi 2011 distribué par Immateriel) a ainsi rapidement dépassé celui du papier, grâce à des essais, des livres de photos... tout en continuant la lente écriture dans les domaines du théâtre et du roman. Depuis octobre 2013, et son « identifiant fiscal aux États-Unis », son catalogue papier tend à rattraper celui en pixels.
http://www.livrepapier.com ou
http://www.livrepixels.com

Il convient donc, de nouveau, d'aborder l'auteur sous le biais de l'œuvre. Ainsi, pour vous y retrouver, http://www.ecrivain.pro essaye de fournir une vue globale. Et chaque domaine bénéficie de sites au nom approprié :
http://www.romancier.net
http://www.dramaturge.net
http://www.essayiste.net

http://www.lotois.fr

Vous pouvez légitimement vous demander pourquoi un auteur avec un tel catalogue ne bénéficie d'aucune visibilité dans les médias traditionnels. L'écriture est une chose, se faire des amis utiles une autre !

Catalogue (le plus souvent en papier et numérique, parfois uniquement les pixels, le travail de mise en page papier demandant plus de temps que d'heures disponibles)

Romans : (http://www.romancier.net)
Le Roman de la révolution numérique.
Ils ne sont pas intervenus (le livre des conséquences) également en version numérique sous le titre *Peut-être un roman autobiographique*
La Faute à Souchon ? également sous le titre *Le roman du show-biz et de la sagesse (Même les dolmens se brisent)*
Liberté, j'ignorais tant de Toi également sous le titre Libertés d'avant l'an 2000)
Viré, viré, viré, même viré du Rmi
Quand les familles sans toit sont entrées dans les maisons fermées

Théâtre : (http://www.theatre.wf)
Théâtre pour femmes
Théâtre peut-être complet
La baguette magique et les philosophes
Quatre ou cinq femmes attendent la star
Avant les élections présidentielles
Les secrets de maître Pierre, notaire de campagne
Deux sœurs et un contrôle fiscal
Ça magouille aux assurances
Pourquoi est-il venu ?
Amour, sud et chansons
Blaise Pascal serait webmaster
Aventures d'écrivains régionaux
Trois femmes et un amour
La fille aux 200 doudous et autres pièces de théâtre pour enfants
« Révélations » sur « les apparitions d'Astaffort » Brel / Cabrel (les secrets de la grotte Mariette)

Photos : (http://www.france.wf)
Montcuq, le village lotois
Cahors, des pierres et des hommes. Photos et commentaires
Limogne-en-Quercy Calvignac la route des dolmens et gariottes
Saint-Cirq-Lapopie, le plus beau village de France ?
Saillac village du Lot
Limogne-en-Quercy cinq monuments historiques cinq dolmens
Beauregard, Dolmens Gariottes Château de Marsa et autres merveilles lotoises
Villeneuve-sur-Lot, des monuments historiques, un salon du livre... -Photos, histoires et opinions
Henri Martin du musée Henri-Martin de Cahors - Avec visite de Labastide-du-Vert et Saint-Cirq-Lapopie sur les traces du peintre
L'église romane de Rouillac à Montcuq et sa voisine oubliée, à découvrir - Les fresques de Rouillac, Touffailles et Saint-Félix

Livres d'artiste (http://www.quercy.pro)
Quercy : l'harmonie du hasard
Lot, livre d'art
Jésus, du Quercy
Les pommes de décembre
La beauté des éoliennes

Essais : (http://www.essayiste.net)
Le manifeste de l'auto-édition - Manifeste politico-littéraire pour la reconnaissance des écrivains indépendants et une saine concurrence entre les différentes formes d'édition
Écrivains, réveillez-vous ? - La loi 2012-287 du 1er mars 2012 et autres somnifères
Le livre numérique, fils de l'auto-édition
Aurélie Filippetti, Antoine Gallimard et les subventions contre l'auto-édition - Les coulisses de l'édition française révélées aux lectrices, lecteurs et jeunes écrivains
Réponses à monsieur Frédéric Beigbeder au sujet du Livre Numérique (Écrivains = moutons tondus ?)

Comment devenir écrivain ? Être écrivain ? (Écrire est-ce un vrai métier ? Une vocation ? Quelle formation ?...)
Amour - état du sentiment et perspectives
Le guide de l'auto-édition numérique en France
(Publier et vendre des ebooks en autopublication)
Copie privée, droit de prêt en bibliothèque : vous payez, nous ne touchons pas un centime - Quand la France organise la marginalisation des écrivains indépendants

Chansons : (http://www.parolier.info)
Chansons trop éloignées des normes industrielles
Chansons vertes et autres textes engagés
Chansons d'avant l'an 2000
Parodies de chansons - De Renaud à Cabrel En passant par Cloclo et Jacques Brel

En chti : (http://www.chti.es)
Canchons et cafougnettes (Ternoise chti)
Elle tiote aux deux chints doudous (théâtre)

Politique : (http://www.commentaire.info)
Ce François Hollande qui peut encore gagner le 6 mai 2012 ne le mérite pas
Nicolas Sarkozy : sketchs et Parodies de chansons
Bernadette et Jacques Chirac vus du Lot - Chansons théâtre textes lotois
Affaire Ségolène Royal - Olivier Falorni Ce qu'il faut en retenir pour l'Histoire - Un écrivain engagé, un observateur indépendant
François Fillon, persuadé qu'il aurait battu François Hollande en 2012, qu'il le battra en 2017

Notre vie (http://www.morts.info)
La trahison des morts : les concessions à perpétuité discrètement récupérées - Cahors, à l'ombre des remparts médiévaux, les vieux morts doivent laisser la place aux jeunes...

Cahors : Adèle et Marie Borie contre Jean-Marc Vayssouze-Faure - Appel à une mobilisation locale et nationale pour sauver les soeurs Borie...

Jeux de société
http://www.lejeudespistescyclables.com
La France des pistes cyclables - Fabriquer un jeu de société pour enfants de 8 à 108 ans
Le bon chemin pour Saint-Jacques-de-Compostelle

Autres :
La disparition du père Noël et autres contes
J'écris aussi des sketchs
Vive les poules municipales... et les poulets municipaux - Réduire le volume des déchets alimentaires et manger des oeufs de qualité

Œuvres traduites :
La fille aux 200 doudous :
- *The Teddy (Bear) Whisperer* (Kate-Marie Glover) - Das Mädchen mit den 200 Schmusetieren (Jeanne Meurtin)
- Le lion l'autruche et le renard :
- How the fox got his cunning (Kate-Marie Glover)

- Mertilou prépare l'été :
- The Blackbird's Secret (Kate-Marie Glover)

- *La fille aux 200 doudous et autres pièces de théâtre pour enfants (les 6 pièces)*
- La niña de los 200 peluches y otras obras de teatro para niños (María del Carmen Pulido Cortijo)

Aventures d'écrivains régionaux

9	Distribution originelle : Six hommes et une femme
61	Cinq hommes et une femme : Nestor et Pierre sont joués par le même acteur.
63	Cinq hommes et deux femmes (avec Natacha)
117	Cinq hommes et deux femmes (avec Nestor)
169	Trois hommes et trois femmes. Paul, Martine, Christophe, Stéphane. Natacha passera au repas. Patricia passera au petit-déjeuner.
223	Trois hommes et deux femmes : Natacha (acte 1) et Patricia (acte 3) sont jouées par la même comédienne.
225	Quatre hommes et trois femmes (avec Francis en plus, l'ami de Paul)
279	Quatre hommes et deux femmes : Nestor et Francis sont joués par le même acteur
280	Auteur

Mentions légales

Tous droits de traduction, de reproduction, d'utilisation, d'interprétation et d'adaptation réservés pour tous pays, pour toutes planètes, pour tous univers.

Vous souhaitez jouer une pièce de l'auteur ?
http://www.ternoise.fr

Dépôt légal à la publication au format ebook du 31 mai 2011.

Imprimé par CreateSpace, An Amazon.com Company pour le compte de l'auteur-éditeur indépendant.
livrepapier.com

EAN 9782365415408
ISBN 978-2-36541-540-8
Aventures d'écrivains régionaux de Stéphane Ternoise
© Jean-Luc PETIT - BP 17 - 46800 Montcuq - France

www.ingramcontent.com/pod-product-compliance
Lightning Source LLC
Chambersburg PA
CBHW070048100426
42734CB00040B/2574